像马克思一样思考

祝和军 —— 著

中国人民大学出版社
·北京·

图书在版编目（CIP）数据

像马克思一样思考 / 祝和军著. -- 北京：中国人民大学出版社，2025.7. -- ISBN 978-7-300-34259-7
Ⅰ. A81
中国国家版本馆 CIP 数据核字第 2025JN2061 号

像马克思一样思考
祝和军　著
Xiang Makesi Yiyang Sikao

出版发行	中国人民大学出版社		
社　　址	北京中关村大街 31 号	邮政编码	100080
电　　话	010-62511242（总编室）	010-62511770（质管部）	
	010-82501766（邮购部）	010-62514148（门市部）	
	010-62511173（发行公司）	010-62515275（盗版举报）	
网　　址	http://www.crup.com.cn		
经　　销	新华书店		
印　　刷	天津中印联印务有限公司		
开　　本	890 mm×1240 mm　1/32	版　次	2025 年 7 月第 1 版
印　　张	12.875 插页 2	印　次	2025 年 7 月第 1 次印刷
字　　数	239 000	定　价	69.00 元

版权所有　侵权必究　印装差错　负责调换

自序
马克思主义：行动的指南还是导航？

一

自2016年以来，我一直面向本科生和研究生开设"马克思主义基本原理"课程。通过多年来的教学实践，我深刻认识到恰当地把握"基本原理"之艰难，也切身感受到将"基本原理"传达给学生之不易。当然，这里所说的"把握"和"传达"，并不是简单地在词句意义上成立的。实际上，今天的一个中学生就能娴熟且准确地列举出马克思主义的若干原理，比如社会存在决定社会意识、经济基础决定上层建筑、两点论和重点论等。问题的关键在于：我们应该如何看待这些原理，如何定位它们在知识体系中的功能？是将之视为静止的、可以拿来直接套用的公式，还是将之视为动态的、对理论研究进行形式化指引的原则？教学实践一再告诉我们，如果不在知识论的视域下审视这些原理的性质，上述问题就很难得到澄清，其消极后果必然如恩格斯当年对德国青年的批评："对德国的许多青年著作家来说,'唯物主义'这个词大体上只是一个套语,他们把这个套语当做标签贴到各种事物上去,再不作进一步的研究,就是说,他们一把这个标签贴上去,就以为问题已经解决了。"①

实际上,任何一个学科都有着带有鲜明自身标识的原理性知识。反过来说照样成立,只有当一个研究领域能够被概括和总结出专属于该领域的若干原理时,它才能成熟到成为一个独立学科的程度。对此,学术思想史可以为我们提供一个很长的关于学科分化和独立的证明性清单。但意味深长的是,原理性知识在其他学科中似乎都能得到很好的运用和把握,并没有引起过多的分歧和困惑。以数学学科为例,一个中学生就知道,掌握好数学知识中的原理、定理和公式,是为了能够解答具体的数学题目并在考试中取得高分。如果仅仅掌握原理性知识而不能解答具体题目,这些数学知识就是抽象而无用的。他还知道,在具体的数学考试中,没有一个题目是能够直接套用公式的,解题需要将数学原理、定理和公式与眼前的题目所蕴含的特殊条件内在结合。他更知道,对于数学原理、定理和公式,即使背得滚瓜烂熟也是无用的,最重要的是弄清这些原理、定理和公式背后的底层逻辑,更要在反复的习题练习中不断地强化对这些数学知识的理解,从而形成"从学到用,再从用到

---

① 马克思恩格斯文集:第 10 卷. 北京:人民出版社,2009:587.

学"的闭环。

那么,我们如何才能提高运用马克思主义的原理分析问题、解决问题,把握时代、引领时代的能力呢?坦诚地说,对于这个问题,我们还没有达到数学学科那种"日用而不觉"的实践境界。而且,对于这个问题,学术界、理论界也没有自觉地在道理、学理、哲理的层面予以充分回应并实现"理论的彻底",以至于在理论研究阐释中经常会出现很多吊诡的现象:研究阐述的对象是马克思,但其立场、观点、方法却是非马克思甚至反马克思的;口头上说的是以马克思主义为指导,而一涉及马克思主义或者其他学科领域,马克思主义的立场、观点、方法就"失声"甚至"失踪"了;我们似乎也没有通过反复性的"刷题"来理解马克思主义的原理,有时候纸面上的文字通篇都是马克思主义的,学习领会也不存在困难,而一触及具体工作中的贯彻落实,却又不知所措,无从下手。习近平总书记谈到坚持以马克思主义为指导,经常使用"功力"二字。可见,原理发挥作用,就在于对之加以运用的功力;没有这种功力,无论机械地堆砌了多少辞藻、生硬地制造出多少概念,都无法掩饰思想的贫乏和能力的不足。

此题何解?至少在理论层面,我们迫切需要一种返璞归真的功夫,即在学理上推动马克思主义实现自我指涉,即用马克思主义基本原理来理解马克思主义本身。这看起来是一种同语反复,却是澄清理论前提、推动知识增长、实现思想进步的重要环节。

二

恩格斯在《家庭、私有制和国家的起源》中曾指出:"摩尔根在美国,以他自己的方式,重新发现了40年前马克思所发现的唯物主义历史观,并且以此为指导,在把野蛮时代和文明时代加以对比的时候,在主要点上得出了与马克思相同的结果"①。摩尔根在不通晓历史唯物主义基本原理的情况下何以能够在它指导下开展工作,而且还能得出与马克思相同的结论?这只能说明,原理之为原理,关键在于它能够在实际工作中发挥指导原则的作用;至于原理在词句上的表述,甚至原理是否被感知存在,都处于次要地位。对此,马克思早就教导我们,要消灭词句。往往你越是把词句喊得震天响,这些词句越是在外边,而没有深入和内化,从而呈现一种异化状态。今天所谓"低级红""高级黑"的现象,其思想根子正在这里。梅林就近乎极端地说,没有辩证法的实际认识比没有实际认识的辩证法要可贵得多。这充分说明,马克思主义的原理根本就不是一个言谈的对象,我们要拿来"用"而不是拿来"说"。与光说不练相比,光练不说更马克思主义。从一定意义上讲,"用"还是"说",才是区分真假马克思主

---

① 马克思恩格斯文集:第4卷.北京:人民出版社,2009:15.

义的试金石。这是因为，马克思主义从来不提供教条，而是提供思维方式；它没有结束真理，而是开辟了通向真理的道路。还是那句话，问题的关键不是词句，而是遇到问题有没有像马克思那样去思考。

当然，这样说绝不代表对原理的学习不重要。实际上，原理是理论思维的集中表达。没有原理，何谈理论思维？西方近现代思潮中的实证主义以拒绝形而上学、放弃理论预设而闻名，但其似乎忘记了，经验证据都是在一定的理论观照下得以成立的。不是实证的经验成就了理论原则，而是理论原则使得经验证据成为可能。受实证主义影响，中国近现代史学就曾把历史学的任务视为证据学、考古学、材料学意义上的"整理国故"。如是，历史学家和历史事实记录者、植物学家和植物标本收集者的区别又在哪里呢？学术史一再告诉我们，理论思维在学术研究中的作用举足轻重。诚如吴承学先生所言，许多重要的"新学问"的兴起，有时候并不待新材料的"发现"，而在于对传统学术与文献的"发明"[①]。若没有新眼光和新识见，哪怕面对一批重要的新材料，恐怕也发现不了问题。以李嘉图、斯密为代表的英国古典经济学家也掌握了大量而充足的有关资本主义经济运行的文献性材料，但为何他们写不出旷世巨著《资本论》？这是因为他们没有受到德国古典哲学理论思维

---

① 吴承学. 中国古代文体学研究. 北京：中华书局，2024：1.

的滋养，没有马克思极其重视的"抽象力"。正是在这个意义上，柯林武德戏谑地称实证主义是"空前的掌握小型问题和空前的无力处理大型问题这二者的一种结合"①。在与恩格斯的一封通信中，马克思也强调：黑格尔从来没有把归纳大量的"事例"为一个普遍原则的做法称为辩证法。因此，当他对孔德和黑格尔进行比较时，他认为孔德仅仅是在细节上比黑格尔强，而在理论思维方面，黑格尔不知道要比孔德强多少倍。

习近平总书记多次强调，一个民族要走在时代前列，就一刻不能没有理论思维，一刻不能没有正确思想指引。自近代以来，中国共产党之所以能够完成其他政治力量不能完成的历史任务，关键在于中国共产党自成立始就把马克思主义鲜明地写在了自己的旗帜上，做到了一以贯之。马克思主义没有辜负中国。正是马克思主义的立场、观点、方法，为中国革命、建设、改革提供了强大思想武器，使中国这个古老的东方大国创造了人类历史上前所未有的发展奇迹。中国共产党为什么能、中国特色社会主义为什么好，归根到底是因为马克思主义行。对于马克思主义，我们有一个最为形象的比喻——行动的指南。试想，茫茫的大海中，水天一色，一个人漂泊在大海上，如果能有指南针提供一个大致的方向，他就不会对前进的方向

---

① 柯林武德. 历史的观念：增补版. 何兆武，张文杰，陈新，译. 北京：北京大学出版社，2010：131.

迷茫困惑。德国经济学家韦尔纳·桑巴特就表达过因放弃马克思主义原理而产生的不知所措："当我们失去了那种在复杂的生活中至今还是我们指南的、令人安慰的原则时……我们感到就像淹没在事实的汪洋大海之中，直到我们找到新的立足点或学会游泳为止。"① 原理正是在这种指南的意义上发挥作用的，它能够给我们提供形式上、方向上、战略上的指引。没有这种指引，我们就会迷茫于前进的方向。南辕北辙的故事告诉我们，技术装备再先进、细节考量再周到，把握不住历史前进的方向也是枉然。正因如此，毛泽东同志这样比喻马克思主义："它是站在海岸遥望海中已经看得见桅杆尖头了的一只航船，它是立于高山之巅远看东方已见光芒四射喷薄欲出的一轮朝日，它是躁动于母腹中的快要成熟了的一个婴儿。"② 面对当今世界百年未有之大变局，习近平总书记也满怀信心地指出，当今世界仍然处于马克思主义所指明的历史时代，我们要站在历史正确的一边，坚定历史自信、增强历史主动。旗帜就是方向，马克思主义正是指引我们前进的一面旗帜。我们的历史自信和历史主动正是源于对理论的坚守与自信，放弃理论指导的实用主义态度带来的必将是方向上的颠覆性错误。

---

① 卡尔. 历史是什么？. 陈恒，译. 北京：商务印书馆，2007：155.
② 毛泽东选集：第1卷. 北京：人民出版社，1991：106.

三

原理是有用的，却不是万能的。原理性的知识既然是一般的、普遍的，也就必然是抽象的、原则的。马克思主义基本原理不正是马克思主义立场、观点、方法最一般的概括吗？这些原理虽然能提供原则性的指导和形式上的方向，却无法在内容上提供现成的具体方案。正如数学原理无法提供数学题目的具体解法一样，马克思主义基本原理也无法提供适用于各个时代的药方或锦囊。对我们而言，马克思主义是行动的指南，却无法成为行动的导航。今天我们交通出行，经常会用到智能导航。与指南不同，导航对我们的指导是内容性的、具体的、可操作的，我们只要按照其指示采取相应的行动就可以了。马克思主义无论如何也不可能成为这种意义上的导航。正如毛泽东同志所比喻的："马克思主义者不是算命先生，未来的发展和变化，只应该也只能说出个大的方向，不应该也不可能机械地规定时日。"① 诚然，马克思曾就历史趋势指出，资本主义必然要灭亡，但他却回答不出资本主义具体在什么时候灭亡、以什么样的历史事件开启这种灭亡。马克思也说过，社会主义必然要胜利，但社会主义在内容上应该如何规定，他也仅仅是给出了几条指导原则，而无法在具体内容上予以细节描述。恩格

---

① 毛泽东选集：第1卷．北京：人民出版社，1991：106．

斯就警告说，一些读者总是奢望能从《资本论》中得知共产主义的千年王国是什么样子。实际上，谁指望得到这种乐趣，谁就会大错特错，因为马克思对此只是最一般地谈到。①

原理的功能在于应用，但原理又无法直接应用。这是一切知识的真相，它深切地反映出思维与现实之间的矛盾关系。仅仅停留于原理，自然是唯心主义"醉醺醺的思辨"，但从经验内容的意义上苛求马克思主义提供具体行动方案，强制马克思主义由"指南"变为"导航"的教条主义做法，难道不是唯心主义的变种吗？马克思一再告诫我们，当我们试图运用原理解决具体问题时，真正的困难实际上才刚刚开始，这是因为原理和问题之间出现了某种抵抗和紧张，表现为一种对立关系。正如在解答数学题目时，我们会惊讶地发现：没有一道数学题目是可以直接套用公式的！仅仅套用数学知识而不考察题目所蕴含的特殊条件，或者抛开数学知识仅仅考察题目蕴含的特殊条件，都无助于问题的解决。正确的做法应该是将这种对立统一起来。囿于前者，是教条主义的根源；偏于后者，则是机会主义的滥觞。所以，当荷兰工人领袖斐迪南·多梅拉·纽文胡斯请求马克思为他提供一个未来建设社会主义的具体方案时，马克思就认为他提错了问题，因为具体方案是什么，只能由未来所面临的具体历史环境提供。具体环境不得而知，这个问题就

---

① 马克思恩格斯全集：第16卷．北京：人民出版社，1964：243．

只能是一个带有虚拟语气的假问题。马克思以数学为喻说："如果一个方程式的已知各项中不包含解这个方程式的因素，那我们就无法解这个方程式。"① 恩格斯在给查苏利奇的一封回信中也指出，一个国家要找到具体的革命策略，首先必须学习马克思的历史理论。但是，这种历史理论必须结合这个国家具体的经济和历史条件才能发挥作用，而要做到这一点，就必须了解这些条件。

可见，原理和问题的对接，其形式绝不是"直接同一"，而只能是"对立统一"，即当作矛盾去理解。也正是在这种对立统一中，中国的马克思主义才能在辩证法意义上被"接生"出来。这正是马克思主义中国化时代化之"化"的深刻哲学含义。因此，中国共产党为什么能、中国特色社会主义为什么好，当我们在强调马克思主义行的同时，还必须加上后半句：是中国化时代化的马克思主义行。马克思主义要实现自我指涉，其现实意义正在于通过马克思主义的原理理解马克思主义中国化的内在逻辑。马克思主义为什么必须中国化？因为马克思主义来到中国是要解答中国问题的。不从实际出发，理论不联系实际，我们就不可能找到科学的解题思路。马克思主义何以能够中国化？因为我们实现了马克思主义基本原理同中国具体实际相结合、同中华优秀传统文化相结合。这里的"结合"，

---

① 马克思恩格斯文集：第 10 卷. 北京：人民出版社，2009：458.

不是套用式的宰制，也不是机械式的混合，而是矛盾意义上的对立统一。今天，"两个结合"所实现的理论创新已经以"实践的明证"向我们呈现，但我们仍然面临一项重大的理论任务：这种结合是如何实现的，在理论上如何才能得到揭示和呈现？可想而知，仅仅在词句上简单地重复"坚持'两个结合'"是无法回答上述问题的。恰恰相反，正是习惯性地停留于这种抽象、一般的谈论，我们才没有在学理哲理层面深入领悟马克思主义基本原理，更没有在方法论上深切地理解"两个结合"的内在机制。于是乎，原理在很多情况下变成了一个筐，好像什么都能往里装。而"两个结合"如此艰难的实践探索和理论创新似乎也变得非常容易。习近平总书记说，世界上只有形而上学最省力，因为它可以瞎说一气，不需要依据客观实际，也不受客观实际检查。如果以形而上学的态度来研究马克思主义，这种教条主义本身不正是对马克思主义的背离和违反吗？

习近平总书记强调，对待马克思主义，不能采取教条主义的态度，也不能采取实用主义的态度。而要超越这两种态度的对立，就需要把握马克思主义这一科学思想体系内在蕴含的变与不变的逻辑结构。其中，不变的是原理，是指导原则和方向性的把握；变的则是时代以及时代向我们提出的问题。马克思主义正是紧贴时代、联系实践、面向未来开放的思想体系。生活之树常青。一种理论的产生，源泉只能是丰富生动的现实生活，动力只能是解决社会矛盾和问题的现实要求。从这一意义上讲，习近平新时代中国特色社会主义思想始终将"两个结合"视为根本遵循，又以巨大的政治勇气直面新时代向马克思主义提出的新课题，所以才是当代中国的马克思主义、21世纪的马克思主义，成为中华文化和中国精神的时代精华。

祝和军

2025 年 5 月

目 录

第一章　马克思主义与西方的知识论传统……001

　一、思维着的头脑：西方知识论传统的特点……003

　二、得意而忘言：科学知识的内在性和外在性……012

　三、原理知识与具体知识：科学知识的内在逻辑类别……025

　四、观察渗透理论：科学知识的发生机制……035

　五、反对"醉醺醺的思辨"：科学知识中的个别与一般……046

第二章　马克思主义基本原理的知识论分析……057

　一、反身内求：马克思的研究方式与叙述方式……059

　二、马克思主义者不是算命先生：普遍规律与特殊规律的争论……070

　三、马克思与恩格斯的异同：世界观能否终结哲学……081

　四、哲学终结论的中国回响：再谈问题与主义……090

　五、人们为什么误解马克思：马克思主义的"验证"问题……102

第三章　马克思主义中的语言学问题……119

　一、走出"语言的牢笼"：语言与思想的关系……121

二、如何理解"科学""规律"和"必然性"：马克思主义关键术语的语言学分析……131

三、播下的是龙种，收获的却是跳蚤：具体性的误置……141

四、现代化不等于西方化：语言的澄清与理论的彻底……149

第四章　马克思主义的"问题域"……161

一、马克思主义出场的时代背景：思维与存在的"巨大对立"……163

二、经典的命题或事例：唯心与唯物的争论……173

三、前提还是原因：机械还原主义的困境……196

四、主观见之于客观：唯心论与能动性……204

五、由"说"回到"做"：解释世界与改变世界……215

第五章　马克思主义与人的解放……227

一、从心所欲不逾矩：个体与类的矛盾……229

二、超越政治：国家与社会的紧张……240

三、天地与我共生：人与自然的冲突……251

四、摆脱有限：哲学思辨中的相对与绝对……263

五、现存世界的革命化：唯物史观视域下的共产主义……273

第六章　马克思主义的内在张力……285

一、科学性与革命性：马克思主义的双重品格……287

二、道义上的制高点：马克思主义与人本主义……297

三、大历史的趋势：马克思主义作为科学理论……305

四、人的澄明：人道主义与自然主义的双向扬弃……313

第七章 马克思主义的理论品格……321

一、形而上学的幽灵：马克思主义与古典本质主义……323

二、形而上学的历史化："本质性的本质"与"非本质性的本质"……331

三、批判而非论证：马克思主义与实证科学的距离……340

第八章 中国化视域下的马克思主义……349

一、像马克思那样去思考：化用而非套用……351

二、对立中的统一：马克思主义中国化的方法论原则……361

三、马克思主义没有辜负中国：跳出"证实"抑或"证伪"的困境……372

四、接着讲而非照着讲：继承与发展马克思主义……381

五、为马克思辩护：旗帜鲜明地批判错误思潮……389

第一章

马克思主义与西方的知识论传统

一、思维着的头脑：西方知识论传统的特点

在接触马克思主义之前，对西方文化传统进行分析和梳理是十分必要的。这是因为，马克思主义本身就诞生在西方的思想文化传统中，对马克思主义的原初理解就不能脱离开这一重要的发生语境。我们应该承认，马克思主义作为科学理论，并没有脱离开西方知识论的大传统，其所致力的仍然是一个理论体系或有组织的知识系统。正因如此，我们今天仍然称马克思主义是思想，是理论，是科学。我们坚持马克思主义的指导地位，主要也是以马克思主义理论作为指导。从这一点上看，马克思、恩格斯与西方的其他思想家没有什么不同，他们都跳不出自己的出身、传统和整体的文化氛围。但是，马克思主义之所以在全世界范围内引发了广泛而深刻的社会革命，根本在于它基于西方文化传统又超出了这一传统，进而实现了理论的创

新和知识的重构。这一点又使得马克思、恩格斯与西方的其他思想家区别开来。所以说，马克思、恩格斯虽然首先是革命家，但主要还是理论家。他们虽然致力于"改变世界"而不是"解释世界"，但这种"改变世界"的诉求仍然是以理论的方式实现的。马克思主义对人类社会发展进程的影响主要还是基于其自身理论的科学真理性和历史穿透性。总之，思想性、理论性、知识性是马克思主义的优势，但从另一方面看，也是它的宿命。

何谓"知识"？对此很难下一个确切的定义。从广义上来说，人类在改造客观世界的过程中形成和积淀的一切精神成果都可以称为知识，它包括今天我们所说的常识、习惯、技艺、科学、思想、理论等。从这一意义上讲，知识是方方面面的，对知识的学习也应该随时随地而不应刻意限制其形式和内容，正所谓"处处留心皆学问，人情练达即文章"。但从狭义上的西方文化传统来理解，知识则是指一种智识经验，即一种系统化的观念组织和逻辑性的观念表达，它的典型形态就是思想或者理论。这种狭义上的知识，就是西方思想史上被称为"科学"或"科学知识"的精神成果。

在西方文化的语境中，表示"知识"的德语词是 Wissen，表达"科学"的德语词是 Wissenschaft。这种表达经历了一个词源学上的语义变化。据柯林武德考证，希腊语 επιστήμη 这个词的原意本是"知识"，指的是关于一个确定题材的一套系统的或有序的思维，而后拉丁语的演说家用他们自己的文字

scientia（科学）对这个词进行了翻译。而在欧洲语言传统里，scientia 是特指自然科学的。这样一来，"科学"一词就逐步取代了"知识"，而"自然科学"又逐步成为"科学"的代名词。对于这种语义上的微妙变化，他揶揄道：像是"厅"就指音乐厅，或者"影"就指电影，等等，因之"科学"就指自然科学。卡尔在《历史是什么？》一书中也针对"历史"一词说：

> ［关于"科学"的］这类术语问题是英语中的一个奇特现象。在欧洲其他诸种语言中，与"科学"同义的词是肯定包括"历史"这个词语的。但是在英语的世界里，这一问题的背后，还有很长的历史，由此所产生的问题正是一份可以做关于历史方法问题的简明导论。①

这是一种迫不得已的抱怨和牢骚。在英国这样一个保持着经验主义或实证主义传统的国度里，历史学在很长一段时间里是不被视为科学的，因为历史的研究是不能以经验主义或者实证主义的方式来进行的。所以，这一学科无法在自然科学意义上被视为科学。在西方文化传统中，人类知识的组织模式正是按照"知识—科学—自然科学"这一路径逐步被限制性界定的。可见，"知识"内涵的这种历史性嬗变不仅仅是一个语言上的术语问题，更是一个思想史事实。在古希腊时期，亚里士

---

① 卡尔. 历史是什么？. 陈恒，译. 北京：商务印书馆，2007：150.

多德就是在宽泛意义上来界定"知识"的。在他看来，知识可以分为三类：一是理论知识（episteme）。这种知识由沉思/理论认识活动（theoria）所激发，形成的是对不变事物的认识，包括数学、几何学、天文学等具体科学意义上的认识和哲学智慧意义上的认识。二是技术（techne）。这种知识由创制活动（poiesis）所激发，形成的是人类物质生产活动中的技艺。三是实践智慧（phronesis）。这是在实践活动（praxis）中形成的知识。但由于西方传统中独特的形而上学旨趣和特殊的思辨偏好，理论性的知识因其研究对象的"普遍性"及其所表征的推论的"必然性"逐步占据了优势地位。当然，在一段时期内，其他类型知识的合法性仍然被保留着，只是逐步被边缘化了而已。比如，笛卡尔虽然有一个庞大的普遍科学计划，但他明确地设想在它之外还有历史、诗歌、神学三个领域的知识，只不过这种知识不能被视为"科学"。康德也明确指出，人类只能认识"物自体"向我们的感觉和思维呈现的现象，却不能认识"物自体"本身。也就是说，我们只能对于现象界形成科学知识。但是，我们仍然可以思考"物自体"，这种思考虽然不能形成科学知识，但仍然可以形成其他意义上的知识。正如柯林武德所说，在康德那里，"科学与一般意义上的知识是不同的。只有一种特定种类或形式的知识，其恰当的对象才是自然，其恰当的程序方法才正好是知觉与思想相结合、感性与知性相结合……康德没有给我们提供一个现代意义上的知识论，他给予我们的是一个关于科学知识的理论"[1]。马克思也说："整体,当它在头脑中作为思想整体而出现时,是思维着的头脑的产物,这个头脑用它所专有的方式掌握世界,而这种方式是不同于对于世界的艺术精神的,宗教精神的,实践精神的掌握的。"[2]可见,人类以主观的形式把握世界的方式是多元而不是一元的,任何一种把握方式都能够形成"知识"。其中,思维着的头脑只是以特定的方式把握世界,即思想或理论的方式。

但不幸的是,伴随着17世纪以来自然科学的发展,特别是之后两个世纪自然科学所取得的长足进步,自然科学所代表的思维模式和知识组织模式逐步取得了对知识的垄断权和解释权。自然科学被视为科学的合法形态,而自然科学的实证方法也成为唯一合法的科学方法。这几乎成为近代以来西方人的普遍信念。这正是实证主义、实用主义等社会思潮兴起的思想史背景。实证主义两个基本的信条——经验证实原则和拒斥形而上学——都是从自然科学模式中概括出来的哲学原则。对实证主义而言,不仅形而上的哲学因为不符合自然科学的范式而不被认为是科学,其他人文学科的命运也是如此。卡尔的抱怨正是就此而言。对此,人文学科只能通过模仿自然科学而为自身

---

[1] 柯林武德. 自然的观念. 吴国盛,译. 北京:商务印书馆,2018:148.

[2] 马克思恩格斯文集:第8卷. 北京:人民出版社,2009:25.

的科学性提供证据。同样处于英美学术传统之中的巴雷特就这样描述当代美国的哲学研究状况：

> 哲学的这些古老要求（指哲学作为哲学家的生活方式——引者注）使当代哲学家有点难堪，使他不得不为他之存在于专家学者和科学家的知识圈里的合理性进行辩护。现代大学和现代工厂一样，都是当今时代专业分工的产物。此外，哲学家也知道，我们所珍视的一切现代知识，都是专业分工的结果。其中的每一种在精确性和力量上都超越了过去所谓的知识，体现了一种巨大的进步。现代科学之所以可能，就在于知识的社会组织。所以，当今哲学家正是由于其在社会组织中的这种客观社会作用而被迫成了科学家的模仿者：他也试图借专业化来完善他的知识武器。因此，现代哲学家格外关注方法和技巧，关注逻辑和语言分析，关注句法学和语义学；而且，一般说来，他们为求得形式的精巧而不惜把所有的内容全部提取掉。所谓逻辑实证主义运动，在美国这个国家……实际上是对哲学家由于自觉不是科学家，也就是说，不是那种以科学模式制造可靠知识的研究者而滋生的"负罪感"的抒发。[①]

---

① 巴雷特. 非理性的人. 段德智, 译. 上海: 上海译文出版社, 2012: 7.

这真是鞭辟入里的分析。以自然科学为模板的社会知识组织模式所形成的知识霸权自 19 世纪后期起就遭到了不同程度的抵抗和反驳，特别是人文学科，其一直试图论证不同于"自然科学"的另外一种科学的可能性。因此，人文学科在经过了一段向自然科学模仿的时期之后，逐步自觉地踏上了探讨精神科学的征程。人文学者认为，自然科学思维垄断地位的确立，既是西方现代性的症候，也是西方现代性危机的根源。因此，对"科学"的批判性审查也就成为对西方现代性批判的一个重要方面。马克思就说："我们仅仅知道一门唯一的科学，即历史科学"[①]。柯林武德也试图把"知识"从"科学"的霸权下解放出来，认为任何有组织的知识总体都可以称为科学。从这一意义上说，历史学本身就是科学。帕尔默则从解释学的视角指明了"自然科学"和"精神科学"的区别："自然科学有理解自然对象的方法；'作品'则需要一门诠释学，需要一门适合于理解作为作品之作品的'科学'。毋庸置疑，'科学分析'的方法能够而且应当被运用于作品，不过在这样做的时候，作品已被当作沉寂无言的自然客体了。"[②] 这都表明了人文学者试图重建一门"新科学"的努力。但无论如何，马克思主义仍处于西方的知识论传统中，通过思维把握世界仍然是它的不懈

---

① 马克思恩格斯文集：第 1 卷. 北京：人民出版社，2009：516.
② 帕尔默. 诠释学. 潘德荣，译. 北京：商务印书馆，2012：19.

追求。马克思晚年在评阿·瓦格纳的"政治经济学教科书"时就说：人和外界物之间首要而决定性的关系绝不是理论关系，而是实践关系。和任何其他动物一样，人首先需要满足的是吃喝等物质需要，而这些需要必须通过积极地活动来取得一定的外界物才能得到满足。在"理论上"将能够满足需要的外界物同其他的外界物区别开来，是人和野兽共同具有的本领。但是，人的活动形式是能够增加的，这一点又使得人和野兽区别开来。于是，马克思话锋一转说道：

……人们就对这些根据经验已经同其他外界物区别开来的外界物，按照类别给以各个名称。……这种语言上的名称，只是作为概念反映出那种通过不断重复的活动变成经验的东西，……人们只是给予这些物以专门的（种类的）名称，因为他们已经知道，这些物能用来满足自己的需要，因为他们努力通过多多少少时常重复的活动来握有它们，从而也保持对它们的占有……①

马克思深刻地认识到，"实践关系"不仅是比"理论关系"更为源本的一种关系，而且，物质生活实践也是理论和语言活动的奠基性活动，语言、概念、理论唯有通过这一物质活动才能够得到说明和解释而不是相反。这种唯物主义的论证方式和

---

① 马克思恩格斯全集：第 19 卷. 北京：人民出版社，1963：405 - 406.

解释模式虽然有效地批判了唯心主义，但仍然囿于一种概念化、知识性的思维模式，因为这一思维模式似乎没有意识到物质社会实践还能生发出其他精神成果。正如上述引文中"对这些根据经验已经同其他外界物区别开来的外界物，按照类别给以各个名称""作为概念反映出那种通过不断重复的活动变成经验的东西"的表述。对此，我们不禁要问：奠基于社会实践，我们固然可以产生对经验的"语言"的、"概念"的、"理论"的把握，但这种把握方式是唯一的吗？是否还存在其他的把握方式？比如，莱考夫和约翰逊就认为，隐喻不仅仅是一种文学上的修辞，其本身就是扎根于人的生存方式中的精神成果，我们思想和行为所依据的概念系统本身是以隐喻为基础的。何谓"隐喻"？按照他们的解释，"隐喻的本质就是通过另一种事物来理解和体验当前的事物"。以"争论是战争"这一隐喻为例，争论和战争是什么关系？二者是在不同的事物中通过归纳抽象的方式建立的关联吗？似乎不是。争论绝非战争的亚种。争论和战争是两码事。前者仅仅是口头语言而后者则是武装冲突，我们在其中所表现的行为也不一样。但是，"'争论'被部分地用战争术语进行建构、理解、实施和谈论。概念是在以隐喻的方式建构，活动也是在以隐喻的方式建构"[1]。海尔布隆纳也认为，我们的见解、比喻、联想、幻想都会赋予

---

[1] 莱考夫，约翰逊. 我们赖以生存的隐喻. 何文忠，译. 杭州：浙江大学出版社，2015：3.

精神生活巨大的能量。逻辑的每一个新概念或新概括、每一项发明和新规则、思想的每一种"新形象"的出现，都要依赖神奇的心理过程。① 对此，善于"取象比类"的中国人可能并不陌生，但对于追求概念化知识的马克思而言就显得陌生了。这里面本身就包含着文化的差异，不同的文化土壤孕育出了不同的认识世界的方式，一种文化语境中难以理解的现象对于另一种文化来说却可能是"不言自明"的。因此，虽然马克思也能认知性地意识到人类对于外在世界的把握有思维、艺术、宗教、实践等多种方式，但他仍然惯性般地执着于"思维着的头脑"的把握方式，追求一种理论或知识的构建，而对其他把握方式语焉不详或仅仅是一般性地提到。

二、得意而忘言：科学知识的内在性和外在性

理论来源于实践。"实践→理论"的模式是对的，这也是社会存在决定社会意识这一基本原理的直接运用。所谓的"社会存在"，本身就是通过历史性的实践构建和塑造的。但经由社会实践的历史性积淀，人类文明的知识成果未必仅仅是理论性的。将理论视为人类知识成果的唯一形式，折射出西方文化

---

① 海尔布隆纳.马克思主义：赞成与反对.马林梅，译.北京：东方出版社，2016：30.

的傲慢与偏见。今天,"中国有没有科学""中国哲学算不算哲学""中医是不是一门科学"等疑问就突出地反映了这一点。实际上,人类对于客观世界和社会实践的把握方式是多元的,而不是一元的;是复数的,而不是单数的。一旦我们将目光从西方文明移开,投向其他民族的文化或其他类型的文明,这一点就会表现得极为突出。中国的文化传统就是一个明显的例子。

中国近代,西方社会凭借坚船利炮打开了中国的国门,国人也由此开启了睁眼看世界的艰难历程。当把自家文化与西方文化进行比较时,我们发现我们的文化传统最大的劣势就是缺乏"赛先生"(science)。若从宽泛意义上来理解,这里的"科学"就是一整套建立在"证明"和"推理"基础上的知识传统。其中,最为重要的就是科学的方法。近代知识分子普遍认为,正是由于缺少了这一传统,我们这个民族才没有孕育出理论思维和逻辑表达,没有出现近代西方意义上的科学发展和工业革命,才遭遇"三千年未有之大变局",落了后,挨了打。1920年,罗素以哲学家的身份来中国游历。他在而后的《中国问题》中指出,中国文化在近代的一个致命弱点就是缺乏科学:"我们的(指西方——引者注)文明的显著长处在于科学的方法;中国文明的长处则在于对人生归宿的合理理解。"[①]因此,"中、西方的知识分子的差别就在于科学的思想。……我

---

① 罗素.中国问题.秦悦,译.上海:学林出版社,1996:153.

们可以教中国人的并不是我们的道德,也不是治国箴言,而是科学与技术"①。由此,他得出结论:孔子已经无法满足现代中国人的精神需要,接受欧美教育的中国人意识到,必须使中国传统文化注入新的元素,而欧美文明正好投其所需。罗素的观点基本上代表了当时中国学人的一般观点,他们引进西学以谋求国家社会之变革,把重点放在"赛先生"上就不难理解了。严复翻译《穆勒名学》,与其说在向中国传播逻辑知识,还不如说在介绍实证的科学方法,因为他认为西方的"科学"最大的特点就是"皆本于即物实测",而"今夫理之诚妄,不可以口舌争也,其证存乎事实"②。而后在那场影响甚大的"科玄论战"中,科学派的代表人物也正是通过"科学"的有无来评判中西方文化的高下。正如地理学家丁文江所说:一种学问能否成为科学,全是程度问题,"科学的万能,科学的普遍,科学的贯通,不在他的材料,在他的方法"③。

应该承认,由于西方思想文化自近代以来在中国的传播,

---

① 罗素.中国问题.秦悦,译.上海:学林出版社,1996:62-63.
② 斯密.原富:上册.严复,译.北京:商务印书馆,1981:10. 引文出自严复翻译该书所作的"译事例言"。亚当·斯密是英国经验主义传统打造出来的古典经济学家,其学说构成了马克思的政治经济学思想的重要来源。马克思的思想固然受到了英国经验主义传统的影响,却不能归结为这一传统。关于马克思对实证思维和实证知识的批判,后文还会详细谈及。
③ 张君劢,丁文江,等.科学与人生观.济南:山东人民出版社,1997:53.

"赛先生"作为一种理论性思维和方法让我们大开了眼界，我们也确实受益良多。习近平总书记就多次指出，一个民族要走在时代前列，就一刻不能没有理论思维，一刻不能没有正确思想指引。正是坚持以马克思主义为指导并不断推动理论创新，树立理论自信，中国共产党才得以在不同的历史阶段赢得历史主动，从一个胜利走向又一个胜利。我们也应该承认，与西方文化相比，中华文化中确实缺乏了一种"智识"传统。按照马克思的说法，在把握客观世界和社会实践方面，这一传统似乎更倾向于采取一种实践的、艺术的方式，而不是思维的方式。正因如此，中国人最早以实践的方式拥有了技术性的四大发明，却不能对它们在理论上予以把握。于是乎，我们发明了火药，却没有研究出元素周期表；我们发明了指南针，却没有形成科学意义上的天文学。然而，16 世纪初，同中国有关的三大发明——印刷术、火药和指南针传入欧洲，却为西方近代科学理念的形成提供了重要条件。

但我们也应该认识到，智识作为"思维着的头脑"的产物，仅仅是知识的一种特定呈现方式而不是全部。虽然中国没有智识传统，却不能说中国没有知识传统，只不过我们的"知"不是以"智"的方式进行的罢了。从辩证法的角度看，任何一种特定的知识类型都有它的优势，也有它的盲区。智识活动也不例外。实际上，我们在实践生活中有着太多"日用而不知"或"只可意会、不可言传"的知识，而且这种知识往往更基础、更本源。这种知识的特征，心灵无法系统化地组织成观念，语言也无法合乎逻辑地表达，只能意会，而不能传达给别人。正如老子所说，"心困焉而不能知，口辟焉而不能言"。对于这种知识，理论思维就显得苍白了。中国文化传统的深刻之处正在于看到了"智识"的盲区：人类鲜活的主观体验未必都能够抽象为逻辑性、规范性的表达，强行表达所带来的必然是遮蔽或扭曲。庄子在《天道》篇中就曾记载一个"轮扁斫轮"的故事：

> 桓公读书于堂上，轮扁斫轮于堂下，释椎凿而上，问桓公曰："敢问，公之所读者何言邪？"
>
> 公曰："圣人之言也。"
>
> 曰："圣人在乎？"
>
> 公曰："已死矣。"
>
> 曰："然则君之所读者，古人之糟粕已夫！"
>
> 桓公曰："寡人读书，轮人安得议乎！有说则可，无说则死！"
>
> 轮扁曰："臣也以臣之事观之。斫轮，徐则甘而不固，疾则苦而不入，不徐不疾，得之于手而应于心，口不能言，有数存焉于其间。臣不能以喻臣之子，臣之子亦不能受之于臣，是以行年七十而老斫轮。古之人与其不可传也死矣，然则君之所读者，古人之糟粕已夫！"

这个故事的寓意极为丰富，因为它关涉实践、理论和语言之间的深层关系。轮扁砍制车轮的"技术活"应该属于亚里士多德意义上的"技艺"。这种技艺只能在砍制车轮的实践活动中得到领会，却无法通过智识活动进行思考和把握。所以，它的至高境界是"得心应手"，却是"口不能言，有数存焉于其间"。从一定意义上讲，是否"能言"的问题，也就是能否诉诸理论表达的问题。语言不能不涉及概念，而概念本身就是一种抽象。这就意味着，一旦你以参与者的身份投身实践活动，抽象的理论就失效了。马克思在《关于费尔巴哈的提纲》中就强调：对对象、现实、感性，要把它们当做感性的人的活动，当做实践去理解，从主体方面去理解。当然，马克思这句话是在批判旧唯物主义的语境下提出的，他的理论目的是引出历史唯物主义的世界观和方法论。但是，这丝毫不妨碍我们通过中国式的思考对之加以领会。在中国文化的语境中，当做实践去理解，从主体方面去理解，就是以"参与者"的姿态去理解，投入其中内在地去理解，而不是以"旁观者"的身份外在地通过理论加以认知。认知总是旁观式、理论抽象的，而理解才是参与式、当下具体的。因此，理论的产生本身就意味着一种主客观分离的"解释世界"的姿态。从词源学上来分析，理论（theoria）一词的原本意思就是"看"。对于注重心灵之"看"的古希腊哲学而言，theoria 意指"心灵中关于真实的影像，得自 theorein（沉思或思辨）和 theasthai（注视），赋予沉思以视觉上的联系"①。但是，无论是视觉的"看"还是心灵的"看"，这一动词本身就已经预设了施动者（谁在看）和受动者（看什么）的分离，造就了人的"旁观者"身份。对此，阿伦特说：

> "理论"一词就来自希腊语的"旁观者"（theatai），在几百年之前，"理论性的"这个词仍然表示"沉思"，也就是从外边、从位于参与演出和完成演出的那些人后面的角度来观察某种东西。根据行动和理解之间的这种最早区分，显然能得出一个结论：作为旁观者，你能理解演出所包含的"真理"，不过，你必须付出的代价是不参与演出。②

所谓"不参与演出"的代价，所意指的就是理论作为"旁观者"的身份。康德也认为，自然科学之所以能够成立，乃是因为它研究的仅仅是现象："使自然之成其为自然的，赋予自然以特征使得我们藉以把自然认为是自然的，乃是它成为了现象这一事实，也就是，它从一个观察者的观点可以由外部加以

---

① 布宁，余纪元. 西方哲学英汉对照辞典. 王柯平，等译. 北京：人民出版社，2001：993. 参阅：何中华. 解释世界和改变世界：是补充还是超越？再读马克思《关于费尔巴哈的提纲》第11条. 天津社会科学，2019（3）.

② 阿伦特. 精神生活·思维. 姜志辉，译. 南京：江苏教育出版社，2006：102.

观察这一事实。"① 也就是说，只有我们占据事物藉以具有那种显现的观察点，它才是存在的。但我们知道这些真相，则需要借助一种并非科学的知识。可见，以自然为研究对象的科学理论，都是有其前提和条件的，缺乏了这种前提和条件，科学就无法产生。只不过我们很少对这种科学产生的前提和条件进行批判性审查罢了。假设我们能够钻到自然里面，和自然一起生活，现象的自然特征就会马上消失，科学也就无效了。比如，在描写大自然的拟人的诗歌面前，科学就是无效的。科学无法面对诗歌，诗歌也无法面对科学，这只能说明它们对大自然的把握方式不同，一个是外在的把握，一个是内在的把握。而对于人的实践活动而言，外在地将其当作现象来把握，可以形成理论；而内在地深入实践中去把握，理论就捉襟见肘了。因此，作为"旁观者"的理论对于"参与式"的实践活动而言，总是表现出无力感。黑格尔就讲过一个比喻：人不能在下水之前学会游泳。不下水，一个人固然也可以对游泳这项活动有所认知，也可以和其他人一起谈论游泳比赛，甚至也可以了解关于游泳的技巧和知识，但是，若其想实际地进入游泳的实践状态中，就必须亲自下水（到"游泳"这一实践活动中），别无他途。这正是庄子通过"轮扁斫轮"的故事向我们暗示的

---

① 柯林武德. 历史的观念：增补版. 何兆武，张文杰，陈新，译. 北京：北京大学出版社，2010：97.

理论和实践之间的紧张关系。对此,维特根斯坦就借助一个"匣子里的甲虫"的故事深刻阐释了语言和理论的外在性:

> 我们可以设想在某甲虫地人人都有一个匣子,匣子里装着一种他们都把它叫做"甲虫"的东西。各人匣子里的甲虫可能不完全一样,有些人的匣子里可能就没有甲虫。但是,这丝毫没有妨碍他们谈论自己匣子里的甲虫。虽然每人都看不到别人匣子里的甲虫,但他们完全可以根据自己匣子里的东西知道别人匣子里装的也是甲虫。①

运用语言和别人谈论一个东西,是外在的态度,与内在的体验无关。正因如此,尽管匣子里的甲虫完全不一样,人们仍然可以抽象外在地谈论,将其视为相同的。即使匣子里没有甲虫,人们也可以通过外在的言说让别人认为自己的匣子里有甲虫。在维特根斯坦看来,心理现象都具有隐私性。每个人都有特殊的内心世界。比如,"疼痛"就是一种典型隐私的心理现象。我的疼痛感觉,别人是体会不到的。当我喊叫疼痛时,别人所能观察到的只是我的表情和行为,而不是我的疼痛状态本身。只有我自己能够知道我是确实处于疼痛状态之中,还是假装疼痛。当然,维特根斯坦在此试图论证的是个人隐私的心理体验不能替代共同的语言表达,即"私人语言"的不可能。但

---

① 赵敦华. 当代英美哲学举要. 北京:当代中国出版社,1997:111-112.

是，他的这一论证同样也证明，抽象性的理论总是以语言的抽象性为载体，以外在的言谈态度为基础，而这种外在性理论的获得同时也意味着内在性体验的丧失。轮扁反对齐桓公读书并认为其读的都是糟粕，正在于这种外在性对内在性的阉割。同样，理论在具体实践面前之所以显得苍白，正是因为诉诸概念化语言的理论表达无法切入鲜活的实践境域，正所谓"言不尽意""词不达意"。因此，唯有依靠语言又不偏执于语言，依靠理论又不迷信于教条，做到得意而忘言，才不会误入歧途。圣人已死，圣人对于人世百态的鲜活体验也随之而去。后人体认圣人固然需要借助圣人之言，但原教旨主义般地执着于圣人之言，死读书、读死书，就大错特错了。所以老子才说："知者不言，言者不知。"孟子也在同样的意义上告诫："尽信书则不如无书。"中国传统文化对概念化语言和理论化思维的警惕启人深思。冯友兰在《中国哲学史》中就指出："中国哲学家多未有以知识之自身为自有其好，故不为知识而求知识。不但不为知识而求知识也，即直接能为人增进幸福之知识，中国哲学家亦只愿实行之以增进人之幸福，而不愿空言讨论之"[1]。因此之故，"中国哲学家之哲学，在其论证及说明方面，比西洋及印度哲学家之哲学，大有逊色。此点亦由于中国哲学家

---

[1] 冯友兰.中国哲学史：上册.上海：华东师范大学出版社，2015：6.

之不为，非尽由于中国哲学家之不能"①。中国哲学家不大重视著书立说，那是因为过于重视实践，不愿脱离开实践而玄思，所谓"我欲托之空言，不如载之行事之深切著明也"（赵岐：《〈孟子〉题辞》）。

马克思曾说："人的思维是否具有客观的〔gegenständliche〕真理性，这不是一个理论的问题，而是一个**实践的**问题。人应该在实践中证明自己思维的真理性，即自己思维的现实性和力量，自己思维的此岸性。关于思维——离开实践的思维——的现实性或非现实性的争论，是一个纯粹**经院哲学的**问题。"② 过去，我们经常把这段著名的话作"实践是思维的检验"解。这种理解固然有其道理，却没有真正揭示马克思"当做实践去理解"的深刻意蕴。实际上，马克思在这里批判的是一种"脱离开实践的思维"，也即对于思辨哲学的批判。实践不单单是对思维的检验，而且是思维的实现和完成，因为真理本身就应该是实践性的，而不是理论性的。他之所以痛恨哲学，正在于哲学把真理仅仅当作理论性的。在迷恋哲学的唯心主义者看来，理论性的真理与实践是"直接同一"的。但在马克思看来，这是一种认知的假象或者幻象，但理论的本性又诱导着人们将其视作真相，人们想当然地认为，说了就是做了，思考了就是做

---

① 冯友兰．中国哲学史：上册．上海：华东师范大学出版社，2015：6.
② 马克思恩格斯文集：第 1 卷．北京：人民出版社，2009：500.

成了。从这一意义上讲,理论、话语本身就存在着脱离实践的危险,执着于理论、词语本身就是逃避实践的遁词。正是在这一意义上,马克思才主张"消灭词句"。他批评青年黑格尔派说,他们所进行的工作不过是用词句来反对词句"口水仗"。而"口水仗"本身就意味着,他们仅仅敢于反对这个世界的词句,而绝对不敢反对现实的现存世界。所以,他们尽管满口讲的都是所谓"震撼世界"的词句,却是最大的保守派。可见,理论游离于实践的危险不是偶然的或操作不当造成的,而是根植于理论的"旁观"本性中。也正是因为这一点,对思想和理论的本质进行深入、持久批判的反而是那些伟大的思想家和理论家。这看似吊诡,实际上是无奈。纵观人类的思想史,哪一位伟大的思想家或理论家在身后没有遭到曲解和误解呢?孔子笔削了《春秋》,却发出了"知我者,其惟春秋乎;罪我者,其惟春秋乎"(《孟子·滕文公章句下》)的慨叹。尽管马克思一再告诫不能竖起"教条主义的旗帜",一再申辩不要将其关于西欧社会的分析看成一种抽象的"历史哲学",但这种教条主义的理解仍然发生了,而且一度成为正统。这种尴尬也许本身就是理论的宿命。梅林就曾针对辩证法说:"我们对于辩证法是完全尊重的,但我们觉得,没有辩证法的实际认识,还是比没有实际认识的辩证法更可贵。"[①] 试想,如果赵括没有熟

---

① 梅林. 保卫马克思主义. 吉洪, 译. 北京: 人民出版社, 1982: 156.

读兵书，他是不是也可以像电视剧《亮剑》中的李云龙那样成为优秀的军事家？说赵括是因为读兵书而打了败仗，似乎也并不夸张。

中华传统文化出于对实践的重视而轻蔑了理论，诞生于西方文化传统的马克思主义则是通过理论的方式对实践予以强调，二者既殊途同归又呈互补之势。理论本身并没有错，问题的关键在于如何看待理论，是把它看作可以按图索骥的说明书还是将其视为"行动的指南"？若是前者，理论就是有害的；若是后者，理论无疑能为我们提供支持，指导我们观察时代、把握时代、引领时代，深刻洞察历史的发展趋势。马克思主义来到中国，送给我们最大的一个礼物就是理论思维以及由这种思维所塑造的历史主动精神。但"行动的指南"总归不能大包大揽，正如佛教中"以手指月"的隐喻，它提供给我们的是战略上的趋势和方向，对现实问题的解决仍然需要深入时代的矛盾处具体问题具体分析。这正是实践的现实性品格所要求的务实精神。这种精神，恰恰是中华传统文化为我们提供的营养。从这一点看，马克思主义与中华优秀传统文化的结合，在根本处不是个别观点的契合，也不是机械般地求同存异，而是理论思维和实践品格两个视域的融合和会通。

三、原理知识与具体知识：科学知识的内在逻辑类别

既然"知识"在西方文化传统中是沿着"科学"的样式演进的，而马克思主义又是在这一传统中孕育出来的科学理论，我们下文就继续聚焦于科学知识的批判性审查和分析，重点是区分出科学知识内在的逻辑类别。逻辑类别不是科学知识在研究领域或研究内容上的区别，而是指某一科学知识门类或领域内部的逻辑区别。按照这一区别，每一门类或学科的科学知识都可以划分为两种类型：第一种类型是指深入实质性内容中的科学知识，我们在本节中将其限定性地称为"具体知识"。比如，我们日常所说的数学、化学、物理学、历史学等学科门类。第二种类型是指上述第一种类型知识中具有普遍意义的原则、规律、方法以及与它们相对应的原理。有数学、化学、物理学和历史学，相对应地就有数学原理、化学原理、物理学原理、历史学原理。我们也在限定性意义上将这些原理称为"原理知识"。

像数学、化学、物理学、历史学等具体学科知识，我们都相当熟悉了。那么，它们的原理知识又是哪一种类型的知识呢？在此，我们不妨先列举几个学科门类以观察一下原理知识的特点：

1.1687年,艾萨克·牛顿(Isaac Newton)发表《自然哲学的数学原理》,阐明了牛顿第一定律、牛顿第二定律、牛顿第三定律。其中,第一定律说明了力的含义,即力是改变物体运动状态的原因;第二定律指出了力的作用效果,即力使物体获得加速度;第三定律揭示了力的本质,即力是物体间的相互作用。

2.1830年,英国地质学家查尔斯·莱伊尔(Charles Lyell)发表《地质学原理》,论述了地质学发展史和地质现象古今变化的三个原理,即岩层原理、生物群原理和地球历史原理。岩层原理是指在一定区域内形成的岩层总是按照一定的次序排列,而且地质历史上形成的岩层是层层相叠的。生物群原理是指不同地质年代中存在的化石群落是不同的,而且正常情况下化石的年代是与所处岩层年代相一致的。地球历史原理是指地球的历史可以被分为一系列的地质年代,每个年代有不同的岩石、生物群落和地貌特征。

3.1956年,冯友兰先生在谈及中国哲学遗产的继承问题时提到了他的"抽象继承法":"我觉得我们应该对中国的哲学思想,作更全面的了解。在中国哲学史中有些哲学命题,如果作全面的了解,应该注意到这些命题底两方面的意义:一是抽象的意义,一是具体的意义……""什么是命题的抽象意义和具体意义呢?比如:《论语》中所说的'学而时习之,不亦说乎',从这句话的具体意义看,孔子叫人学的是诗、书、礼、乐等传统的东西。从这方面去了解,这句话对于现在就没有多大用处,不需要继承它,因为我们现在所学的不是这些东西。但是,如果从这句话的抽象意义看,这句话就是说:无论学什么东西,学了之后,都要及时地、经常地温习和实习,这就是很快乐的事。这样的了解,这句话到现在还是正确的,对我们现在还是有用的。"[1]

通过以上三个例证,我们不难看出,原理知识所揭示的都是某一学科或科学部门中具有普遍必然性的规定。如果没有上升为这个规定,就不能称为"原理",即是说,它不是针对个别、具体事物的判断性结论,而是针对普遍、一般事物的判断性结论。牛顿力学定律探讨的不是推力、动力、重力、引力等具体的力,它揭示的是"力"本身的普遍规律。莱伊尔的地质学原理也并未向我们指明哪个年代的具体岩层的特点,而是强调"岩层"本身的演化特点。冯友兰的"抽象的意义"所指的也不是具体学什么东西,而是"学而时习之"本身的形式和结构。可见,这些原理性知识都带有明显的抽象性、形式化和普遍性的特征。在西方的哲学传统中,这种知识正是理想化的知

---

[1] 冯友兰. 三松堂自序//冯友兰文集: 第1卷. 长春: 长春出版社, 2008: 176-177.

识。这也是西方文化传统将数学视为知识范本的原因。古希腊时期，毕达哥拉斯学派就提出了"数本原"说，认为整个世界是按照数学的方式建构起来的。而后的柏拉图也是通过数学进入其"理念论"的。近代古典物理学的兴起，也是将物理现象在数学上进行量化的结果。难怪伽利略说，数学是上帝书写宇宙的文字。数学何以如此受到青睐？正因为它是纯形式而无关乎内容的："数学家研究的不是客体，而是客体之间的关系。因此，只要关系不变，这些客体被其他客体代换对他们来说是无关紧要的，在他们看来，内容（matter）是不重要的，他们感兴趣的只是形式。"①可以说，对形式化真理的追求，构成了西方整个形而上学传统的主要内容。比如，按照康德及后来新康德主义者的观点，在一切知识里，不论是哪种知识，都有一个先验（a priori）的成分，即某些基本概念、范畴和与它们相对应的某些基本原理或公理。这些原理或公理是具体知识的形式和结构，即先验知识。这里的"先验"之"先"不是时间上的先，而是逻辑上的先。从逻辑上讲，没有这个先验知识，经验知识就不可能；从时间上讲，没有经验知识，先验知识就不可能。因此，当我们将这两种类型的知识联系在一起考察时，总是会陷入一种不是循环论证但好像循环论证的阐释模

---

① 彭加勒. 科学与假设. 李醒民，译. 北京：商务印书馆，2021：25.

式。以几何学上的点和线的关系来说,从时间上看,点在线之前,我们勾画一根直线总是从点开始;但从逻辑上看,线又在点之前,如果不逻辑性地预设线的存在,线上的各个点就是彼此外在的,处于非连续之中。再比如,关于道德和自由的关系,康德就说,道德法则是自由的认识理由,自由是道德法则的存在理由。这看起来好像是一个循环论证,实则不然。在康德看来,人应该做什么、不应该做什么,人对这些具体的道德行为能够产生直接性认识,但对于自由,人却无法直接意识到,我们是在带有经验内容的道德行为中间接地体验到自由的。所以,道德法则是自由的认识理由。但从另一个方面看,如果自由的存在不能作为一个前提和公设,人对于道德法则的意识就是不可理解的。所以,自由又是道德法则的存在理由。因此,"吾人所有一切知识始于经验,此不容疑者也……在时间次序中,吾人并无先于经验之知识,凡吾人之一切知识,皆以经验始"①。但是,当我们反思这种经验知识得以成立的条件时,我们就获得了一种不依靠任何经验内容的纯形式的知识。比如"一切变化都有其原因"这个原理性知识,它是形式的、先验的,却对所有的经验认识都逻辑在先地发挥着作用。如果没有这个逻辑预设或前提,一切探究原因的经验知识都不

---

① 康德.纯粹理性批判.蓝公武,译.北京:商务印书馆,1997:29.

可能。可见，原理知识或者先验知识总是试图揭示普遍规律，给出普遍性的法则，以实现更深入的理解。实际上，对于理论家而言，他们并不真正对独特性感兴趣，他们真正感兴趣的是从特殊性中反思出特殊性赖以存在的普遍性。正如彭加勒所说，特定阐述的核验（verification）并不能构成科学，比如，棋手并不能在赢棋中创立科学。即使一个象棋高手在下棋过程中屡屡获胜，如果不对下棋这一行为进行反思并建构出普遍性的象棋理论，我们也不能说他对下棋这一活动具有科学的认知。所以说，离开普遍性便没有科学。在这一意义上，普遍性和必然性是同一的，普遍而不必然抑或必然而不普遍都无法被称为"原理"。当然，有些原理可能是错的或者不真实的，但这丝毫不影响其在科学部门中的地位。

原理知识是依靠形式化而获得普遍性的，而这种形式化又是依靠思维的抽象得到的。正是依靠抽象，原理知识才形式地脱离了知识的具体内容而获得了逻辑上的普遍性。换句话说，原理知识仅仅是依靠思维把握住的形式上的规定。与之不同，具体的科学研究则是需要深入实质性内容之中去的。因此，原理知识都是思维抽象的结果，感性的目光是捕捉不到的。如果我们总是强调"这件事情就是这件事情，而不是别的什么事情"，你固然可以得到某种哲学上的超脱，但实际上却是无法对任何事情进行言说了。自然科学家与博物学家或者标本收集者、历史学家与历史事实收集者之间的区别大抵正在于此。如果我们从一种比较宽泛的意义来理解"形而上学",那么,一切原理知识都是一种形而上学。在这里,不抽象,无思维;不思维,无普遍。

关于知识的类型,除了这种形式和内容、先验和经验的划分之外,西方现代的分析哲学也有逻辑真理和事实真理的划分。逻辑真理是仅凭逻辑分析就能判断其为真的命题,事实真理是依靠实际经验检验才能确定其为真的命题。实际上,在原理知识和具体知识之间作这样的划分是不恰当的,因为科学原理并不是分析性问题,而是综合性问题,是可真可假的。比如,在今天看来,牛顿定律相较于爱因斯坦的相对论而言,可能就不真切了。再比如,"学而时习之""凡运动皆有原因""社会存在决定社会意识"这一类原理,也不是通过逻辑分析就能确定其真值的命题,而是一些似经验但又不是个别经验的原理。知识原理对实际和经验中的事物仍然是有所判断的,只不过,它只作形式上的判断,而不作内容上的判断。所以,康德意义上的先验知识和经验知识的划分更为合适一些。

西方有着浓厚的形而上学传统。所谓形而上学——从宽泛的意义上来理解——就是要把普遍、一般在特殊、个别中经由思维抽象出来。无论是西方的哲学家还是科学家,都对超越个别经验、特殊事物的形式化知识有着一种执着的追求和探索,他们不但要探究具体的科学知识,而且要追问隐藏在其背后并作为其根基的普遍原则。这既是西方哲学的研究取向，也是研究方法。正如卡西尔对人类文化哲学这一学科的界定：

> 一种人类文化哲学并不询问一种形而上学体系或神学体系所问的那种问题。在这里我们并不探究神话想象和宗教思想的题材而是探究它们的形式。神话思想的题材、主题、主旨乃是无边无际的……各种学派的比较神话学那种想统一各种神话学观念并把它们归结为某一相同类型的所有企图，都是注定以完全的失败而告终的。然而，尽管神话作品有着这样的多样性和差异性，神话创作功能却并不缺乏真正的同质性。人类学家和人种学家们常常极为惊讶地发现，同样的一些基本思想遍布于全世界，并且在相当不同的社会文化环境中都得到传播。这同样也适用于宗教的历史。信条、教义以及神学的体系都处于没完没了的斗争之中，甚至不同宗教的伦理观也是极为不同，几乎不可能彼此调和的；然而所有这些并不影响宗教感情的特有形式以及宗教思想的内在统一。宗教的符号不断地变化着，但是根本的原则，符号活动本身，则保持着同一：教义变换，宗教如一（una est religio inrituum varietate）。①

---

① 卡西尔. 人论. 甘阳，译. 上海：上海译文出版社，1985：93.

这就是一种典型的形式化思维，因为它关心的不是涉及具体内容的"题材"，而是在无边无际的题材中抽象出来的同质性的"形式"。在卡西尔看来，文化人类学家并不研究哪一个具体的宗教、具体的神话的特定题材和主旨，而是研究宗教之所以成为宗教、神话之所以成为神话的普遍形式和根本原则。不同的宗教，尽管其教义是不同的，但使其成为宗教的形式却是相同的。正是在这一意义上，他将文化人类学视为符号学。这种致思取向，用柏拉图和亚里士多德的话来说，就是在"多"中求"一"、在"变化"中求"不变"、在"存在者"中追问"存在"。这一传统倾向被后人定性为"逻各斯中心主义"。Logos（逻各斯），其希腊语的原义是思想、话语、理论、逻辑，其表征的是思想、存在和语言的三位一体。真正的存在唯有依靠思想才能捕捉到，而唯有通过概念化的语言予以表达的，才是思想。正如巴门尼德所说的，能够被说和被想的与能够存在的是同一个东西。所以，对于原理知识，我们唯有扎入西方的形而上学传统中才能得到真切的理解，也唯有依靠一种抽象的思辨才能把握，因为它追求的是纯形式，也就是普遍必然性的形式。形式化的原理不涉及任何具体内容，但又普遍地适用于所有具体内容。亚里士多德研究形式逻辑，探究的不是经验命题，而是使得所有经验命题都有效的逻辑形式；康德研究探讨道德形而上学，所研究的也不是见义勇为、拾金不昧、舍身救国等具体的道德行为，而是所有这些道德行为都具有的纯形式。

冯友兰先生所谓"抽象的意义"和"具体的意义"的区分，显然是受到了西学的影响，是借助西方的哲学范式理解中国哲学的结果，让人感觉别开生面，深受启发。正如他本人不得不承认的，无论是哲学还是科学，都是知识类型。而作为知识，哲学的研究方法和科学的研究方法在本质上就没有什么不同，都是逻辑的、理智的。"凡所谓直觉，顿悟，神秘经验等，虽有甚高的价值，但不必以之混入哲学方法之内。无论科学、哲学，皆系写出或说出之道理，皆必以严刻的理智态度表出之。凡著书立说之人，无不如此。"① 但是，我们也应该认识到，哲学与科学之间仍然存在明显的异质性。冯友兰所说的"抽象的意义"和"具体的意义"在西方也是作为两种不同的知识类型分别进行研究的。在宽泛的意义上，前者可以称为哲学，探究的是原理性知识；后者可以称为科学，探究的是具体性知识。将哲学在具体科学中抽象思辨出来并赋予其独立地位，是西方文化的独特传统。马克思主义诞生于西方文化传统中。我们理解马克思主义，把握马克思主义基本原理，在一定意义上也不能脱离开西方形而上学的大传统。

---

① 冯友兰. 中国哲学史：上册. 上海：华东师范大学出版社，2015：4.

四、观察渗透理论：科学知识的发生机制

在逻辑类型上，具体知识和原理知识有经验与先验之分，而在发生机制上，二者又表现为时间和逻辑的双重关系。具体来说，从时间上看，具体知识先于原理知识；从逻辑上看，正好倒转过来，原理知识优先于具体知识。对此，上一节已经稍有涉及。但由于此问题涉及马克思主义对唯心主义意识形态的批判，所以有必要进一步详加论述。

在日常生活中，我们是否能感觉到有某个观念或原理在指导着我们的实践活动？估计没有。比如，我们学习骑自行车，并不是先了解了骑自行车的原理而后再去尝试骑车的。我们就是尝试着去骑，跌倒了再爬起来，逐渐就学会了。实际上，科学研究工作和我们学习骑自行车的活动是类似的，一开始并没有感觉到有什么理论起指导作用。英国物理学家卢瑟福（Rutherford）的学生曾这样描述他这位老师的研究方法：

> 他急切地想知道核子现象是怎样变化的，就像一个人会说他知道厨房里所发生的一些事情。我不相信他依据古典理论的方法，利用某些基本规律来寻求解释，他只要知

道正在发生的事情,他就满足了。①

那么,骑自行车的知识是什么时候出现的呢?它们又是如何出现的呢?对于第一个问题,我们说:它们是我们学会骑自行车之后出现的。对于第二个问题,我们说:它们来自我们学会骑自行车之后对这个事情的反思。也就是说,只有当我们针对学习骑自行车这件事进行经验总结时,我们才会以反思性的姿态把握骑自行车的整个过程,并把我们的体会表达出来。这个时候,"理论"就出现了。一开始估计也是有理论的,但是我们并没有意识到。而我们之所以没有意识到,是因为实践活动还没有成熟到一定程度。就如同玩电子游戏一样,只有那些内行式的玩家,才可能把对游戏的理解上升到理论高度,而经验不足的外行总是谈论些细枝末节。俗语也说:外行看热闹,内行看门道。这里的"门道",正是一种理论上的把握。在这个意义上,我们说,理论在时间上是在实践之后,是对实践过程的主观反思性把握。所不同的是,具体的科学研究本身就是理论知识了,但其中还有理论之上的理论、知识背后的知识,也就是原理知识。和日常生活中的情况类似,尽管科学家在具体研究工作中也受到了原理的指导,但他们并没有感觉到它们的存在。也就是说,他们虽然受到了指导,只不过指导他们的

---

① 卡尔.历史是什么?.陈恒,译.北京:商务印书馆,2007:154.

原则和方法处于"幕后",还没有走上"前台",处于他们视域的边缘隐匿着发挥作用。唯有当具体研究工作成熟到一定程度时,科学家才会去反思那些幕后指导着他们的原理并将其纳入自觉的意识层面。正如柯林武德所说:

> 在自然科学中,如同在经济学、伦理学或法学中一样,人们总是从细节开始。他们是从处理个别问题开始的。只有当细节累集到了相当数量时,人们才开始反思他们已经做的工作,并发现这些工作都是按照迄今一直未被意识到的原理,以一种有条理的方式进行的。①

因此,具体知识和原理知识之间的关系实际上就是我们通常所说的个别与一般、特殊与普遍的关系。前者起作用的是科学思维,后者起作用的则是哲学思维。正如没有个别、特殊就不会有一般、普遍一样,没有实际的具体知识,原理知识是无法被反思出来的。具体知识只有按照时间顺序先出来、先存在,才会有东西供哲学思维去反思。只有当实际的具体研究完成并成熟到一定程度,研究者才可能将自己的研究过程及其结论当作反思的对象,对原理的概括抽象才成为可能。因此,具体知识对于原理知识、科学对于哲学就具有了时间上的优先性。以自然科学为例,每一个时代实际上都有一个关于自然的

---

① 柯林武德. 自然的观念. 吴国盛,译. 北京:商务印书馆,2018:导论 1.

形而上理念或原理，如果具体的科学研究还不够成熟，我们就没有足够的时间使它的观念成熟到可以系统表达的地步，我们也就无法对这一历史时期自然观念的总体特征进行概括，对其中蕴含的原理进行系统总结。正如黑格尔所说："密纳发的猫头鹰要等黄昏到来，才会起飞。"①密纳发是罗马神话中的智慧女神，相当于希腊神话中的雅典娜，栖落在她身旁的猫头鹰是思想和理性的象征。密纳发的猫头鹰在黄昏起飞才可能看见白天所发生的一切，追寻其他鸟儿在白天自由翱翔的踪迹。这句著名诗句的隐喻意义在于：在历史进程中，只有到了晚期，当人们回顾已经发生过的事情时，人们才能洞察、才能理解，就好像只有到了黄昏，才能洞察和理解白天发生过的事情一样。也可以说，当事情正在发生时，你往往很难理解它的意义，理解和反思总是滞后的。

从逻辑上看，二者的关系正好倒转过来：原理知识优先于具体知识。比如，年轻的数学家在掌握几何和算术的专门科学之前，是不会去研究这门学科本身的普遍科学的。从学习的角度看，普遍数学排在几何和算术之后。这是时间关系。但从逻辑的角度看，普遍数学排在几何和算术之前。普遍数学的题材是几何和算术的逻辑基础。普遍数学所确定的命题是几何和算

---

① 黑格尔. 法哲学原理. 范扬，张企泰，译. 北京：商务印书馆，1961：序言 14.

术所确定的命题的预设。科学家在具体科学研究中是不可能没有逻辑预设的，只不过这种逻辑预设并不显示自身，而是处于隐匿状态。实际上，一个人在具体研究工作中做出一个判断，他心中总是预设了比这个判断更多的判断和逻辑前提。同样，每个时代所提出的问题以及对这些问题的回答背后都有一个毋庸置疑的前提。正是这个前提决定着哪些问题被提出，以及哪一个时代的思想家如何去回答这些问题，尽管他们在实际问答中并没有意识到这个前提。对此，柯林武德举过一个"晾衣绳"的例子：

> 我抬眼望见一根带子，出海时我必须称它为一根绳子，差不多水平地拉在我上方。我发现自己在想，"那是一根晾衣绳"，意思是，它拉在那里是晒衣服的。当我断定它拉在那里是出于该目的时，我在预设它拉在那里是出于某种目的。只有做出这个预设，出于什么目的的问题才会发生。如果没有做出这个预设，如果我认为绳子是偶然在那里的，这个问题就不会发生，我认为"那是一根晾衣绳"的情境也就不会出现。[①]

当我们观察这根晾衣绳时，我们也许会自然地指出："那是一根晾衣绳。"在这里，我们得到了一种基于观察的经验知

---

① 柯林武德. 形而上学论. 段保良, 译. 北京：商务印书馆, 2022：18.

识。但是，当我们被问及"你是如何知道那是一根晾衣绳"时，我们会说："我是基于预设它拉在那里是出于某种目的这个逻辑前提得出这个结论的。"所以说，除非把原理知识逻辑地置于具体知识之前，否则任何的理论叙述都是不可能的。美国哲学家奎因就认为：任何一种理论建构都无法逃避本体论意义上的逻辑预设。他称之为"本体论承诺"（ontological commitment）。在他看来，科学理论中的每个概念，虽然其本身是人类语言中的一个符号，但其功能在于指称语言之外客观世界中的一个对象。当人们对"我们是否认为这个对象是存在的"这一问题作肯定回答时，就实现了指称的本体论承诺。在语言所指对象具有不可观察性时，这种承诺尤为必要。穆勒也指出，每个定义都包含着公理，因为在定义时，人们隐含地断言被定义的客体的存在。以数学为例，"一个数学实体的存在，只要它的定义既在自身之内不隐含矛盾，或与已经公认的命题不发生矛盾就可以了"[①]。这是逻辑地预设数学对象的存在，而不是经过经验确认的。从感觉经验出发，估计任何数学实体都不是真正的存在。而以物理学为例，相信外在的世界是有秩序的，也是一个基本预设；没有这一预设，物理学就不可能存在。爱因斯坦就曾说："相信有一个离开知觉主体而独立的外

---

① 彭加勒. 科学与假设. 李醒民，译. 北京：商务印书馆，2021：45-46.

在世界，是一切自然科学的基础。"① 可见，任何一个科学学科都不可避免地遭遇"本体论承诺"，这是因为任何理论的建构都需要具备一个无须也不能加以论证的逻辑预设。而原理知识不过是通过反思将逻辑的预设从"幕后"搬到了"前台"。

理清了具体知识和原理知识的时间关系和逻辑关系之后，我们仍然需要对这一双重关系作进一步的批判性审查，因为我们在实际研究工作中经常混淆二者，要么将逻辑关系误认为时间关系，要么将时间关系混淆为逻辑关系。不澄清这种思维上的混乱，我们就无法理解为什么马克思将意识形态批判视为毕生事业。

时间关系并不就是逻辑关系，因为时间关系中并不存在理论上的普遍性和必然性。如果只是抓住时间中的经验联系，我们也就没有任何知识和理论了。正如"休谟难题"所揭示的，我们的知识都是以因果必然性的形态表现出来的，而因果必然性又无法来自经验。但是，在人类所构建的知识系统中，因果联系好像又是确确实实存在的。那么，因果联系来自哪里呢？在休谟看来，我们所认为的现象和现象之间的因果联系实际不过是它们在时间上的接续关系，即一个事物经常性地伴随着另一个事物而出现。但是，这种前后相继的心理经验根本就不是

---

① 爱因斯坦文集：第1卷. 许良英，范岱年，编译. 北京：商务印书馆，1976：292.

因果关系，充其量只是一种习惯性想象：

> 因此，当心灵由一个对象的观念或印象推到另一个对象的观念或信念的时候，它并不是被理性所决定的，而是被联结这些对象的观念并在想象中加以结合的某些原则所决定的。如果观念在想象中也像知性所看到它们那样没有任何结合的话，那么我们就不可能由原因推到结果，也不会对于任何事实具有信念。①

因此，执着于时间中的经验事物，我们只能说"这种情形通常会伴随那种情形出现"，而不能说"这个事件必定引发那个事件"。沿着这种思路，休谟最终陷入不可知论。卡尔也曾针对历史学的研究说："编年史家（annalist）满足于叙述一件接着一件的事情；使得历史学家与众不同的是提出了一件事情导致另一件事情的主张。"②"赞扬历史学家叙述的精确，就像赞扬建筑师在建筑中适当地使用了干燥的木材，合理地运用了混凝土一样。"③ 所以，在他看来，所谓的历史事实，只能算是历史学家加以运用的原始材料，却不是历史本身。而对这些历史事实的构建所依据的并不是这些事实本身的任何特性，而

---

① 休谟. 人性论：上册. 关文运，译. 北京：商务印书馆，1980：106.
② 卡尔. 历史是什么？. 陈恒，译. 北京：商务印书馆，2007：11.
③ 同②92.

是历史学家"先验的"决定。正如在建筑过程中，何处使用木材、何处使用混凝土，是由建筑师所设计的建筑结构和风格决定的。据此，他批评了注重历史事实的兰克，说他是经验历史学家的护身符。卢卡奇也认为兰克实际上是反历史的，因为他呈现的是事件、社会和制度的收集品，而不是从一个地方到另一个地方的动态的前进进程。

人类观察世界不可能没有观念和理论的渗透，所区别的仅是，这种理论是否被研究者自觉地意识到。所以，我们说，理论对于经验观察而言是逻辑在先的。照相机对现实和事实的把握是一种复制意义上的摹写，但人类在思想中对现实的把握是通过观念性的理论实现的。从这一意义上讲，并没有脱离理论的事实，也没有脱离理论的真实。爱因斯坦在1925年就评价海森堡说："你能够观察一样事情，不管你是否依靠你所使用的理论。正是理论决定着可以观察到什么。"[①] 爱因斯坦的这一思想后来被美国科技哲学家 N. R. 汉森概括为"观察渗透理论"（theory-laden of observation）。在他看来，我们通常带着由我们过去的经验和知识构成的、以各种特殊语言和符号的逻辑形式加以着色的眼睛来"观看"，"看"是我们所谓的渗透理论的操作。库恩借助"观察渗透理论"命题进一步推翻了经验

[①] 卡尔. 历史是什么？. 陈恒，译. 北京：商务印书馆，2007：60-61.

观察的基础地位，赋予理论范式中心地位。强调原理性知识而不是经验事实的逻辑优先性，一切具体的科学知识才成为可能。

将逻辑关系视为时间关系同样是错误的。这种错误既是唯心主义的根源，也是唯心主义的主要表现。意识中的观念、概念和范畴以及它们对应的原理本来是从实际经验中反思抽象出来的，但它们一旦在意识中出现，就给人一种时间上预先存在的假象，似乎事物是被这些观念、概念和范畴派生出来的。这实际上就是把观念上的理解次序混淆为事物的实际发展顺序。以柏拉图为例，他认为思维中的理念决定着现实中的感性事物，我们是先有了"苹果"的理念，而后一个现实具体的苹果才成为可能。如此一来，有多少类现实事物，就需要设定多少类理念。但问题是，柏拉图只能根据当时的感性认知确定思维中的理念，而无法设想当时并不存在的感性事物的理念。比如，"手机""摄像机""液晶电脑屏"之类的理念，柏拉图就无法设想。而如果柏拉图生活在当今时代，他设想的理念种类肯定要比古希腊时期多得多。这就充分暴露了他的唯心主义的虚幻性和虚假性。黑格尔也是如此，他认为整个感性的自然界和人类世界不过是"绝对精神"派生出来的，它们不过是"绝对精神"在自我认识过程中的道具罢了。这也是一种典型的唯心主义。问题的要害在于：黑格尔为什么能够将这种观念的逻辑演绎和辩证转换玩弄得如此娴熟，为什么只有他能够写出纯粹抽象观念的哲学史？实际上，所有这一切都只是因为黑格尔拥有极其丰富的经验知识。这些经验知识在隐匿地支撑着黑格尔的观念史，但他本人却没有意识到，以至于自认为在纯粹抽象中就能开展思辨的概念游戏。恩格斯赞扬黑格尔道："黑格尔不同于他的门徒，他不像他们那样以无知自豪，而是所有时代中最有学问的人物之一"，"在《现象学》、《美学》、《哲学史》中，到处贯穿着这种宏伟的历史观，到处是历史地、在同历史的一定的（虽然是抽象地歪曲了的）联系中来处理材料的"①。同样的观念辩证法，为什么到了蒲鲁东那里就成了刻板的公式和概念的脚手架？这是因为蒲鲁东并不具备黑格尔那样的经验知识，他的概念已经完全悬空化了，甚至成了镜中花、水中月。对此，马克思一针见血地指出："蒲鲁东先生不是把政治经济学范畴看做实在的、暂时的、历史性的社会关系的抽象，而是神秘地颠倒黑白，把实在的关系只看做这些抽象的体现。这些抽象本身竟是从世界开始存在时起就已安睡在天父心怀中的公式。"②

在日常生活中，我们经常说"运用理论指导实践"之类的话。这类话极易引起的误解是：我们的头脑中似乎事先具有了某些范畴和原理，而后又在这些范畴和原理的指导下进行具体

---

① 马克思恩格斯文集：第2卷．北京：人民出版社，2009：602.
② 马克思恩格斯文集：第10卷．北京：人民出版社，2009：47-48.

研究。实际上，这是一个从实践到理论，又从理论到实践的螺旋式上升过程。一旦抽掉了具体研究对于原理知识的奠基作用，我们就无法解释这些原理是从哪里来的，最后只能用"天赋知识""先天范畴""绝对理念"之类的词语进行搪塞。这些概念、范畴似乎在历史的开端处就存在，人类历史是按照观念的顺序以一种目的论的形式发展的。"他们总是把后来阶段的一般化的个人强加于先前阶段的个人，并且把后来的意识强加于先前的个人。借助于这种从一开始就撇开现实条件的本末倒置的做法，他们就可以把整个历史变成意识的发展过程了"①。实际上，这种目的论倾向只是回顾历史时的一种观念解释，并不表明历史的发展实际就是如此。马克思进行意识形态批判，就是要揭露这种幻想和错觉以达到认知的本质：抽象的原理、范畴仅仅是思维的抽象，它们的存在仅仅是思维的事后把握，而不是事物的实际进程。

五、反对"醉醺醺的思辨"：科学知识中的个别与一般

如前所述，原理知识和具体知识之间还是我们日常生活中经常谈到的普遍和特殊、一般和个别的关系。如果说原理知识

---

① 马克思恩格斯文集：第1卷.北京：人民出版社，2009：582.

揭示的是某个领域的普遍规律,那么,具体知识揭示的则是这一领域的特殊规律。从时间上看,普遍规律的揭示出现在特殊规律之后。正如黑格尔所说:"哲学作为有关世界的思想,要直到现实结束其形成过程并完成其自身之后,才会出现……这就是说,直到现实成熟了,理想的东西才会对实在的东西显现出来,并在把握了这同一个实在世界的实体之后,才把它建成为一个理智王国的形态。当哲学把它的灰色绘成灰色的时候,这一生活形态就变老了。"① 马克思也说:"对人类生活形式的思索,从而对这些形式的科学分析,总是采取同实际发展相反的道路。这种思索是从事后开始的,就是说,是从发展过程的完成的结果开始的。"②

这种说法难免给人一种"事后诸葛亮"式后知后觉的感觉,好像原理知识总是亦步亦趋地跟在具体知识之后,没有什么价值和意义。实则不然。经由事后反思的理论升华,我们以之为基础的原理知识才能从幕后走向前台,我们的行动也才能够在理论的指导下从自发走向自觉。"当科学家对一直工作于其上的原理有了新的意识,哲学通过进一步给予它出自这种意识的新的坚定性和一致性,而反作用于它由以生产出来的科学。"所以,"对于健康的心灵而言,这种新的意识给出了一种

---

① 黑格尔.法哲学原理.范扬,张企泰,译.北京:商务印书馆,1961:序言 13-14.
② 马克思恩格斯文集:第5卷.北京:人民出版社,2009:93.

新的力量，那就是，更确信他们探讨细节问题的走向"①。实际上，"规律"这个表征原理知识的词是 18、19 世纪科学家常用的词。到了 20 世纪，科学家更愿意将"规律"称为"假设"：原理知识与其说揭示了普遍的规律，还不如说确立了进一步研究的理论假设和行动指南。1902 年，法国著名数学家亨利·彭加勒出版了《科学与假设》一书，在欧洲知识界掀起了一场革命。彭加勒认为，科学家所提出的科学原理都是一般命题，这些命题实质上都是一些假设，由科学家反思出来用以组织进一步的具体思考。从不同的假设出发，看待事实、组织经验的方式就不一样，对事实和经验的理解就不一样。从这个角度看，马克斯·韦伯对于新教伦理和资本主义的关系的分析，就不能称为规律，而是一个需要进一步具体分析的假设；马克思主张生产力决定生产关系，对资本主义起源作经济上的分析，用 20 世纪科学家的眼光来看，也不能算一种规律，而是一个富有意义的假设，它能够帮助我们更好地理解过去、观察未来。对于我们的思维活动而言，这类假设是不可缺少的工具，我们只有借助它"搭一脚"才能进入更具体的研究，否则，我们获得的将永远是散乱的经验和事实，而没有一根线将这些经验和事实串在一起。诚如卡尔所说，事实像一只袋

---

① 柯林武德. 自然的观念. 吴国盛，译. 北京：商务印书馆，2018：导论 4.

子——假如你不放进一些东西，袋子就不会立起来。他以历史学为例说："相信历史事实的硬核客观独立于历史学家解释之外的信念是一种可笑的谬误，但这也是一种难以根除的谬误。"①

所以说，科学家和哲学家实际上是无法分开的。科学家（无论是自然科学家还是人文科学家）是围绕某一个特定的题材进行细节性研究的人，但他在这种研究中不可能不伴有理论上的反思。一旦他对自己在工作中所遵循的原理有了自觉的意识，他也就具有了哲学家的身份。一名对他从事的研究从不进行哲学思考的研究者顶多是下等之工匠。只不过，科学家的身份使得他不可能长期专注于自己的工作原理并进行哲学上的反思。这就造成了一种印象：哲学都是以"事后诸葛亮"的姿态出现的。在保留了浓厚的经验主义和实用主义色彩的英美国家，一直存在着"拒绝形而上学"的传统，就不难理解了。实际上，这种反思性的介入并不是可有可无的。科学发展的历史也表明，带有标志性的科学事业的革命性变革都是基于研究范式的"格式塔转变"，而这种转变往往来自哲学反思。如前文所述，我们的文化传统最大的硬伤就是欠缺了理论思维。也许我们试图提防的是理论对实践的戕害，但实践何尝不是在理论

---

① 卡尔. 历史是什么？. 陈恒，译. 北京：商务印书馆，2007：93.

的指导下进行的？对于马克思主义这样一种注重行动的理论而言，原理的指导更具有特别的意义。马克思在《〈黑格尔法哲学批判〉导言》中就说：哲学把无产阶级当作自己的物质武器，无产阶级则把哲学当作自己的精神武器。列宁也曾说：没有革命的思想，就没有革命的行动。从这个意义上讲，原理性的知识不仅是"密纳发的猫头鹰"，还是"迎接黎明的高卢雄鸡"。

但是，原理知识是不能替代具体科学研究的，正如一般和普遍无法替代个别和特殊一样，因为原理知识仅仅是形式化的抽象指导原则，它涉及的往往是某个知识领域带有普遍性、全局性、宏观性、结构性、一般性的概括、假设或说明，并不涉及具体内容和细节，所以也无法代替具体知识。哲学的短板正在于此。与科学家不同，哲学家是那些偏重于理论反思的人。但是，这种反思一旦脱离实际的具体研究而沦为一种抽象的概念思辨和游离于世界的遐想，也就堕落了。哲学家天真地认为，他们一旦获得了反思性的知识原理，就能够打败天下无敌手，足以应付所有将要出现的特殊、个别问题。他们看起来无所不知，实际上恰恰是一无所知。一旦形而上学的解释和说明以具体知识的面目出现，就会给我们带来一种诱惑，这种诱惑让人沉迷于理论的卖弄，而忽视了问题的细节。

只有深入个别、特殊的具体内容中，我们才可能取得实质意义上的科学进步。发生在欧洲16、17世纪的科学革命就说明了这一点。从哲学理念上讲，这次科学革命的动力是唯名论对实在论的胜利。实在论实际上是古希腊柏拉图主义和基督教神学混合在一起的哲学主张，认为普遍概念、共相是实际存在的，作为殊相的个别、特殊事物是由共相派生的。与之相反，唯名论认为，实在论中作为本质和形式的共相并不存在，它们仅仅是名称而已，真正实在的是个体和特殊事物。霍布斯就说，世界上除了名词以外没有什么东西是普遍的，因为被命名的对象每一个都是特殊事物。从宇宙论上讲，这次科学革命的出现在于突破了自古希腊出现并流行于中世纪的物理学上的形而上学。这种物理学的代表就是亚里士多德所确立的终极因（第一推动者）的宇宙论。按照这种宇宙论，自然有一个终极的形式和目的，它的趋向和努力就是要去实现自己尚未存在的形式。比如，一根小树苗的形式和目的就是一棵参天大树，所以它才努力地生长，目的是让自己长成应该成为的样子。这样的物理学是不可能让我们了解个别事物运动变化的真正原因的。培根对此嘲笑说：这种知识就像奉献给上帝的处女一样，生不出后代。莫里哀在他的喜剧《无病呻吟》中就讽刺性地描写了一幕医学院考试的场景：

  应试者：渊博的博士问我，是什么原因，鸦片烟能使人睡着？我的回答是，因为它有睡眠的力，所以自然有催眠的感觉。

  监考官：回答得好，好，好，他可以进我们博学的圈子了。①

说鸦片烟有"睡眠的力",所以能够让人睡着,实际上是一种循环论证,不会帮我们增加任何知识。正如我们问一个人今天早上吃的什么,他回答说"吃了饭"一样。这显然是对亚里士多德学派知识论的嘲弄。因为"当一个亚里士多德派的科学家解释某个原因导致的某个结果时,总认为那个原因有一种自然的趋向产生那个结果,但这实际上没有告诉你任何东西,而只能使你的心思从科学的恰当任务中游离开——这个任务便是发现在谈论的问题中原因的精确结构和本性"②。抽象害死人,因为它不会使我们对具体实际有任何了解和把握。著名物理学家费曼也讲过自己亲身经历的两个故事。

小时候,费曼和一群伙伴在田地里玩耍。因没能识别一只鸟,费曼遭到了同伴的质疑:"你爸爸什么都没教你!"

但事情并非如此。在田野间,费曼的父亲看着那只鸟,并用世界上各种语言说那只鸟的名字。事实上,父亲并不知道这只鸟的真名,他只是随口说说。重要的是,父亲说:"你对这种鸟依然一无所知。你只知道不同地方的人怎么称呼这种鸟。我们来看看这只鸟,看看它在做什么,这才有意义。"

---

① 柯林武德. 自然的观念. 吴国盛,译. 北京:商务印书馆,2018:118.
② 同①117.

在康奈尔大学时，费曼去巴西一些大学访问。刚到巴西时，费曼心头有一个大大的疑问：那么多巴西孩子在学习物理，比美国孩子起步早得多，但是在巴西，你却找不到几个物理学家——为什么会这样？那么多孩子都努力地学习，却没有效果。

费曼研究了巴西的教科书，觉得"惨不忍睹"。书上有一个例子，开头放了四张图：第一张是一个发条玩具；接下来是一辆汽车；然后是一个男孩在骑自行车；最后是别的什么东西。每幅图的下面都写着："它是怎么动起来的？"

费曼知道教学用意：谈力学，玩具里的弹簧是怎么工作的；谈化学，汽车里的发动机是怎么运作的；谈生物学，肌肉是怎么工作的。

教科书上的答案却是这样的："对发条玩具来说，'能量让它动起来了'。对骑自行车的男孩来说，'能量让它动起来了'。对所有东西来说，都是'能量让它动起来了'。"

上面这两个故事虽然较为平常，但揭示的道理却是极为深刻的。对一只鸟而言，即使你用多个国家的语言来称呼它，你也未必对它有真正的了解，你学到的仅仅是一个词语、一个名称罢了。相反，如果你通过细致的观察了解到这只鸟的个性和特征，那么，即使你不知道这只鸟叫什么名字，实际上你也已经了解了它。就此，小费曼明白了一个朴素却深刻的道理——知道一个东西叫什么并不等同于了解这个东西。同样，学习物理学中的"力",抛给他一个"力"的抽象概念是无效的。正如费曼所说:"这么说毫无意义。假设有个东西叫'哇啦哇啦',以此来定义普遍原理,就可以说,'哇啦哇啦'让它动起来了。这不体现任何知识,孩子什么都学不到,它只是一个词而已!"① 因此,费曼觉得,学生们本该做的是查看发条玩具里的弹簧,研究弹簧和轮子的原理,不要管什么"能量"。等孩子们对玩具的实际运作有了一定的理解后,再讨论关于能量的普遍原理。

如果哲学已经沦为这种空中楼阁式抽象思辨,那么,实证主义对哲学的批判就是有道理的,实证主义者看似激进地"拒绝形而上学"也是值得同情和理解的。科技哲学家波普尔就坚持认为,真正的科学是与永恒的理性原则相区别的。他的意思是说,囿于抽象的理性原则,就不可能有真正意义上的科学进步。从这一点上看,哲学家需要向自然科学家学习的地方还有很多。当马克思说他痛恨所有的哲学时,当恩格斯义愤填膺地宣布哲学的终结时,他们反对的正是那种"醉醺醺的思辨"。的确,马克思、恩格斯是哲学家,马克思主义理论也并不排斥原理知识,但他们强烈反对仅仅停留于抽象原理。如果说马克思主义在具体运用中产生了各式各样的形式主义和教条主义,

---

① 费曼(著),莱顿(编).费曼经典:一个好奇者的探险人生.李盼,译.北京:北京联合出版公司,2022:367.

那也是因为某些人对马克思主义基本原理采取了一种不恰当的看待方式。如果马克思的学术理想仅仅是向世界简单地"颁布"几条抽象的知识性原理,今天的我们又会如何评价他的贡献?如果凭借几条抽象的知识性原理就能包打天下,马克思在大英博物馆 30 多年的辛苦劳作又意味着什么呢?

第二章

马克思主义基本原理的知识论分析

一、反身内求：马克思的研究方式与叙述方式

在西方文化传统的视域下对具体知识和原理知识进行批判性审查，为我们理解马克思主义原理提供了基本的理论范式和研究范畴。我们应该如何理解马克思主义原理？对于这个问题，我们首先尝试询问的不是马克思主义原理的具体内容，而是一种超越原理内容的领会，即我们应该如何把握马克思主义原理的性质。事实上，在马克思主义理论教育已经广泛普及的今天，一个大学一年级的学生就能够轻松地回答出马克思主义原理的定义："马克思主义基本原理是马克思主义立场、观点、方法的集中概括。"如果你进一步询问，他还能回答出马克思主义的若干原理，诸如"物质决定意识，意识对物质具有反作用""矛盾是事物发展的动力""绝对真理和相对真理是辩证统一的"……

黑格尔曾言：熟知并非真知。熟知了马克思主义原理的内容，是否意味着我们已经领会它们在什么意义上被称为原理，是否意味着我们已经能够自觉以这些原理为指导推动实践、开展工作？未必。我们都知道，一个学生即使学习并熟知了数学原理，也并不意味着他能在数学考试中运用自如地解答数学问题。同样，仅仅停留于马克思主义原理止步不前，我们在回答时代向我们提出的实践问题时也可能手忙脚乱、不知所措。在抽象和教条的意义上理解马克思主义原理，只能败坏马克思主义的名声。今天，我们都在强调党的创新理论是马克思主义基本原理同中国具体实际相结合、同中华优秀传统文化相结合的理论升华。但是，如果没有对于原理的恰当领会，这种"结合"就会被看成非常容易的事，进而掩盖了"两个结合"中所蕴含的辩证机制。这显然又是和中国共产党人艰苦而卓越的伟大斗争史、理论创新史不相符的。

笔者通过十几年来的教学实践发现，关于马克思主义原理的理解问题，是关系着马克思主义理论宣传教育的重要问题，甚至说是根本性问题也不为过。因为理解方式不同，宣传解读马克思主义的方式也就不同。那么，什么才是马克思主义原理的"正确打开方式"？一个正确的回答也许是：以马克思主义的方式去理解马克思主义原理。这样说也许有同语反复之嫌，但可能恰恰切中了问题的要害。今天，我们强调以马克思主义为指导，多以"外向性"为取向，即将马克思主义的立场、观点、方法贯彻到马克思主义理论之外的理论域和实践域,却忽视了刀刃向内式的"反身内求"。事实上,之所以误解、曲解和肢解马克思主义的现象时有发生,我们对于这种现象的回应和反驳又是那么不尽人意,正在于对马克思主义的理解和把握采取的是一种非马克思主义的态度,有时甚至还是旧唯物主义和唯心主义的解释。这是多么滑稽和荒唐的现象!因此,对这一问题,我们迫切需要下一番正本清源的功夫。

马克思主义作为一个理论整体,是否也存在原理知识和具体知识的内在划分?答案应该是肯定的。马克思在《〈政治经济学批判〉序言》中就叙述了自己研究政治经济学和发现唯物史观的过程,并对唯物史观作了经典论述:

> ……我所得到的,并且一经得到就用于指导我的研究工作的总的结果,可以简要地表述如下:人们在自己生活的社会生产中发生一定的、必然的、不以他们的意志为转移的关系,即同他们的物质生产力的一定发展阶段相适合的生产关系。这些生产关系的总和构成社会的经济结构,即有法律的和政治的上层建筑竖立其上并有一定的社会意识形式与之相适应的现实基础。物质生活的生产方式制约着整个社会生活、政治生活和精神生活的过程。不是人们的意识决定人们的存在,相反,是人们的社会存在决定人们的意识。……[1]

---

[1] 马克思恩格斯文集:第2卷.北京:人民出版社,2009:591.

生产力决定生产关系、经济基础决定上层建筑、社会存在决定社会意识等历史唯物主义基本原理,在这里都得到了明确的揭示。那么,这些原理在马克思那里的发生机制和作用是什么?马克思说他自己"一经得到就用于指导我的研究工作"①。这句话看似简单,但蕴含的信息极其丰富。一方面,"一经得到"说明这些原理不是凭空产生的,而是在大量的具体研究趋于成熟之后历史地反思出来的;另一方面,"用于指导我的研究工作"则说明这些基本原理一旦由"幕后"走上"前台",也就成了马克思进一步深入研究资本主义生产方式所自觉遵循的指导原则。

马克思主义原理的这一发生机制和指导作用非常符合我们在上一章中关于原理知识和具体知识的分析,也符合马克思思想产生和发展的实际。马克思毕生都在从事政治经济学研究。早在19世纪40年代担任《莱茵报》编辑期间,由于"第一次遇到要对所谓物质利益发表意见的难事"②,而后被卷入关于自由贸易和保护关税的辩论,马克思开始关注经济问题。而后在巴黎和布鲁塞尔期间,他又系统地研读了经济学著作,并做了大量的笔记。《1844年经济学哲学手稿》《哲学的贫困》《雇佣劳动与资本》就是这一时期的研究成果。政治经济学的具体研究,逐渐使得他摆脱了形而上的哲学而投入"实证知识"

---

① 马克思恩格斯文集:第2卷.北京:人民出版社,2009:591.
② 同①588.

中。这是因为他认识到，对资本主义的批判，仅仅有着善良的"前进"愿望以及它那带有微弱哲学色彩的回声是不够的，关键还得具备实际知识。正如他所说："法的关系正像国家的形式一样，既不能从它们本身来理解，也不能从所谓人类精神的一般发展来理解，相反，它们根源于物质的生活关系，这种物质的生活关系的总和……概括为'市民社会'，而对市民社会的解剖应该到政治经济学中去寻求。"① 可见，正是政治经济学的实际研究，使得马克思逐步摆脱了唯心主义和形而上学的纠缠，也为他反思历史唯物主义的一般原理和人类社会发展的一般规律提供了经验前提。可以说，政治经济学的具体研究对历史唯物主义原理而言是时间在先的。

前面已引述过马克思的研究方法："对人类生活形式的思索，从而对这些形式的科学分析，总是采取同实际发展相反的道路。这种思索是从事后开始的，就是说，是从发展过程的完成的结果开始的。"②从"事后"开始的思索，就是把现实和结果当作研究的起点，从后溯前，逆向反思这种结果得以出现的根源及历史过程。马克思面对的"具体的现实"是什么？就是资本主义生产方式。《资本论》所研究的也正是"资本主义生产的自然规律"③。于是，这种"事后思索"的研究方法使得

---

① 马克思恩格斯文集：第2卷. 北京：人民出版社，2009：591.
② 马克思恩格斯文集：第5卷. 北京：人民出版社，2009：93.
③ 同②8.

我们理解资本主义之前的人类社会各个发展阶段成为可能。马克思比喻道:"人体解剖对于猴体解剖是一把钥匙。反过来说,低等动物身上表露的高等动物的征兆,只有在高等动物本身已被认识之后才能理解。"① 从生物进化的角度看,只有认识了人这一高等动物,才能理解动物进化过程中猴子意味着什么。同样,资产阶级社会是当时最发达和最具多样性的生产组织,是一个"具体的丰富",只有认识了它,才能理解在人类社会的历史性变迁中其他发展阶段对于人类的历史意味着什么。正如马克思所说:"那些表现它(资本主义——引者注)的各种关系的范畴以及对于它的结构的理解,同时也能使我们透视一切已经覆灭的社会形式的结构和生产关系。资产阶级社会借这些社会形式的残片和因素建立起来,其中一部分是还未克服的遗物,继续在这里存留着,一部分原来只是征兆的东西,发展到具有充分意义"②。在《政治经济学批判大纲》中,马克思就运用这种研究方法分析了资本主义生产之前的各种形式,并通过揭示资本主义的根源把人类社会描述成了一个能动的发展过程。资本主义的"历史性"和"暂时性"也由此得到了揭示。

人类社会发展的一般规律正是在这一研究过程中逐步被反思出来的。这是一个由具体到抽象的过程。历史的各个发展阶段肯定具有特定的生产和交换形式,这是每个历史阶段的特殊

---

①② 马克思恩格斯文集:第8卷.北京:人民出版社,2009:29.

规律。但是，不同的历史阶段也存在一些共同的、普遍性的规律。这些规律以一般命题的形式出现，所以带有明显的形式化特征。比如，每个历史阶段的生产力和生产关系，不论其具体性质如何，都表现为一种矛盾关系。这一矛盾关系又主要且突出地表现为一种阶级对抗。对此，我们完全可以将生产力和生产关系之间的矛盾关系、阶级之间的矛盾关系视为马克思历史分析的原理，即历史唯物主义原理。这些原理虽然是在资本主义运行特殊规律的基础上得到的，却在逻辑上具有优先地位。混淆了时间和逻辑的关系，就会造成对马克思主义的诸多误解。马克思在《资本论》（第一卷）1872年第二版的跋中就说，人们对《资本论》中应用的方法理解得很差。这主要表现在两种截然相反的评论：一种评论来自实证主义者，他们责备马克思形而上学地研究经济学，完全是概念性的理论演绎，而没有立足于资本主义的经济事实；另一种评论则截然相反，认为马克思只限于批判地分析既成的事实，而没有为未来的食堂开出调味品。总而言之，正如考夫曼所说："如果从外表的叙述形式来判断，那么最初看来，马克思是最大的唯心主义哲学家，而且是德国的极坏的唯心主义哲学家。而实际上，在经济学的批判方面，他是他的所有前辈都无法比拟的实在论者……决不能把他称为唯心主义者。"①

---

① 马克思恩格斯文集：第5卷. 北京：人民出版社，2009：20.

如果马克思囿于德国古典哲学传统，形而上学地研究经济学，那么他和康德、黑格尔就没有任何区别，《资本论》也就无法面世了。同样，如果马克思仅仅囿于英国的经验主义和实证主义传统，那么他和亚当·斯密、大卫·李嘉图就没有区别，《资本论》照样无法面世。事实上，马克思正是同时批判地继承了德国古典哲学和英国经验主义这两大传统，才使《资本论》的面世成为可能。正因如此，马克思在谈及自己的工作方法时说：

>……在形式上，叙述方法必须与研究方法不同。研究必须充分地占有材料，分析它的各种发展形式，探寻这些形式的内在联系。只有这项工作完成以后，现实的运动才能适当地叙述出来。这点一旦做到，材料的生命一旦在观念上反映出来，呈现在我们面前的就好像是一个先验的结构了。[1]

研究方法遵循的是从具体到抽象的路线，这是一个实证研究的过程。但叙述方法遵循的却是从抽象到具体的路线，这是一个理论的阐述过程。研究方法从结果开始回溯到原因，叙述方法是从原因开始过渡到结果。赵磊教授曾用一个"车祸逃逸事故的侦破过程"的例子把"研究方法"和"叙述方法"的区

---

[1] 马克思恩格斯文集：第5卷. 北京：人民出版社，2009：21-22.

别具象化了。现引用如下:

> 侦破过程("研究过程")的基本逻辑是:警察来到事故现场(从结果出发)——勘察收集事故人证物证——回看沿途监控(充分占有材料,包括各种无用的材料)——追踪肇事嫌疑人——锁定肇事者(揭示原因)。
>
> 侦破过程的特点是:(1)侦破不是从车祸的原因开始的,而是从车祸导致的结果开始的,即"是从事后开始的",是从车祸已经成为"事实"开始的。(2)侦破是在占有大量实际证据的基础上,进行归纳分析、综合判断。一言以蔽之,侦破的起点是"事后"(事情已经发生了),侦破的依据是大量实际证据,侦破的方法是"从具体到抽象"。①

车祸事故侦破之后,需要叙述事故的前因后果,即撰写侦破报告。对整个事故因果关系的叙述过程是这样的:

> 叙述过程的基本逻辑是:从肇事者走出饮酒的饭店开始(原因)——叙述肇事者的行驶轨迹——确认肇事者到达事发现场并导致车祸发生(结果)。
>
> 叙述过程的特点是:(1)它"是从车祸的起点开始

---

① 赵磊,赵晓磊."从抽象到具体"是《资本论》的研究方法吗?.当代经济研究,2022(11).

的",是从导致车祸的原因开始的,而不是从事故的后果开始的。(2)在叙述开始的时候,车祸尚未发生,也就是说,叙述方法并不是从"事实"开始的。(3)它是从基本范畴和基本概念出发,进行逻辑演绎并展开分析与综合的过程。一言以蔽之,侦破报告的叙述起点是"事前"(事情尚未发生),侦破报告的叙述逻辑是"演绎",侦破报告的叙述方法是"从抽象到具体"。①

由此反观马克思上面那段论述,"研究"遵循的是时间顺序。具体研究必须面向事实本身,即"充分地占有材料,分析它的各种发展形式,探寻这些形式的内在联系",而不是按照头脑中预先就存在的理论范式直接套用客观事实的研究。这肯定是艰苦的劳作,否则,科学研究将是非常容易的事。而"叙述"遵循的却是逻辑顺序,因为逻辑顺序就是观念的顺序,即让"材料的生命"在观念上反映出来。当马克思说"呈现在我们面前的就好像是一个先验的结构"时,正是暗指在具体的实际研究中并没有这样一个"结构",因此并不是先验的。只有当材料的生命在观念上反映出来时,这个结构才能够存在,而我们这时候总是感觉它之前就已经存在了。也就是说,表征着普遍规律的原理和范畴本来是在具体的经验知识中产生出来的,但我们在叙述的过程中却总感觉这个东西本来就实际地存

---

① 赵磊,赵晓磊."从抽象到具体"是《资本论》的研究方法吗?.当代经济研究,2022(11).

在，似乎没有它们，叙述就是不可能的，就好像没有"石头"这个概念，实际的石头就不可能存在一样。这是一种错觉。所以，马克思用了"好像"二字。但是，如果在具体研究中不能反思出这么一个所谓的"先验的结构"来，就不能揭示一个普遍性的规律。所以，研究方法和叙述方法并行不悖，缺一不可，它们在马克思那里构成了一个科学方法论意义上下行和上行相互交通的"闭环"。马克思以对"人口"的研究为例说：

……如果我从人口入手，那么，这就是关于整体的一个混沌的表象，并且通过更切近的规定我就会在分析中达到越来越简单的概念；从表象中的具体达到越来越稀薄的抽象，直到我达到一些最简单的规定。于是行程又得从那里回过头来，直到我最后又回到人口，但是这回人口已不是关于整体的一个混沌的表象，而是一个具有许多规定和关系的丰富的总体了。①

理论所要把握的是"思维的具体"。如果仅仅从"关于整体的一个混沌的表象"上行至"最简单的规定"就戛然而止了，我们所得到的就是"思维的抽象"。这一过程对于理论建构而言是必要的，但是仅仅停留于此，就是一种形而上学的做派。马克思认为，17世纪的经济学家就是这么做的。实际上，认识的任务到此还未完成，它还必须由抽象再回到具体，达到包含许多内在规定和关

---

① 马克思恩格斯文集：第 8 卷．北京：人民出版社，2009：24.

系的丰富的总体，即"思维的具体"。马克思说：具体之所以是具体，因为它是许多规定的综合，因而是多样性的统一。对此，无论是现实中的具体还是思维中的具体都是一样的。但是，现实中的具体是研究的起点，即直观和表象的起点。思维中的具体则是结果，即表现为一个思维的综合过程。马克思说，黑格尔作为唯心主义者之所以会陷入幻觉，正是因为他把思维经由综合过程把握具体理解成了思维生产具体。"范畴的运动表现为现实的生产行为……而世界是这种生产行为的结果……"实际上，范畴的运动仅仅是现实在精神上的再现方式，而并不是现实本身。在马克思看来，"只要这个头脑还仅仅是思辨地、理论地活动着"，"实在主体仍然是在头脑之外保持着它的独立性"，"主体，即社会，也必须始终作为前提浮现在表象面前"①。在这里，马克思借助研究方法不仅将自己的理论定性为唯物主义，还直接揭露了唯心主义塑造虚假意识的秘密。

二、马克思主义者不是算命先生：普遍规律与特殊规律的争论

如果说对马克思叙述方法和研究方法的混淆是误读《资本

---

① 马克思恩格斯文集：第 8 卷．北京：人民出版社，2009：25 - 26．

论》的根本原因，那么，对原理知识和具体知识的混淆则是误读马克思主义原理的根本原因。这两个问题息息相关，主要表现在关于普遍规律和特殊规律的争论上。有人认为，通过政治经济学批判，马克思深刻揭示了资产阶级社会的特殊规律。在此基础上，马克思又揭示了人类社会发展的一般规律。但也有学者指出，马克思仅仅揭示了资本主义运行的特殊规律，在人类社会所有发展阶段都发挥作用的普遍规律是不存在的。最令人吃惊的是，这两种截然对立的观点都能够找到相应的证据支持。

马克思本人曾说："共产党人的理论原理，决不是以这个或那个世界改革家所发明或发现的思想、原则为根据的。""这些原理不过是现存的阶级斗争、我们眼前的历史运动的真实关系的一般表述。"[1] 恩格斯也认为："政治经济学本质上是一门**历史的**科学……它首先研究生产和交换的每个个别发展阶段的特殊规律，而且只有在完成这种研究以后，它才能确立为数不多的、适用于生产一般和交换一般的、完全普遍的规律。"[2] "历史进程是受内在的一般规律支配的"[3]，科学的任务，"归

---

[1] 马克思恩格斯文集：第2卷. 北京：人民出版社，2009：44，45.
[2] 马克思恩格斯文集：第9卷. 北京：人民出版社，2009：153-154.
[3] 马克思恩格斯文集：第4卷. 北京：人民出版社，2009：302.

根到底，就是要发现那些作为支配规律在人类社会的历史上起作用的一般运动规律"①。在马克思墓前的讲话中，他更是将唯物史观和剩余价值论视为马克思的"两大发现"：唯物史观揭示的是人类社会发展的普遍规律，剩余价值论揭示的是当代资本主义运行的特殊规律。列宁也指出："马克思把社会运动看做受一定规律支配的自然历史过程，这些规律不仅不以人的意志、意识和意图为转移，反而决定人的意志、意识和意图。"② 这些说法似乎肯定了原理知识的存在，它们揭示的就是人类社会发展的一般规律。

但马克思有时候似乎又否认存在着通行于人类社会发展各个阶段的普遍规律。在《资本论》的跋中，马克思引用考夫曼的观点说：

> ……但是有人会说，经济生活的一般规律，不管是应用于现在或过去，都是一样的。马克思否认的正是这一点。在他看来，这样的抽象规律是不存在的……根据他的意见，恰恰相反，每个历史时期都有它自己的规律……一旦生活经过了一定的发展时期，由一定阶段进入另一阶段时，它就开始受另外的规律支配。……③

---

① 马克思恩格斯文集：第4卷. 北京：人民出版社，2009：301.
② 列宁全集：第1卷. 北京：人民出版社，2013：136.
③ 马克思恩格斯文集：第5卷. 北京：人民出版社，2009：21.

马克思显然赞同考夫曼对他的理解,甚至还说"这位作者先生把他称为我的实际方法的东西描述得这样恰当"①。在那封著名的给《祖国纪事》杂志编辑部的信中,马克思还对"普遍规律"的说法进行了批判:

> ……极为相似的事变发生在不同的历史环境中就引起了完全不同的结果。如果把这些演变中的每一个都分别加以研究,然后再把它们加以比较,我们就会很容易地找到理解这种现象的钥匙;但是,使用一般历史哲学理论这一把万能钥匙,那是永远达不到这种目的的,这种历史哲学理论的最大长处就在于它是超历史的。②

这是相互冲突的阐述吗?实际上,按照前述原理知识和具体知识、叙述方法和研究方法、时间关系和逻辑关系的划分,以上说法不仅不矛盾,反而道出了科学发展的两种样式或趋向:一种趋向是向着多样性、复杂性前进,另一种趋向则是向着简单性、同一性前进。这种双重的、显然又是矛盾的过程恰恰是知识的必要条件。正如我们日常学习时所说的,既要把书读厚,还要把书读薄。马克思主义当然揭示了人类社会发展的普遍规律,这种规律恰是通过原理的方式揭示的。今天的我们

---

① 马克思恩格斯文集:第5卷.北京:人民出版社,2009:21.
② 马克思恩格斯文集:第3卷.北京:人民出版社,2009:466 - 467.

坚持以马克思主义为指导，所强调的正是马克思主义原理对人类社会发展普遍规律的揭示。失去了这一理论指导，就好比在大海上航行失去了方向感。德国经济学家韦尔纳·桑巴特就表达过因放弃了马克思主义而产生的不知所措："当我们失去了那种在复杂的生活中至今还是我们指南的、令人安慰的原则时……我们感到就像淹没在事实的汪洋大海之中，直到我们找到新的立足点或学会游泳为止。"① 毛泽东同志也指出："我们的眼力不够，应该借助于望远镜和显微镜。马克思主义的方法就是政治上军事上的望远镜和显微镜。"② 在纪念马克思诞辰200周年大会上，习近平总书记指出："从《共产党宣言》发表到今天，170年过去了，人类社会发生了翻天覆地的变化，但马克思主义所阐述的一般原理整个来说仍然是完全正确的。我们要坚持和运用辩证唯物主义和历史唯物主义的世界观和方法论，坚持和运用马克思主义立场、观点、方法，坚持和运用马克思主义关于世界的物质性及其发展规律，关于人类社会发展的自然性、历史性及其相关规律，关于人的解放和自由全面发展的规律，关于认识的本质及其发展规律等原理，坚持和运用马克思主义的实践观、群众观、阶级观、发展观、矛盾观，

---

① 卡尔. 历史是什么？. 陈恒，译. 北京：商务印书馆，2007：155.
② 毛泽东选集：第1卷. 北京：人民出版社，1991：212.

真正把马克思主义这个看家本领学精悟透用好。"① 因此,我们坚持用马克思主义观察时代、把握时代、引领时代,正是建立在马克思主义所揭示的人类历史发展的普遍规律之上的。

但我们也应该看到,马克思主义基本原理及其揭示的人类历史发展普遍规律,仅仅是在一般意义上成立的,即它是形式、理念上的规定,而没有实质性或实体性的具体内涵。或者说,它提供给我们的仅仅是一个"形式指引"或行动上的指南,而不能为我们当下的行动提供具体的、可操作性的指导。正因如此,马克思在承认了原理指导意义的同时也限制了它的作用:

> 在思辨终止的地方,在现实生活面前,正是描述人们实践活动和实际发展过程的真正的实证科学开始的地方。关于意识的空话将终止,它们一定会被真正的知识所代替。对现实的描述会使独立的哲学失去生存环境,能够取而代之的充其量不过是从对人类历史发展的考察中抽象出来的最一般的结果的概括。这些抽象本身离开了现实的历史就没有任何价值。它们只能对整理历史资料提供某些方便,指出历史资料的各个层次的顺序。但是这些抽象与哲学不同,它们绝不提供可以适用于各个历史时代的药方或

---

① 习近平. 在纪念马克思诞辰200周年大会上的讲话. 北京:人民出版社,2018:25.

公式。相反，只是在人们着手考察和整理资料——不管是有关过去时代的还是有关当代的资料——的时候，在实际阐述资料的时候，困难才开始出现。这些困难的排除受到种种前提的制约，这些前提在这里是根本不可能提供出来的，而只能从对每个时代的个人的现实生活过程和活动的研究中产生。……①

作为"抽象出来的最一般的结果的概括"，马克思主义原理与传统的唯心主义哲学是不同的。后者仅仅停留于抽象，前者则是引向具体的指南或者指引。所以，它才不提供"可以适用于各个历史时代的药方或公式"，而仅是"对整理历史资料提供某些方便"。但是在面对现实的问题时，原理知识是束手无策的，因为解决现实问题的"钥匙"是原理提供不出来的，需要深入具体实际中去摸索、去探究。所以，马克思说这个时候"困难才开始出现"是针对停留于抽象的唯心主义，马克思称自己信仰的是"实证的科学"。但马克思绝不是实证主义者，因为他遵循的是从抽象到具体、从原理知识到具体知识的路线，而实证主义否认形而上的原理存在。比如，对于生产，马克思说："说到生产，总是指在一定社会发展阶段上的生产——社会个人的生产。因而，好像只要一说到生产，我们或者就要把历史发展过程在它的各个阶段上一一加以研究，或者

---

① 马克思恩格斯文集：第1卷. 北京：人民出版社，2009：526.

一开始就要声明，我们指的是某个一定的历史时代"①。可见，马克思的落脚点最终还是个别、特殊和具体。但他又指出："生产的一切时代有某些共同标志，共同规定。**生产一般**是一个抽象，但是只要它真正把共同点提出来，定下来，免得我们重复，它就是一个合理的抽象"②。没有这些共同点，任何生产都无法设想。但是，把共同点提取出来的目的并不是停留于这种抽象，而是突出各个时代发展的差别。在马克思看来，那些国民经济学家的误区正在于忘记了这种差别。当我们说资本也是生产工具，也是过去的、客体化了的劳动，也是一种一般的、永存的自然关系时，所抛开的正是使"生产工具""积累的劳动"成为资本的那个"特殊"。马克思在《资本论》和《政治经济学批判大纲》中不止一次谈到所谓的"同义反复"。这些"同义反复"正是忽视差别停留于抽象的思维误区。比如，把生产的自然要素归纳成几个简单的规定，这些规定的扩展就会成为"浅薄的同义反复"。马克思举例说："某些种族素质，气候，自然环境如离海的远近，土地肥沃程度等等，比另外一些更有利于生产。这又是同义反复，即财富的主客观因素越是在更高的程度上具备，财富就越容易创造"③。总而言之，陷入抽象思维中，一切似乎都是容易的，因为它不需要面对具

---

① 马克思恩格斯文集：第8卷．北京：人民出版社，2009：6-9．
② 同①9．
③ 同①10．

体实际和现实差别。相反，一旦涉及专业性的问题，这种抽象的知识就无法滥竽充数了："通过分析找出宗教幻象的世俗核心，比反过来从当时的现实生活关系中引出它的天国形式要容易得多。后面这种方法是唯一的唯物主义的方法，因而也是唯一科学的方法。那种排除历史过程的、抽象的自然科学的唯物主义的缺点，每当它的代表越出自己的专业范围时，就在他们的抽象的和意识形态的观念中显露出来"[1]。

可见，普遍规律和特殊规律都可以称为"规律"，但前者和后者的内涵是不同的。前者对应的是形式化的一般原理，后者则是面向特定时代、具有实体性内容的具体知识。如果将普遍规律与特殊规律相混淆，赋予普遍规律特定的实质性经验内涵，无疑就陷入了机械的决定论。这正是考茨基、拉法格、普列汉诺夫等第二国际代表人物陷入的误区。他们将马克思阐释的资本主义运行的特殊规律放大为人类社会的普遍规律，拉法格更是直接将马克思主义视为"经济决定论"。作为这种机械决定论的反弹，西方马克思主义者强烈反对人类社会发展普遍规律的存在。卢卡奇就认为，"经典形式的历史唯物主义意味着资本主义社会的自我认识"，"首先是资产阶级社会及其经济结构的一种理论"，而不是整个人类历史演变的普遍科学。这是因为"资本主义社会通过

---

[1] 马克思恩格斯文集：第5卷．北京：人民出版社，2009：429．

其商品经济和交往经济的组织赋予经济生活一种极其独立的、自我封闭的和由内在规律产生的特性,这是它以前的各个社会所不知道的"[1]。柯尔施也认为,在严格意义上,历史唯物主义源自对资产阶级社会的经验的研究,按其性质来看,是一种关于资产阶级的新科学。海尔布隆纳也说,马克思著作的核心内容是对资本主义的分析,马克思主义存在的理由就是理解被称为资本主义的生产方式。实际上,否定普遍规律而偏执于特殊规律或者将普遍规律实体化、实质化,都是不恰当的。如果说第二国际的马克思主义者属于后者,那么,西方马克思主义的这些代表人物则属于前者。正如我们前文所阐述的,正确的处理方式应该是把原理知识和具体知识在逻辑上加以区别而又能够在具体运用中加以辩证结合。片面地强调前者,我们就无形中否定了马克思主义的理论指导作用;固执地注重后者,我们就会陷入僵化的教条主义和形式主义,把马克思主义当成能够解决一切现实问题的灵丹妙药。唯有在认识上扬弃二者,将马克思主义所揭示的普遍规律与带有时代性特征的特殊规律结合起来,我们才能真正做到理论联系实际,把马克思主义的普遍原理与中国具体实际相结合,推动马克思主义的中国化时代化。

---

[1] 卢卡奇. 历史与阶级意识. 杜章智,任立,燕宏远,译. 北京:商务印书馆,1992:321,315.

在马克思主义方法论迁移运用方面,毛泽东堪称典范,他在判断中国革命战略走向时曾有这么一段著名的话,可以看作对马克思主义基本原理的鲜活运用:

> ……马克思主义者不是算命先生,未来的发展和变化,只应该也只能说出个大的方向,不应该也不可能机械地规定时日。但我所说的中国革命高潮快要到来,决不是如有些人所谓"有到来之可能"那样完全没有行动意义的、可望而不可即的一种空的东西。它是站在海岸遥望海中已经看得见桅杆尖头了的一只航船,它是立于高山之巅远看东方已见光芒四射喷薄欲出的一轮朝日,它是躁动于母腹中的快要成熟了的一个婴儿。[1]

马克思主义者不是算命先生,解决实际问题的具体办法需要在实践中摸索,大而无当的普遍原理是无效的。所以,它给我们指明的仅仅是一个大方向,而无法机械地规定时日。但是,这个战略上的大方向本身就对革命行动起着促进作用,对方向的领会并投入其中本身就是信仰的应有之义,它是坚持历史自信和历史主动的源泉和动力。对马克思主义而言,这一点则更为真切。

---

[1] 毛泽东选集:第 1 卷. 北京:人民出版社,1991:106.

三、马克思与恩格斯的异同：世界观能否终结哲学

如前文所述，对马克思主义而言，原理知识及其所揭示的普遍规律无疑是必要的。但是，这种必要却是在有限的意义上成立的，因为它的功能仅在于引导我们进入特定时代的具体科学及其所揭示的特殊规律中。如果原理知识停留于自身而没有引导研究如是前进，或者它误认为自己就是适用于一切时代的科学知识，它就变成了马克思和恩格斯所批判的哲学或者形而上学。

正是基于对这种哲学或者形而上学的痛恨或者厌恶，恩格斯干脆在《反杜林论》中给哲学判了"死刑"，宣布了它的"终结"。他指出，作为"现代唯物主义"的马克思主义哲学已经根本不再是哲学，而只是世界观。那么，在恩格斯看来，马克思主义哲学在什么意义上不再是哲学？不再是哲学的世界观又会是什么？关于此，恩格斯的回答是：不同于世界观的哲学是一种"特殊的科学的科学"，它有着自身的实质性内容，独立并区别于其他具体的科学知识。恩格斯否定了这种"科学"的存在。他认为之前的哲学仅仅是一种形而上学，它虽然没有实质性的科学内容，却给人一种貌似有实质性内容的假象，所以，它才需要终结并被"世界观"所代替。"世界观"与"哲学"的不同在于，它"不应当在某种

特殊的科学的科学中，而应当在各种现实的科学中得到证实和表现出来"①。也就是说，"世界观"不再像"哲学"那样悬在半空以独立者的身份发号施令，而是内在并实现于具体的科学知识中。

在恩格斯看来，哲学的"终结"有赖于实证科学的发展。自然科学的发展和实证知识的丰富，使得"现在无论在哪一个领域，都不再是从头脑中想出联系，而是从事实中发现联系了"②。因此，现代唯物主义，就是要"把2000年来哲学和自然科学发展的全部思想内容以及这2000年的历史本身的全部思想内容加到旧唯物主义的持久性的基础上"③。之前，由于实证科学的不发达，自然研究家还需要靠旧形而上学的残渣过日子，这使得哲学得以苟延残喘。而现在，经历了自然科学的长足发展之后，就不再需要凌驾于其他科学之上的哲学了："一旦对每一门科学都提出要求，要它们弄清它们自己在事物以及关于事物的知识的总联系中的地位，关于总联系的任何特殊科学就是多余的了。"④ 总之，在恩格斯那里，伴随着实证科学的发展，哲学将失去其独立存在的外观，而是以世界观的形式内化于具体的实证科学之中了。因为这个时候，现代唯物

---

① 马克思恩格斯文集：第9卷．北京：人民出版社，2009：146．
② 马克思恩格斯文集：第4卷．北京：人民出版社，2009：312．
③ 同①．
④ 同①28．

主义本身就是辩证的了。自然科学和历史科学本身就能够发展出辩证的联系,而无须外求。对此,恩格斯以辩证法的口吻说:"哲学在这里被'扬弃'了,就是说,'既被克服又被保存';按其形式来说是被克服了,按其现实的内容来说是被保存了"①。

如前文所述,哲学作为形而上学所代表的实际上是抽象、形式化的原理性知识。因此,与其说恩格斯在否定哲学,还不如说他否定的是旧形而上学单纯而固执的抽象性。这一观点既有实证知识的长足发展提供的证据佐证,也有着反对唯心主义的现实需要。哲学作为抽象性的原理知识,不是人的头脑中所固有的,而是从具体科学知识中抽象出来的,因此,它总是出现在实证的具体科学之后。在这一点上,恩格斯无疑是正确的,而且也击中了唯心主义的软肋。因为唯心主义将原理知识和实证知识的时间关系和逻辑关系混淆了,将逻辑关系视为时间关系,因此,它无法解释这些抽象性的原理知识来自何处,只能将其委托给先验的主观精神。实际上,它的现实根基恰恰是具体的科学知识。恩格斯也是以此为立足点批评杜林的:

……原则不是研究的出发点,而是它的最终结果;这些原则不是被应用于自然界和人类历史,而是从它们中抽

---

① 马克思恩格斯文集:第 9 卷.北京:人民出版社,2009:146.

象出来的；不是自然界和人类去适应原则，而是原则只有在符合自然界和历史的情况下才是正确的。这是对事物的唯一唯物主义的观点，而杜林先生的相反的观点是唯心主义的，它把事物完全头足倒置了，从思想中，从世界形成之前就久远地存在于某个地方的模式、方案或范畴中，来构造现实世界，这完全像**一个叫做黑格尔的人**的做法。①

哲学本身来自科学而不自知。随着科学的发展，哲学的这种神秘性被打破了，其独立性的地位和外观也就不能保持了。那么，哲学所把握的那种抽象意义上的"总联系"通过辩证否定以世界观的形式在实证科学中得以保留之后，哲学是否还有不能被吸纳进实证科学的"剩余物"？恩格斯认为是有的，那就是"纯粹的关于思维的理论"②，即逻辑和辩证法。从这一意义上讲，哲学即使还能继续保留，也不过是一种思维方法。在《自然辩证法》中，恩格斯有着近乎相同但更为极端的说法："自然科学家由于靠旧形而上学的残渣还能过日子，就使得哲学尚能苟延残喘。只有当自然科学和历史科学本身接受了辩证法的时候，一切哲学的废物——除了纯粹的关于思维的理论以外——才会成为多余的东西，在实证科学中消失掉。"③那么，恩格斯所宣称的"哲学"终结，

---

① 马克思恩格斯文集：第9卷. 北京：人民出版社，2009：38.
②③ 同①461.

我们应该作何理解呢？这里的关键在于如何理解"哲学"这个词的内涵。如果这里的"哲学"泛指一切哲学，那就陷入极端了。因为，如果所有的哲学都终结了，今天被称为一个学科的哲学也就没有了存在的意义，而我们经常谈及的"马克思主义哲学"似乎也不再合法。实际上，哲学和马克思主义哲学直到今天仍然作为独立的学科而存在。但是，如果我们把"哲学"视为马克思、恩格斯之前的"旧哲学"，这种终结不但是合理的，而且有着积极意义，因为它通过扬弃旧哲学对哲学进行了拯救。实际上，恩格斯所否定的正是"旧哲学"，而且这种否定也不是机械地消灭，而是辩证地扬弃，即克服了形而上学的形式而保留了它的积极内容。这种形而上学的形式就是思辨而抽象的联系，这个积极内容就是在具体科学中显示出来的辩证的世界观。从这个意义上讲，所谓的"哲学的终结"就是有积极意义的。

但真理走向极端，就会造成一定程度的失误。这一点对于恩格斯或许也是适用的。在此，他面对的一个棘手的问题就是：哲学在其形式上是否能够或者可以被彻底"消灭"掉？原理性的知识是否还能保留独立的外观？在恩格斯看来，实证知识的发达使得具体科学本身具有了辩证联系，进而促成了哲学的离场。科学的任务仅仅是"从事实中发现这种联系"[1]，因

---

[1] 马克思恩格斯全集：第21卷. 北京：人民出版社, 1965：352.

为具体科学在自身的发展过程中凭借实证研究就能够自然而然地建立起辩证联系，哲学不过是实证研究之后的一种抽象罢了。"如果世界模式论不是从头脑中，而仅仅是**通过**头脑从现实世界中得来的，如果存在的原则是从实际存在的事物中得来的，那么为此我们所需要的就不是哲学，而是关于世界和世界中所发生的事情的实证知识；由此产生的也不是哲学，而是实证科学。"[①] 在此，恩格斯所反对的显然是旧哲学的痼疾，即用思辨的联系代替真实的联系。正如他所说："对我来说，事情不在于把辩证法规律硬塞进自然界，而在于从自然界中找出这些规律并从自然界出发加以阐发"[②]。但是，防止思辨的联系单纯地囿于自身是一回事，取消哲学的思辨又是一回事。恩格斯看到了哲学的思辨性顽疾就干脆将其打入冷宫，明显有些武断了。恩格斯所得出的合乎逻辑的结论就是："随着自然科学领域中每一个划时代的发现，唯物主义也必然要改变自己的形式；而自从历史也得到唯物主义的解释以后，一条新的发展道路也在这里开辟出来了"[③]。如此一来，哲学就真的成了"事后诸葛亮"，它只能跟在实证科学后面亦步亦趋，而不可能具有独立性。而且在这里，哲学"改造世

---

① 马克思恩格斯文集：第9卷.北京：人民出版社，2009：39.
② 同①15.
③ 马克思恩格斯文集：第4卷.北京：人民出版社，2009：281-282.

界"的批判性和革命性作用也被消解，重新回到"解释世界"的老路上来了。

具体知识在时间上优先于原理知识，这是恩格斯在与唯心主义的斗争中着重强调的。但是，原理知识一旦被反思出来就有了相对独立性，并且成为我们观察经验、开展实证研究的理论向导。在这一意义上，作为哲学的原理知识就获得了逻辑优先性。恩格斯明显强调了前者而忽略了后者。诚然，原理知识是从具体知识中抽象而出的，但是这种抽象并不是经验和实证意义上的归纳，而是反思。而反思恰恰是哲学的活动方式。没有这种反思性活动的参与，纯粹的经验材料是不可能自行发展出辩证关系的。前述的"休谟悖论"就揭示了这一点。黑格尔也以接近休谟的口吻说："经验并不提供必然性的联系。如果老是把知觉当做真理的基础，普遍性与必然性便会成为不合法的，一种主观的偶然性，一种单纯的习惯，其内容可以如此，也可以不如此的。"① 马克思也在与恩格斯的一则通信中说："黑格尔从来没有把归纳大量'事例'为一个普遍原则的做法称为辩证法。"② 这说明，经验材料之间要建立起辩证联系，只能借助于辩证思维。这种主观的思维（恩格斯意义上的世界观）尽管必须在经验材料中才能现身，但在逻辑上必须设定其

---

① 黑格尔．小逻辑．贺麟，译．北京：商务印书馆，1980：115 - 116.
② 马克思恩格斯全集：第 30 卷．北京：人民出版社，1975：209.

独立地位。否则，任何知识都是不可能的。按照马克思的说法，"叙述"作为知识的组织模式所遵循的是从抽象到具体的路线。这也就意味着，哲学必须保持相对于实证的独立性，否则，辩证的"叙述"就是不可能的。对此，恩格斯也不得不承认实证知识对于理论思维的依赖，即自然科学和历史科学中的辩证联系不过是以辩证思维把握自然和历史的结果。正如他所说："只有当自然科学和历史科学本身接受了辩证法的时候，一切哲学的废物——除了纯粹的关于思维的理论以外——才会成为多余的东西，在实证科学中消失掉。"① 这里需要的是"自然科学和历史科学本身接受了辩证法"，而这种"接受"就意味着辩证法相对于自然科学和历史科学的独立性。就此，恩格斯还指出："对于现今的自然科学来说，辩证法恰好是最重要的思维形式，因为只有辩证法才为自然界中出现的发展过程，为各种普遍的联系，为一个研究领域向另一个研究领域过渡提供类比，从而提供说明方法。"② 这种"提供"也说明了哲学不仅仅是内在于具体科学的世界观，其仍然具有独立外在的形式。

总之，恩格斯终结哲学的论述在以下两个方面陷入矛盾：一方面，哲学不过是从科学中抽象出来的，哲学独立存在的

---

① 马克思恩格斯文集：第9卷.北京：人民出版社，2009：461.
② 同①436.

"肥皂泡"需要被戳破；另一方面，哲学的独立地位似乎又是必要的，因为以实证的方式进行的自然科学和历史科学研究不可能自动地发现其内部的辩证联系，而必须"接受"哲学的辩证思维或者由哲学的辩证思维"提供"方法和范式。恩格斯论述中的这种矛盾说明了什么？这只能说明：在哲学与科学、原理知识与具体知识的相互关系中，单纯的"内在性"或者单纯的"超越性"都是片面的。对此，柯林武德在《自然的观念》一书中曾有精辟的论述。他以神学为例说："纯粹而又严格超越性的神学如同纯粹而又严格内在性的神学一样，都很难在思想史上找到。"① 神学中的这种情况实际上适合于其他知识类型。任何一种知识体系都是"内在性"和"超越性"的结合，只不过在不同的知识理论中有所侧重罢了。比如，柏拉图在哲学体系建构中就坚持了这种结合。从一方面讲，他所主张的理念或形式只是事物的形式因素或结构，不能脱离物质而存在。这无疑坚持了理念的内在性。这是柏拉图前期的主要观点。但从另一方面讲，柏拉图还认为形式不存在于可感的自然世界中，而存在于一个纯粹形式的可理解世界中。这是柏拉图在《会饮篇》和《斐多篇》中着重强调的。这一观点似乎又坚持了理念的超越性。这两种观点看似矛盾，实际上是辩证统一

---

① 柯林武德．自然的观念．吴国盛，译．北京：商务印书馆，2018：44.

的。马克思主义在实质上也是要维护这种结合和统一。马克思主义之前的思辨哲学囿于超越性而完全丧失了内在性,对此,马克思和恩格斯都是反对的。但马克思对旧哲学的批判,采取的是从具体到抽象的"研究方法"和从抽象到具体的"叙述方法"相结合的方式,即在有限意义上承认了抽象的作用。恩格斯与马克思不同,他是直接从旧哲学那种完全的超越性转向了完全的内在性,从而陷入偏颇。马克思、恩格斯之后的第二国际直接将马克思主义定性为一种实证科学而不再强调革命性和批判性,与这一倾向不无关系。正如柯尔施所指出的,"在正统的马克思主义的社会民主党内部占统治地位的核心集团中发展起来的"派别,"对马克思主义越来越采取一种反哲学的、科学实证主义的观点"[1]。

四、哲学终结论的中国回响:再谈问题与主义

哲学终结论在马克思主义中国化的历程中也出现过理论上的回响,那就是中国近代出现的那场著名的"问题与主义之争"。在这场争论中,胡适之所以反对任何形式的"主义",正在于他对"主义"超越的抽象性耿耿于怀:

---

[1] 柯尔施. 马克思主义和哲学. 王南湜,荣新海,译. 重庆:重庆出版社,1989:71.

……凡"主义"都是应时势而起的。某种社会到了某时代,受了某种的影响,呈现某种不满意的现状。于是有一些有心人观察这种现象,想出某种救济的法子。这是"主义"的原起。主义初起时,大都是一种救时的具体主张。后来这种主张传播出去,传播的人要图简便,便用一两个字来代表这种具体的主张,所以叫他做"某某主义"。主张成了主义,便由具体的计划变成一个抽象的名词。"主义"的弱点和危险就在这里。因为世间没有一个抽象名词能把某人某派的具体主张都包括在里面。……①

胡适早年求学于英美,深受经验主义和实证主义的浸染,对于抽象的理论有一种天然的排斥感。胡适在研究方法上有一句著名的口号:"大胆地假设,小心地求证"。这和实证主义"拒斥形而上学"的基本立场是一致的。在《多研究些问题,少谈些"主义"》一文中,胡适列举了高谈主义的三重危险,即只是"好听的""进口的""纸上的"主义。首先,"主义"之所以好听,是因为它给人一种错觉和幻想,让人认为一旦有了某种"主义"就能一劳永逸地解决所有问题。而实际上,"主义"总是抽象的,是"空空荡荡没有具体的内容的全称名词"②,而人们所遭遇的问题却是实际的、具体的。空谈"主

---

① 胡适. 多研究些问题,少谈些"主义". 每周评论,1919(31).
② 胡适. 三论问题与主义. 每周评论,1919(36).

义"是容易的,但实际问题并不会因此而解决。"空谈好听的'主义',是极容易的事,是阿猫阿狗都能做的事,是鹦鹉和留声机器都能做的事。""我们不去研究人力车夫的生计,却去高谈社会主义!不去研究女子如何解放、家庭制度如何救正,却去高谈公妻主义和自由恋爱!不去研究安福部如何解散,不去研究南北问题如何解决,却去高谈无政府主义!——我们还要得意扬扬的夸口道:'我们所谈的是根本解决。'"[1] 其次,"主义"都是从外国进口来的,未必适合中国国情,进而无助于中国问题的解决。"空谈外来进口的'主义',是没有什么用处的。一切主义都是某时某地的有心人对于那时那地的社会需要的救济方法。我们不去实地研究我们现在的社会需要,单会高谈某某主义,好比医生单记得许多汤头歌诀,不去研究病人的症候,如何能有用呢?"最后,"主义"大多是纸上谈兵、大而无当,初衷可能是好的,但在实际操作中很容易被人利用作奸犯科,反而成了坏事。就此,他引用罗兰夫人的著名诗句说:"自由!自由!天下多少罪恶都是借你的名做出的!"因此,他认为:"现在舆论界的大危险,就是偏向纸上的学说,不去实地考察中国今日的社会需要究竟是什么东西。"偏向纸上的"主义"是很危险的,因为很多完全不同的具体主张往往汇集在同一种"主义"的大旗下。"因为世间没有一个抽象名词能

---

[1] 胡适. 多研究些问题,少谈些"主义". 每周评论,1919 (31).

把某人某派的具体主张都包括在里面。比如'社会主义'一个名词，马克思的社会主义和王揖唐的社会主义不同；你的社会主义和我的社会主义不同：决不是这一个抽象名词所能包括。你谈你的社会主义，我谈我的社会主义，王揖唐又谈他的社会主义，同用一个名词，中间也许隔开七八个世纪，也许隔开两三万里路，然而你和我和王揖唐都可自称社会主义家，都可用这一个抽象名词来骗人。"于是，"主义"变成了一种口头禅，"很容易被无耻政客利用来做种种害人的事。欧洲政客和资本家利用国家主义的流毒，都是人所共知的。现在中国的政客又要利用某种某种主义来欺人了"①。

胡适的这一思路和19世纪英国经验主义的信念是一脉相承的，即理论是多余的，主义也是多余的，是意识形态的空话和大话。这也决定了这一学术派别在政治上必然主张改良主义，即社会问题的解决应该采取集腋成裘的方式逐步改进，而反对激进的社会革命。实证主义在学术主张上的经验主义和政治观点上的改良主义与保守主义可以说是相互关联的，因为它们都扎根于特定的世俗土壤。正如卡尔所说："英语世界仍旧保持这样顽固不化的经验主义不是没有原因的。在一个根基非常稳定的社会秩序里，没有谁希望怀疑社会秩序的信用度，经验主义非常有效地履行着修补的任务……19世纪的英国就为

---

① 胡适. 多研究些问题，少谈些"主义". 每周评论，1919（31）.

这样的世界提供了一个标准的范本。"①但问题是，在一个根基不稳定的社会里，这种修修补补的工作是否能够完成社会转型的重任？显然是不能的。卡尔在揭示了实证主义的根源之后也着重指出："一旦每一个根基都遭到挑战时——在没有任何指导方针的情况下，我们从一个危机挣扎到另一个危机——经验主义还是不够的。"②在近代中国，传统社会的根基已经随着国门洞开而遭遇到挑战，整个中国社会迫切需要深入根基处的革命，以摆脱半殖民地半封建社会的命运。在这里，"主义"也就有了时代的、历史的意义。没有"主义"的整体性规范作用，没有旗帜和方向，就不可能整合整个中国的社会资源根除产生问题的社会土壤。作为社会存在的世俗土壤得不到改变，"多谈些问题"就是乏力的，它导致的局面必然是治标不治本，问题越解决越多，"扶得东来西又倒"。因此，社会之整体改造，绝不是通过一个个具体问题的依次解决实现的。而且，只有凭借"主义"所确立的理想，我们才能观照到现实的问题，否则，问题是不会进入人的意识的。对此，蓝公武在《每周评论》发表《问题与主义》一文对"主义"进行了捍卫：

> 问题之发生，固起于困难；但构成一种问题，非必由于客观的事实，而全赖主观的反省。有主观的反省，虽小

---

①② 卡尔. 历史是什么？. 陈恒, 译. 北京：商务印书馆，2007：56.

事亦可成为问题；无主观的反省，即遇着极不合理的，或是极困难的事实，也未必能成为问题。譬如专制君主的毒害，在中国行了几千年，并没有人觉他不合理，拿来成一问题。及至最近数十年，西方的思想输入，人民有了比较，起了反省，即便成了极大的问题，产生出辛亥革命的大事件。又如东方的家族制度，奴隶劳动，在今日思想已经进步的时候，尚不能成为问题，若移到西方去，立刻便成了一种不可终日的问题了。可见构成问题的要素全在这主观的反省。①

与胡适不同，蓝公武早年留学德国，所传承的知识传统不是英美的实证主义或经验主义，而是德国古典哲学。我们不应忘记，康德的《纯粹理性批判》就是经由蓝公武翻译成中文，至今仍然是经典的译本。德国古典哲学的特点就是抽象的思辨，追求使得经验成为可能的先验的知识。这就直接造就了德国知识传统重理论轻经验、重规范轻描述的品格。由此，蓝公武自然强调理论所代表的"主义"的合理性和重要性，维护"主义"相对于具体问题的超越性。而胡适彻底排斥了理论，就在这一方面走向极端了。正如蓝公武所说："他的议论里头，太注重了实际的问题，把主义学理那一面的效果抹杀了一大半，也有些因噎废食的毛病。"② 对此，蓝公武认为，没有

---

①② 蓝公武. 问题与主义. 每周评论，1919（33）.

"主义"在总体上起到一种理想规范作用，全方位的社会革命就不可能发生。他举例说，法国大革命所标示的"自由"和"平等"，辛亥革命所标示的"排满"，都是理想的目标而不是具体的方法。没有这些规范性的理念，革命便不可能。"故凡是革命的问题，一定从许多要求中，抽出几点共通性，加上理想的色彩，成一种抽象性的问题，才能发生效力。若是胪列许多具体方法，即就变成一种条陈，连问题都不成，如何能做一般的进行方针呢？于此可见问题不限于具体性，而抽象性的问题，更重要的了。"[①] 近代中国，所急需的不是零敲碎打地解决一些问题，而是一场根本的社会革命，要完成这一革命事业，就必须进行最为广泛的社会动员。要做到这一点，就必须高举"主义"的大旗，因为"范围愈广，他的抽象性亦愈大。因为抽象性大，涵盖力可以增大。涵盖力大，归依的人数自然愈增多"[②]。最后，蓝公武得出结论："问题不限于具体，抽象性的更为重要；而当问题初起之时，一定先为抽象性，后才变成具体性的。照此讲法，主义学说，如何可以说是不重要"[③]。

但是，蓝公武过于强调"主义"的重要性，似乎又走向了胡适的反面。实际上，竖起一种"主义"和具体问题的解决之间还是有距离的。所以，胡适而后又撰文回应蓝公武，认为他把"理想"和"抽象"混淆了。在胡适看来，他所谈论的重点

[①②③] 蓝公武. 问题与主义. 每周评论，1919 (33).

是抽象不能等同于具体，而"主义"的危险正在于用抽象代替了具体。而蓝公武所说的重点是理想对于革命的作用，二者是两码事。所以，胡适说："我所攻击的'抽象的主义'，乃是指那些空空荡荡没有具体的内容的全称名词。""凡是关于个体的特别的事物的，都是具体的。"问题是具体的，解决也必然是具体的。"我们研究时决不可单靠几个好听的抽象名词就可敷衍过去，我们应该把那太大的范围缩小下来，把那复杂的分子分析出来，使他们都成一个一个的具体的简单问题，如此然后可以下手做研究的工夫。"①

胡适和蓝公武的争论，本质上仍然是"主义"的"内在性"和"超越性"的问题，是西学中传所带来的形而上学与实证哲学、哲学和自然科学之间冲突的回响。他们各执一端，却并没有将对方消融于自身以实现彼此镶嵌。李大钊作为最早在中国传播马克思主义的先驱，敏锐地意识到了这个问题，对"主义"与"问题"采取了一种合取的姿态。过去，在讨论"问题与主义之争"这一近代文化事件时，很多人倾向于认为李大钊是主张"主义"而站在了"问题"的对立面。这是有失偏颇的。实际上，李大钊在强调"主义"的重要性的同时并没有否认"问题"的迫切性和棘手性。在他看来，"主义"无疑是重要的，因为"一个社会问题的解决，必须靠着社会上多数

---

① 胡适. 三论问题与主义. 每周评论，1919（36）.

人共同的运动。那么我们要想解决一个问题，应该设法使他成了社会上多数人共同的问题。要想使一个社会问题，成了社会上多数人共同的问题，应该使这社会上可以共同解决这个那个社会问题的多数人，先有一个共同趋向的理想、主义"①。他以马克思主义为例说："依马克思的唯物史观，社会上法律、政治、伦理等精神的构造，都是表面的构造。他的下面，有经济的构造作他们一切的基础。经济组织一有变动，他们都跟着变动。换一句话说，就是经济问题的解决，是根本解决。经济问题一旦解决，什么政治问题、法律问题、家族制度问题、女子解放问题、工人解放问题，都可以解决。"② 在这一点上，李大钊和蓝公武的立场相近。但与蓝公武不同，李大钊不认为"主义"和"问题"之间是没有距离的：

> 大凡一个主义，都有理想与实用两面。例如民主主义的理想，不论在那一国，大致都很相同。把这个理想适用到实际的政治上去，那就因时、因所、因事的性质情形，有些不同。社会主义，亦复如是。他那互助友谊的精神，不论是科学派、空想派，都拿他来作基础。把这个精神适用到实际的方法上去，又都不同。我们只要把这个那个的主义，拿来作工具，用以为实际的运动，他会因时、因

---

①② 李大钊. 再论问题与主义. 每周评论，1919 (35).

所、因事的性质情形生一种适用环境的变化。①

这估计是马克思主义所要求的"理论联系实际"最早的中国表达。实际上，马克思也说过类似的话。在《德意志意识形态》中，马克思就说："这些抽象本身离开了现实的历史就没有任何价值"②。在运用这类抽象的东西实际阐述资料的时候，困难才刚刚开始。为什么？因为"这些困难的排除受到种种前提的制约"③，而这些前提仅凭抽象是提供不出来的。将"具体"在"抽象"中剥离出来，正是马克思方法论的优势。与之相反，空谈"主义"的人是不能走进具体问题的，而这也是胡适所着重强调的。在这个方面，李大钊似乎又和胡适站在了一起。他说："所以现代的社会，主义包含着许多把他的精神变作实际的形式使合于现在需要的企图。这可以证明主义的本性，原有适应实际的可能性，不过被专事空谈的人用了，就变成空的罢了。""'根本解决'这个话，很容易使人闲却了现在不去努力，这实在是一个危险。"④ 在这里，李大钊不自觉地运用了马克思主义的方法论。只不过，他在这里强调的不是马克思主义的"方法"而是"理想"，所以才遭到了胡适的反驳。应该承认，中国近代第一批马克思主义者首先是在革命理想方

---

① 李大钊．再论问题与主义．每周评论，1919（35）．
②③ 马克思恩格斯文集：第1卷．北京：人民出版社，2009：526．
④ 同①．

面接受马克思主义的,这是由中国在近代面临的历史任务所决定的。但他们已经开始在方法论上思考理论问题,也是一个不争的事实。李大钊处理"问题与主义之争"留给我们的宝贵遗产,后来人实际上并没有完全消化,这主要表现在对马克思主义的理解上。行文至此,笔者恰巧读到了王学典先生在一次研究生班上的发言,发言的题目是"历史研究为什么需要'理论'?"。文章指出,20世纪的史学研究,在对待马克思主义的态度上,可以分为两派:一派偏于史料,另一派偏于理论。偏于理论的强调坚持以马克思主义为指导,将"以论带史"作为旗帜;偏于史料的注重用事实说话,反对用包括马克思主义在内的理论模式对历史材料简单套用,将"论从史出"作为旗帜。从1949年到1979年,"以论带史"占主导地位;从1979年到现在,"论从史出"占主流地位。① 实际上,这种冲突仍然源于马克思主义的"超越性"和"内在性"之间的一种张力。从马克思主义的内在要求上看,"以论带史"与"论从史出"都是片面的,二者在史学研究方面应该有一个平衡。文中,王学典专门谈到了李大钊,认为他是近代史上第一个试图将"史料"和"史论"结合起来的人。李大钊在《史学要论》中就提出:考证不是历史学的终极目的,考证只是手段。李大钊还

---

① 王学典. 历史研究为什么需要"理论"?:与青年学生谈治学. 思想战线,2019(5).

特别指出，历史学有两项任务，一是发现事实，二是解释事实，而解释事实异常重要。发现问题需要问题意识和实证研究，解释事实则需要理论，事实中不会自发地产生出对自身进行解释的理论。李大钊的这一史学研究立场与他在"问题与主义之争"中遵循的方法论原则是一致的，都是马克思所要求的科学研究方法。

在迈进21世纪、马克思主义中国化时代化取得重大理论飞跃的今天，重新反思马克思主义的"超越性"和"内在性"问题，仍然具有重大的实践价值和理论价值。在我们党的百年奋斗历程中，在不同的历史时期，面对不同的时代任务，在对待马克思主义的"超越性"和"内在性"方面，都有所侧重。毋庸置疑，这具有历史的正当性。比如，在中国近代，面对社会革命任务，中国共产党人偏重于"主义"的超越性，强调马克思主义的指导就具有这种正当性。而在此后的革命实践中，偏离中国的具体实际和现实问题，片面地寻章摘句，就陷入教条主义和本本主义，给中国革命造成的危害不可谓不大。对于马克思主义的"超越性"的纠偏，使我们在强调马克思主义指导地位的同时，更加注重马克思主义的"内在性"，即从中国实际出发来理解马克思主义。可以说，坚持马克思主义的"超越性"和"内在性"的辩证统一，是我们党推动马克思主义中国化时代化，不断促进马克思主义理论升华的一条基本经验。今天，我们强调以马克思主义为指导，用马克思主义观察时代、把握时代、引领时代，注重的正是马克思主义的"超越性"。但我们同时又主张把马克思主义基本原理同中国具体实际相结合、同中华优秀传统文化相结合，强调的又是马克思主义在中国的"内在性"。党的二十大报告指出："中国共产党为什么能，中国特色社会主义为什么好，归根到底是马克思主义行，是中国化时代化的马克思主义行。"① 这一重要论述正是把马克思主义的"超越性"和"内在性"有机地结合了起来，实现了实践基础上的伟大理论创新。

五、人们为什么误解马克思：马克思主义的"验证"问题

科学的目的在于揭示规律，而规律的价值和意义在于能够进行经验上的验证。19世纪以来的自然科学发展，正是建立在这一实证主义的信条之上。比如，1888年，埃米尔·涂尔干（Émile Durkheim）在他的《社会学教程》一书里就否认了历史学的科学地位，因为在他看来，历史学涉及的都是不可重复的"特殊事件"，"其目的就不在于得出构成其为科学操作和

---

① 习近平. 高举中国特色社会主义伟大旗帜　为全面建设社会主义现代化国家而团结奋斗：在中国共产党第二十次全国代表大会上的报告. 北京：人民出版社，2022：16.

科学思想的核心并可以由经验加以证实的普遍陈述"①。因此，在涂尔干看来，历史学最多也只能是为社会学提供信息的一门辅助科学，而不是一门严格意义上的科学。从这一意义上讲，实证主义实质上是自然科学的哲学。那么，由此产生的问题则是：哲学社会科学是不是自然科学意义上的科学？如若不是，它将是一种什么意义上的科学？如果哲学社会科学作为另外一种意义上的科学成立，它所揭示的一般原则是否还需要经验的验证？一种不能被经验所验证的普遍性理论还能不能称为科学理论？这些问题对于哲学社会科学而言都是相当棘手和急迫的。以马克思主义为例，马克思主义所揭示的人类历史发展的普遍规律能否得到证实、是否需要证实？如果不能得到证实，它所揭示的还是不是规律？或者说，它是否还具有科学性？

实证主义的证实原则对于我们维护马克思主义所揭示的普遍规律的科学性是一个挑战，因为按照这一原则，马克思主义的某些历史论断似乎已经被"证伪"。从一定意义上说，马克思主义就是揭示资本主义为什么会灭亡、如何才能灭亡的。早在马克思在世时，他就给资本主义下达了"死亡判决书"，并预测无产阶级革命的时代已经到来。他甚至曾经预言资本主义

---

① 伊格尔斯．二十世纪的历史学：从科学的客观性到后现代的挑战．何兆武，译．北京：商务印书馆，2020：39.

在19世纪就要灭亡。1848年2月,《共产党宣言》的发表,本身就意味着马克思、恩格斯确信革命的时代已经到来了。但直到今天,这种预测也没有变成现实,资本主义的丧钟并没有敲响,在资本主义社会内部爆发革命建立无产阶级政权的尝试也没有成功。马克思、恩格斯在1872年《共产党宣言》的德文版序言中就指出:"第二章末尾提出的那些革命措施根本没有特别的意义。如果是在今天,这一段在许多方面都会有不同的写法了"。不过,"《宣言》中所阐述的一般原理整个说来直到现在还是完全正确的",但是,"这些原理的实际运用,正如《宣言》中所说的,随时随地都要以当时的历史条件为转移"①。对此,我们应该如何理解?一方面,资本主义必然会灭亡,资本主义制度的崩溃也不可避免。这一论断似乎以科学的名义预测了某个未来的事件。但从另一方面看,一旦触及具体实际的问题,这一论断似乎又无法"实证"。比如,这种崩溃的直接原因会是什么?它将在什么时候发生?马克思对此语焉不详。诚如麦克莱伦所说:"在一些较为直接的实际问题上,马克思虽然确信资本主义制度的崩溃不可避免,但确切的(崩溃)机制是什么,他则并不很清楚……虽然他正确地预言了垄断的增长,但并未分析垄断的运动规律,更不用说帝国主义的

---

① 马克思恩格斯文集:第2卷. 北京:人民出版社,2009:5.

运动规律了。"① 20 世纪 80 年代末 90 年代初，东欧剧变、苏联解体，全世界范围内的社会主义运动陷入低潮。于是，一种否定马克思主义的思潮开始甚嚣尘上。有人宣称马克思主义不灵了、失效了、过时了，根本就不是科学的理论。有人认为，马克思主义所指引的未来虽然是美好的，但是一触及现实，在实践中运用的时候就会转化为原来目的的反面。这就是所谓的"实践有害论"："马克思主义从理论上看也许很有道理，但每当付诸实践之时，结果却往往是恐怖、暴政和难以置信的大规模屠杀。"② 据此，资本主义制度被宣扬为最美好的制度。弗朗西斯·福山就在《历史的终结与最后的人》中向人类传递了一个"事实的福音"：西方的资本主义制度无限美好，正成为全人类的制度。因此，这一制度是"人类意识形态发展的终点"和"人类最后的一种统治形式"，并构成了"历史的终结"。按照这些言论，社会主义代替资本主义的历史趋向，似乎也被"证伪"了。总之，预测得不到验证却貌似被不断证伪，正是马克思主义的科学性不断遭到质疑的地方。面对实证主义和经验主义的这种攻击，我们应该如何捍卫马克思主义呢？

---

① 麦克莱伦. 马克思以后的马克思主义：第 3 版. 李智，译. 北京：中国人民大学出版社，2017：3-4.
② 伊格尔顿. 马克思为什么是对的. 李杨，等译. 重庆：重庆出版社，2017：13.

第一，任何科学理论不但是一种抽象的、一般性的陈述，而且是一种可能性的阐述。无论是对于自然科学，还是对于社会科学，我们都不能苛求其能够预测个别、特殊的事物，否则，其就不能称为理论了。按照波普尔的观点，如果假设是不可能测试的结论，这种假设就没有意义，也不可能维持下去。他之所以对马克思主义抱有这么大的敌意，很大程度上就在于他认为马克思主义的观点是不可证实的。实际上，这正是实证主义自身的误区，因为从严格意义上讲，任何一种理论都无法通过实证的方式证明其科学性，这里面有一个归纳跳跃的问题，即有限的证实无法对一般、抽象的理论形成效验。自然科学理念在 19 世纪之所以出现重大的范式转换，就在于此。科学家普遍认为，科学在发生机制上已经不是在经验观察的基础上归纳总结出普遍规律，而是通过假设与事实的互动得到进一步完善和修订的暂时性理论。也就是说，任何一种所谓的科学理论实际上都是一种可能性陈述，它并不能预测在具体的情况下会发生什么。正如卡尔所说："从逻辑上讲，归纳仅能导致可能性或合理的信念，而且科学更迫切地想把它的宣告当作是一般的规则或指南，这些规则或指南的有效性只能在特定的行动中才能得以检验。"[①] 总之，科学只能作普遍的、一般的预

---

① 卡尔.历史是什么？.陈恒，译.北京：商务印书馆，2007：164.

言，而不会作特殊的、个别的判断，不可预测的事情的发生也并不意味着普遍规律被证伪：

> 我们可以全面理解由地壳的构造活动引起的这类（山）脉的形成，但是我们不能解释为什么布朗峰（Mt. Blanc）有我们今天看到的这样特殊形状，我们也无法预测在下一次火山爆发中，圣海伦斯火山（Mt. St. Helens）的哪一边会凹陷下去……①

> 假如学校里的两三位小朋友得了麻疹，你会得出结论说，这种病将传播开来；这种预言——如果你愿意这样称呼的话——是根据从过去经验中得出的概括而来的，并且也是有效的、有用的行动指南。但是你不能做出特殊的预言，说查理和玛丽将得这种病。②

马克思主义当然不能称为假说，但作为理论，它确实也无法精确地预测偶然事件。我们也不能奢求马克思、恩格斯等经典理论家在特定时代所提出的具体的行动纲领在今天仍然具有直接的指导意义。《三国演义》中的诸葛亮交给赵云的三个锦囊就具有现实操作的具体指导意义，只要赵云在危急时刻按锦囊上的指示照抄照搬就可以化险为夷。可惜，马克思不是诸葛

---

① 卡尔. 历史是什么？. 陈恒，译. 北京：商务印书馆，2007：61.
② 同①164.

亮，他是人，不是神。作为有血有肉的人，他也是有时代局限的。马克思本人曾多次引用古罗马的一句名言说："人所具有的我都具有。"① 因此，虽然马克思能够科学地判断"历史向世界历史的转变"②，但他却无法预测世界历史的确切样式和具体模式。马克思、恩格斯之后的马克思主义自身的发展及世界社会主义运动也不符合他们当初的预期，他们的学说也是在东方而不是西方焕发出了旺盛的生机和活力。对此，麦克莱伦说："作为维多利亚时代的思想家，马克思把欧洲、北美视为世界舞台的中心和未来革命的战场；而现在，这位思想家却明显地被第三世界各国人民广为尊崇，被尊为导师。"③ 伯林也说："奇怪的是他（马克思——引者注）的胜利并不属于德意志（虽然这些理论最初的确是为其所设计的），而是被用于原始得多的、从未进入过他脑中的一些国家：俄罗斯、中国。"④ 这些估计都是马克思始料未及的。但这并不能表明马克思主义被证伪了，更不会妨碍我们把马克思主义对于历史趋势的判断看作行动的指南。从这一角度看，实证主义是多么错误，因为理论的活动并不仅仅在于观察、收集、检验孤立的事实，更

---

① 马克思恩格斯全集：第49卷. 北京：人民出版社，2016：499.
② 马克思恩格斯选集：第1卷. 北京：人民出版社，1995：89.
③ 麦克莱伦. 马克思以后的马克思主义：第3版. 李智，译. 北京：中国人民大学出版社，2017：3.
④ 伯林. 卡尔·马克思：生平与环境. 李寅，译. 南京：译林出版社，2018：240.

在于在动态的历史过程中解释作为历史环节的事实。没有动态的历史理论，事实不会自己说话，唯有理论才能让其说话。甚至，它可能连事实都算不上。无可否认，实证主义所确立的实证原则对于我们在微观层面把握历史的细节是大有裨益的，但它却处理不了"大历史"的宏观问题。按照柯林武德的说法，实证主义是"空前的掌握小型问题和空前的无力处理大型问题这二者的一种结合"①。从这个意义上看，我们既不能以实证的方式来责难理论的"大型问题"，也不能用理论揭示的未来趋势来苛求"小型问题"。前者是经验主义的局限，后者则是教条主义的根源。

第二，理论的验证方式应该与该理论的特点相适应，二者一旦错位，也就无所谓验证。一个事物发展规律的揭示，都有着来自该事物自身的限制条件或前置条件。脱离了这些条件，"规律"就无法现身。这一点在现代自然科学中已经得到了证明。16、17世纪的机械自然观认为自然仅有量的规定性而无质的差别。这就意味着，时间和空间对于一个事物的质没有影响。比如，一杯水是水，一滴水也是水，我们了解了一滴水的性质也就了解了一杯水的性质。同样，对于一个在时间中运动的事物的性质，我们可以通过观察这个事物在某个"瞬间"的

---

① 柯林武德. 历史的观念：增补版. 何兆武，张文杰，陈新，译. 北京：北京大学出版社，2010：131.

性质进行把握，因为这个事物在运动中自身保持着不变。这种自然观已经为现代自然科学的发展所证伪。事实上，一个事物的性质是不能脱离时空条件的，维持其质的不变有着最低的空间和时间的要求。根据19世纪科学家约翰·道尔顿（John Dalton）的原子理论，水并不是无限可分的，它需要一个维持自身为水的最低空间量，如果低于这个空间量，它就不是水了，而是氢和氧的原子。同样，一个事物要维持其自身也有着最低的时间要求，如果超过了这个限度，这个事物就不再是其自身。比如，音乐之所以是音乐，就需要一个最低的时间量。如果低于这个时间量，就不会有音乐存在，我们听到的可能仅仅是一个音符或声响。这意味着，对于在时间中运动着的事物而言，部分和整体是不同质的，而非仅仅具有量上的差别。比如，一个人5分钟可以走500步，我们就无法问他0.1秒走多少步。完整的一步需要1秒左右的时间，少于1秒，"步"就不存在了。人类社会活动同样如此。亚里士多德就指出，我们无法追问一个人在某个瞬间是否幸福，对幸福的询问需要的是一生的时间。所以，"在这一刻你是否感到幸福"在他看来就是一个假命题。

马克思的社会发展理论揭示的不是某个历史阶段或者某个历史时代的特征和规律，而是着眼于整个人类社会发展进程本身。它所立足的是人类社会发展的大历史，它所揭示的规律也只有在这种大历史中才能现身。也就是说，它的验证需要有一个较长的历史间隔或者时间上的量。在一个较短的历史时期发生的一些个别、特殊的社会事件无法构成对普遍规律的证实或证伪。马克思主义当然需要验证，但这种验证却无法以实证、经验的方式来进行，因为马克思主义本身就不是一种自然科学意义上的实证科学，它对历史发展的分析采取的也不是"收集事实，而后解释事实"的模式，而是通过一种辩证法的矛盾思维进行的。正如海尔布隆纳所说："马克思提出的科学思想并不在于设计出经受得住检验的假说，而在于一个完全不同的构想任务，即透过表象获得有关深层次本质的'科学'真理。""这种观念（辩证的观念——引者注）强调社会认识的相互联系、矛盾的方面——这种观念明显与非马克思主义社会科学采用的考察方法不同，后者更加注重'事实'而非环境背景。"①但是，如果辩证法作为一种"解决形成概念问题的方法"所形成的"科学"不通过实证的方式进行检验，我们又如何知其对错呢？海尔布隆纳在谈及马克思主义辩证法时深刻地揭示了这种方法论的困境：

> 这种方法缺乏的是将有效的程序和无效的程序区别开来的规则；它缺乏一种能使我们摒弃一些错误的辩证结论的检验方法（尽管实际上很难获得这种检验方法）。作为

---

① 海尔布隆纳. 马克思主义：赞成与反对. 马林梅，译. 北京：东方出版社，2016：28，29-30.

方法论的辩证法没有给我们留下任何评价其结果的方法，这样，我们只能运用传统的科学检验方法或一般的逻辑检验方法……结果是，马克思主义对社会事件调查分析的"科学"性，只能通过验证其结论来确立。但是这种验证程序却是以经验主义、实证主义为导向的。①

通过矛盾思维建构起来的历史科学，却要通过经验主义的实证方式进行检验，这是马克思主义在当今面临的尴尬，也是人们误解马克思主义的主要原因。之所以尴尬，是因为其不能在当下的"瞬间"证明自己是正确的；所谓的误解，则是为了论证马克思主义的当下正确而将其无限抽象化。实际上，对于表征历史发展趋势和规律的历史唯物主义，即使需要经验事实加以证明或检验，也必须诉诸"大历史"和"长时段"，即到人类历史总的发展进程中去检验，而不能纠缠于某个"个别"和"特殊"。年鉴学派第二代学术领袖布罗代尔就曾提出著名的"长时段"理论。他认为，"长时段是社会科学在整个时间长河中共同从事观察和思考的最有用的河道"，而马克思是长时段理论最先的实践者，"马克思的天才，马克思的影响经久不衰的秘密，正是他首先从长时段出发，制造了真正的社会模式。……马克思主义是上个世纪中最强有力的社会分析；它只

---

① 海尔布隆纳. 马克思主义：赞成与反对. 马林梅，译. 北京：东方出版社，2016：30.

能在长时段中恢复活力和焕发青春"①。但人类面临的困境却在于：马克思主义需要验证，而人类的自然界限和时空界限又使得这种验证无法实施。试想，如果存在一个长生不老的生命群体，其能够经历从上古到现代的一切发展阶段并保留所有的历史记忆，那么，这个群体又会如何看待马克思主义呢？这当然是一个虚拟的问题，却能倒逼我们思考应该在什么意义上来理解历史唯物主义的原理及其所揭示的普遍规律。

第三，历史规律发挥作用的方式与自然科学规律不同，它面对的是主客体的相互缠绕而不是彼此分离。马克思曾说，研究历史需要将现实的、世俗的人既当作历史的剧作者，又当作剧中人物。卡尔也说："既然社会科学涉及作为主体的人和作为客体的人，涉及研究者和被研究物，因此，从整体上看，社会科学不见容于宣称主客体之间有严格界限的任何知识理论。"② 可见，人在历史中"剧作者"和"剧中人物"双重身份的纠缠，使得历史研究难以与实证主义、经验主义的研究方式相调和，历史规律的证实和证伪之间关系也较为复杂，不像自然科学中那么直接和明显。对于大自然而言，自然科学仅仅

---

① 李学智."长时段"理论与马克思的唯物史观.史学理论研究，2019（2）.

② 卡尔.历史是什么？.陈恒，译.北京：商务印书馆，2007：169.

是旁观者，它的任何断言或者结论都不会对自然造成任何改变，人不可能钻到自然里面去观察自然。但对于人类历史而言，哲学社会科学不是旁观者而是参与者，它就在历史里面，它的任何断言或者结论都会影响历史的进程。因此，自然规律起作用的方式是自然现象的不断重复，而历史规律起作用的方式恰恰在于其不可重复，也无法重复。正如契诃夫所说，人相信自己是什么，自己就是什么。这里，是否自信对于一个人成为什么绝不是无关紧要的。一位经济学家预言经济大萧条将会出现，这一预言使得市场的信心不振，从而促成了大萧条的真正出现。对此，我们不能说这一预言与大萧条的来临没有关系。西方那些多党制国家，纷争的党派在总统竞选时不知道结果会是什么，但他们都宣称自己已经赢得了竞选。这种宣称估计也不是可有可无的，因为它已经影响了尚未投票的选民的投票意向。对马克思主义而言也是如此，信仰的有无并不是游离于客观历史进程的无关因素。事实上，在马克思身后，并不是马克思主义看起来不可信了，而是它变得太可信了以至于很多人放弃了对它的信仰。对此，伊格尔顿将其归结为"政治上的无能感"：

> 事实证明，起决定性作用的因素并不是新资本主义制度的种种美好幻景，而是改变资本主义制度理想的破灭。当然，许多曾经的社会主义者竭力为自己的沮丧态度寻找借口，声称既然资本主义制度无法改变，那么它也就没有

必要改变。然而，信仰的丧失才是最根本的原因。因为工人阶级运动惨遭挫折且付出了血的代价，左翼政治团体又退缩不前，光明的未来看来已经消失得无影无踪。

在变革中坚守信仰不易，当变革不期而至时则更加艰难，哪怕此时正是最需要你坚守信仰的时刻。毕竟，如果你没有知其不可为而为之，你也永远不可能明白这不可为之事是多么的不可为。如果当年那些心灰意冷的马克思主义者能够把自己的信仰再坚持二十年，他们就能见证那个曾经充满活力且坚不可摧的资本主义，如何在2008年勉强逃脱了关闭大街上的自动提款机的厄运。他们还将看到，巴拿马运河以南的整个南美大陆如何毅然决然地转向了政治左派。①

资本主义正在朝着愈加邪恶和残暴的方向发展。这是在马克思的预期之内的。但也正是在它迫切需要被推翻的时候，推翻它的政治力量却退缩了，因为其被一种行将就木的社会制度回光返照迸发出来的反动力量震慑住了。在黎明前的黑暗中，越难以坚持的时候实际上越需要坚持。正是在这个意义上，伊格尔顿说："那些挫败马克思主义的东西同时又证明了马克思主义的正确性。"在这种局势下，"宣称马克思主义已经终结，

---

① 伊格尔顿. 马克思为什么是对的. 李杨，等译. 重庆：重庆出版社，2017：6-7.

就好像说因为纵火犯已经变得比以前更加狡猾和神通广大，所以灭火已经过时了一样不可理喻"①。有时候，在历史这幕大剧中，历史的主人公一旦知道了历史规律所显示出来的结论，往往就会发挥主观能动性阻止这一结论的出现，进而使得历史规律的显现不再那么明显。这一点对于马克思主义所揭示的历史发展规律而言尤为明显。马克思主义揭示了资本主义必然灭亡的命运，但这一预言在一定程度上又促使资本主义采取各种修补措施延续自己的寿命。对此，我们应该说马克思主义是被证实了还是被证伪了？似乎任何独断的结论都是欠妥的。事实上，资本主义世界对《资本论》的研究相当丰富和深入。实际上，马克思主义自诞生以来，就成为资本主义得以自我审视的一个重要变量，从而与资本主义形成了一种相互缠绕的关系。正是马克思主义揭示了资本主义内部存在着足以将自己置于死地的根本性矛盾，而后的资本主义才不断地采取"补救措施"缓和阶级矛盾，从而使得资本主义出现了一些新发展和新变化。从这个角度看，资产阶级不过是充当了马克思所阐述的社会主义原则的"遗嘱"的"执行人"。正如马克思本人所说，反动派正在实现革命的纲领。②"明明是马克思主义的反对者，明明是社会主义运动的镇压者，却扮演了被反对和被镇压的马

---

① 伊格尔顿.马克思为什么是对的.李杨，等译.重庆：重庆出版社，2017：8.
② 马克思恩格斯全集：第13卷.北京：人民出版社，1962：462.

克思主义和社会主义的'遗嘱'的'执行人'。马克思主义所昭示的一些社会主义和共产主义的理想竟然用这样一种方式,即通过其'对立面',通过'反面的偶然性'得到了某种程度的兑现"[1]。这看似吊诡,却是历史的真实。

---

[1] 陈学明,黄力之,吴新文. 中国为什么还需要马克思主义:答关于马克思主义的十大疑问. 天津:天津人民出版社,2013:5.

第三章

马克思主义中的语言学问题

一、走出"语言的牢笼"：语言与思想的关系

在语言学层面探讨马克思主义的理解和阐释问题，似乎有些离题太远，毕竟二者分属不同的学科。在语言学研究中固然需要坚持以马克思主义为指导，但语言学研究又如何能够对理解和阐释马克思主义有所助益呢？这是不是有点风马牛不相及？实则不然。对于马克思主义的诸多误解甚至是曲解、肢解，表面上看起来是思维问题、方法论问题，但在更深层次上却是语言问题。实际上，语言、思维、方法三者本身就是相互纠缠的。如果我们仅仅片面地强调辩证思维、辩证方法而不深究背后所关涉的诸多"语言假象"和"语言悖论"，我们也就不能真正地克服马克思主义研究阐释方面的形而上学，更不能自觉实现马克思主义的自我指涉，即以马克思主义的方式来理解马克思主义本身。因此，对马克思主义的研究阐释，迫切需

要下一番"语言诊断"和"语义澄清"的功夫。这看似是一个技术性问题，实际上却是一项以何种态度对待马克思主义的基础性工作。这估计也是西方分析的马克思主义学派得以兴起的内在原因。

自1967年罗蒂所编的《语言学转向——哲学方法论文集》出版以来，"语言学转向"（linguistic turn）作为西方思想史上重大的范式转换逐步得到广泛认可。值得注意的是，仅就这本书的副标题来看，这里的"语言学转向"，主要突出的是其对于哲学方法论的革命性意义。实际上也是如此。无论发生在哲学领域还是语言学领域，"语言学转向"都旨在通过澄清语言的本质为哲学问题的化解提供方法论上的指导。因此，其直接的理论后果就是使得语言学和哲学之间密不可分的关系表现得更加突出。无论是语言学家还是哲学家，都同时意识到了一个根本性的问题：语言作为独特的人类现象，本身自然地蕴含着一系列矛盾，这些矛盾使得其表征的意义世界的"开启"和"遮蔽"同时存在。而唯有通过对于语言本质的重新认识和自觉把握，人类思想才能够走出"语言的牢笼"，通达意义世界的真理。

语言和思维的关系是怎样的？传统的观点一般认为，思维作为人的精神和意识活动，是内在的，精神和意识活动的语言表达则是一个外在化的过程。在这里，语言是表达思想的外在工具，或者说语言是思想的外衣或者载体。这一传统观点受到很多现代语言学家和哲学家的批判。他们普遍认为，语言与思维具有内在的同构性①，二者的关系不是一种内在和外在、表达和被表达的关系，而是一种彼此生成和建构的关系：语言是思维的具体运用，而概念又是语言的具体运用。现代语言学的创始人索绪尔（Ferdinand de Saussure）在谈到语言和思维的关系时就指出："哲学家和语言学家常一致认为，没有符号的帮助，我们就没法清楚地、坚实地区分两个观念。思想本身好像一团星云，其中没有必然划定的界限。预先确定的观念是没有的。在语言出现之前，一切都是模糊不清的。"②这一论述就打破了语言仅仅是思想的"外衣""载体""工具"的传统观念，因为按照这一论述，语言不仅表达思想，还生成思想。正是语言，使得思想成为现实。我们不能设想一种脱离开语言而独立存在的思想。对此，马克思也指出：语言是思想的直接现实，"意识并非一开始就是'纯粹的'意识。'精神'从一开始

---

① 对于这一问题，本书第一章第一节已经有所论述。这里所强调的是，语言与思维的同构性特指西方印欧语系的语言表达方式。语言与思维的同构性实际上根植于西方的形而上学传统，二者都是 logos。语言、思维、概念的三位一体就是影响了西方几千年的"逻各斯中心主义"。而在中国文化传统中，三者相互缠绕的现象就不存在。相反，这种相互缠绕还是中华文化思维所力求提防和排斥的。马克思主义虽然诞生于西方社会，但在一定意义上却对西方文化传统实现了某种"脱离"。而这一点又使得马克思主义与中华传统文化具有气质上的相似性。

② 索绪尔. 普通语言学教程. 高名凯, 译. 北京: 商务印书馆, 2009: 152.

就很倒霉，受到物质的'纠缠'，物质在这里表现为振动着的空气层、声音，简言之，即语言"①。再者，语言对思想的表达是通过概念来完成的，正如洪堡特（Wilhelm von Humboldt）所说："语言是构成思想的器官……智力活动完全是精神的和内在的，一定程度上会不留痕迹地逝去，这种活动通过声音而在言语中得到外部表现，并为感官知觉到。因此，智力活动与语言是一个不可分割的整体。但智力活动本身也有必要与语音建立联系，否则思维就无法明确化，表象就不能上升为概念。"② 语言中的概念以差别性为原则，正因如此，语言才成其为系统，成为意义世界的概念化表达。"语言对思想所起的独特作用不是为表达观念而创造一种物质的声音手段，而是作为思想和声音的媒介，使它们的结合必然导致各单位间彼此划清界限。"③

语言在表征意义世界时之所以会出现"麻烦"，根本症结就在于语言概念化表述的抽象性。这种抽象性势必与其意指的具体现实之间存在一种紧张关系。其中的乖离之处正如黑格尔所说："语言实质上只表达普遍的东西；但人们所想的却是特

---

① 马克思恩格斯文集：第1卷．北京：人民出版社，2009：533．
② 洪堡特．论人类语言结构的差异及其对人类精神发展的影响．姚小平，译．北京：商务印书馆，1999：65．
③ 索绪尔．普通语言学教程．高名凯，译．北京：商务印书馆，2009：153．

殊的东西、个别的东西。因此，人们所想的东西不能以语言表达出来。"① "只有普遍的东西才能被表述出来，而'这个'，即所想到的东西，却完全不能被表述出来"②。列宁在《哲学笔记》中论及高尔吉亚"我们不能把存在物表达出来"这一观点时也说："那种借以表达存在物的言语，并不就是那存在物；被表达的东西，并不就是存在物本身，而只是言语。"他继而引用黑格尔的观点说："存在物也不是被理解为存在的，而理解它，就是把它变成普遍的东西。"在本页的批注上，列宁又写道："任何词（言语）都已经是在**概括**。""感觉表明实在；思想和词表明一般的东西。"③ 可见，语言本身就已经是抽象了，它是"思想"的直接现实，而不是"感性"的直接现实。我们若囿于这种抽象，往往就会忽视特殊个体之间的差异性。

　　黑格尔和列宁的这些观点是能够得到现代语言学和语言哲学理论上的支持的。索绪尔就通过"能指"（signifier）和"所指"（signified）这两个术语揭示了语言符号的内在特点。在他看来，语言符号都是"能指"和"所指"的结合体，二者正如一张白纸的正反两面不能彼此剥离。"能指"是语言的物质方面，他称之为"音响形象"（sound image）；"所指"则是"能指"朝向的抽象概念（concept），而不是现实具体的事物。

---

① 列宁．哲学笔记．北京：人民出版社，1993：236．
② 同①237．
③ 同①233．

按照这一理解,我们也能看到语言表达上的悖论现象:语言是用以表达具体和现实的,但语言又是和现实、具体无涉的。与索绪尔同时代的语言分析哲学创始人弗雷格也区分了语言表达中的"意义"和"指称":语言表达式中的谓词"指称"的其实是抽象的概念,它通达具体事物则是通过"意义"来实现的。就此,谓词的"指称"实际上不能和它的"意义"直接对应,因而只能是一个"函项表达式",即"有空位的"或"待填充的"。如果将二者直接对应,就会出现意义上的混乱。针对语言表达的这种困难,索绪尔、弗雷格之后的奥格登(C. K. Ogden)和理查兹(I. A. Richards)提出了著名的"语义三角"(Semiotic Triangle)理论。"语义三角"指的是符号(symbol)、概念或思想(concept/thought)、所指物(referent/thing)三者之间相互制约、相互作用的关系。其中,概念和所指物之间的关系是直接的,因为概念是在客观事物的基础上抽象概括而成的。符号和概念之间的关系也是直接的,因为符号指向的就是抽象概念,概念也经由符号而被表达。但是,符号和所指物之间却没有直接、必然的联系,真正的联系实际上只在人的头脑中。

被誉为"20世纪最伟大的哲学家"之一的维特根斯坦也曾借助"语言游戏""家族相似"等观点揭示语言抽象所固化的本质主义思维方式的虚幻性,而强调在具体的使用中展现语言的具体丰富性。据此,他认为,一切哲学问题都是因为语言的误用。我们在使用语言的时候，总是用相似的形式来表达差异很大的概念。比如，动词"to be""to exist"看上去与"to eat""to drink"这样的东西没有区别。但是，询问大学里有多少人不吃肉或者不喝酒是有意义的，而询问大学里有多少人不存在是没有意义的。再比如，我们可以说"红色"是某些事物具有而其他事物不具有的属性，但我们却不能说"存在"也是某些事物具有而其他事物不具有的属性。据此，他经常将语言比喻为工具箱——它包括锤子、钳子、锯子、螺丝起子、胶水、钉子、螺丝等。所有的工具都可以容纳在一个箱子里，它们的外表特征相似（都被称为"工具"），但功能却千差万别。可是，外表的相似性经常掩盖功能的差异性。他举例说，当我们走进一个火车头的时候，会看见很多或多或少相似的手柄，但是，这些手柄的功能却是千差万别的。引擎的手柄可以不停地转动，开关的手柄却静止在"开"或"关"的位置上，刹闸的手柄可以推前移后，而泵的手柄却上下跳动。因此，我们不能根据手柄的形状来判断它们的功能，同样，我们也不能根据语言表面特征上的相似而否认它们在功能上的差异。[1]

不难看出，以上语言学家和哲学家关于语言现象富有意义的探讨，涉及的其实是普遍性和特殊性、一和多这一古老的哲

---

[1] 赵敦华. 当代英美哲学举要. 北京：当代中国出版社，1997：88-89.

学难题，是这一难题在语言研究中的折射。在西方思想的古希腊源头处，logos作为"说出的真理"，本身就预设了语言、思维、真理的三位一体结构。语言的抽象表达和知性的逻辑思维正是西方真理观上唯心主义传统的滥觞。由是观之，现代西方学术思想中的"语言学转向"所代表的不过是在语言领域克服形而上学的一种努力罢了，尽管这种努力所带来的效应至今还存在很大的争论。当然，探讨语言中的哲学问题不是本书关注的重点。本书借此试图阐明的是：前文所探讨的"抽象"和"具体"的错位关系，有着深刻的语言根源。我们在日常生活交流中所出现的误解和曲解，多是由此产生。比如，当"我"表达出"请帮我把笔拿过来"的语言信号时，这里的"笔"实际上只是一个抽象概念。而接收指令的人具体现实地拿来一支什么样的"笔"才能满足"我"的要求呢？也许，"我"意指（或者特指）的是"这支笔"，而他却拿来了"那支笔"。由此，"笔"这一抽象概念掩盖了"这支笔"和"那支笔"的具体差别，误解就由此产生了。而在马克思那里，这种语言技术层面的误解，在人类社会特别是阶级社会中则不可避免地成为一种意识形态遮蔽，它是与一种唯心主义的世界观紧紧地缠绕在一起的。在《德意志意识形态》中，马克思如是说：

> 对哲学家们说来，从思想世界降到现实世界是最困难的任务之一。**语言**是思想的直接现实。正像哲学家们把思

维变成一种独立的力量那样,他们也一定要把语言变成某种独立的特殊的王国。这就是哲学语言的秘密,在哲学语言里,思想通过词的形式具有自己本身的内容。从思想世界降到现实世界的问题,变成了从语言降到生活中的问题。①

语言本应和人类感性的实践活动紧紧依偎,何以变得如此抽象,以至于唯心主义地混淆了抽象和具体,甚至用抽象来代替具体、从抽象中引申出具体?对此,马克思不满足于仅仅囿于对语言、概念、思维三者关系的形而上分析,而是要深挖其社会根源和世俗土壤,强调社会存在对社会意识的决定作用:

……思想和观念成为独立力量是个人之间的私人关系和联系独立化的结果。我们已经指出,思想家和哲学家对这些思想进行专门的系统的研究,也就是使这些思想系统化,乃是分工的结果;具体说来,德国哲学是德国小资产阶级关系的结果。哲学家们只要把自己的语言还原为它从中抽象出来的普通语言,就可以认清他们的语言是被歪曲了的现实世界的语言,就可以懂得,无论思想或语言都不能独自组成特殊的王国,它们只是现实生活的**表现**。②

---

①② 马克思恩格斯全集:第 3 卷. 北京:人民出版社,1960:525.

那么，我们今天对马克思主义解读上的偏差，有没有语言上的问题？正如本节一开始所指出的，语言的问题不仅仅是一个关涉术语运用的技术性问题，更是一个关乎思维方式和方法论的问题。我们若沿着语言所关涉的抽象和具体的关系继续深入思考就会发现，在马克思主义的理解和阐释过程中也存在着相当程度的语言问题以及由此延伸出来的方法论问题。这主要表现在两个方面：一是在文本的理解方面，人们对一些关键性术语概念通常按照流行的观念进行理解，而没有把握这些术语概念在马克思主义语境中的具体内涵。这种语言层面上"一般性"对"具体性"的掩盖，造成了对马克思主义的诸多误读。二是在方法论的运用方面，人们对马克思主义的应用仍存在较为严重的形式化倾向，陷入以"抽象"代替"具体"的语言误区。这种不深入具体实际而热衷于"寻找最抽象的命题"①的做法，势必会造成马克思主义的空泛化、边缘化和标签化。针对此种状况，我们亟须以开放性的姿态将语言学和语言哲学这两个学科中富有启发性的研究视野和研究范式吸收到马克思主义理论研究中。这种学科交叉和交融可能正是现代知识分工语

---

① 海尔布隆纳曾援引罗纳德·布莱克韦尔的观点说："'马克思主义者'的一大失误是，他们从来都不打算按照马克思确立的路线完善这一体系（这里指马克思主义理论体系——引者注），而是寻求将这一论述中最抽象的命题……直接应用于经济生活中……这种抽象决定因素和想象的直接对照……它无视中间的决定因素……"参阅：海尔布隆纳. 马克思主义：赞成与反对. 马林梅，译. 北京：东方出版社，2016：57.

境下推动学术增长的有效方式，特别是在马克思主义的理解方面。

二、如何理解"科学""规律"和"必然性"：马克思主义关键术语的语言学分析

毋庸置疑，马克思主义也是以语言符号为载体，并通过文本或话语展现自身的。那么，在马克思主义教育和理解、阐释方面，是否存在前文所述语言符号"一般性"掩盖下"具体性"混淆的问题呢？在笔者看来，这种现象是存在的，特别是在一些关键性术语概念的理解和把握方面更是如此。笔者在教学实践中对此深有体会。比如，我们在课堂教学中就经常告诉学生："马克思主义是科学""马克思主义深刻揭示了历史发展的规律""马克思主义揭示了资本主义灭亡的必然性"……那么，在马克思主义的语境中，"科学""规律""必然性"这些语言符号的具体内涵又是什么呢？如果仅仅停留在索绪尔意义上"能指"所朝向的"所指"的抽象性和一般性，我们就无法把马克思主义的"具体"特质从这些空洞而抽象的语言符号中"拯救"出来。下面，笔者就从"科学""规律"等术语入手，尝试分析一下语言表达上的混乱是如何造成对马克思主义的误读的。

在现代性知识霸权的统治之下，当提及"科学""规律"等时髦用语时，人们头脑中浮现出来的会是什么呢？任何不带

偏见的人应该都会承认："科学"是在自然科学的意义上被理解的，而"规律"也是在因果规律的意义上被把握的。而当我们将马克思主义宣称为"科学"、把握为"规律"时，我们也就不得不面临一种语言学上的危险，即在一般意义上"科学""规律"等语言符号的统治下混淆了它们在马克思主义和自然科学这两个语境中具体内涵的差异。从马克思主义发展史来看，这种混淆已经不仅仅是概念上的思辨，甚至还曾经成为经验上的事实。即使在今天，以自然科学对马克思主义进行比附性解读的现象仍然大有市场。这也从一个侧面反映出在语言层面对这个问题进行正本清源的必要性。

粗略梳理一下西方学术思想概念的发展史不难发现，"科学"本身就是一个比较抽象且宽泛的概念和术语。据肖恩·加拉格尔考证，"在19世纪的德国哲学中，'科学'一词具有非常宽泛的含义。它涉及一切探求知识的事业，包括自然科学、人文科学（德语是 Geisteswissenshaften，字面意思是'精神科学'），甚至哲学"[1]。很多人文学者正是在这一宽泛的意义上使用"科学"这一概念的，但又明确表示自己的科学事业与主张"自然科学是唯一有效的知识形式"的实证主义有着根本的差别。伊格尔斯也说："有一个困难是从科学（Wissenschaft）一词的极其不同的概念之中产生的，德国不像美国，

---

[1] 加拉格尔. 现象学导论. 张浩军, 译. 北京：中国人民大学出版社，2021：21.

从来没有把科学一词同自然科学联系得那么密切，它只是意味着用系统的方法来进行任何一种研究。"① 在英美国家，科学几乎是实证主义和经验主义的同义词。历史学之所以是科学的，就在于这一学科能够"通过对材料的分析批判构建客观事实"。美国的历史学家"热衷于寻找事实、分析事实、构建事实，所以他们热衷于技术方法，如何考订文词、古典语言学、技术训练，但是他们很少或者不必注意概括，同时要严格地撇开一切哲学"②。而保留浓郁哲学传统的德国思想家们对"科学"的理解与英美的思想家们却有着很大的不同，他们更愿意为他们称为人文科学或精神科学的"科学"厘定研究的对象及相对应的研究方法。所以，二者虽都称为"科学"，但其研究对象和研究方法却迥然相异：

> 但是当自然科学的目的是要以抽象的词句达到"解说"无生命的自然界之合规律的、反复出现的模式之"普遍的"或一般化了的概括时，人文科学则引用"特殊的"（个性化的）方法作为把握和"理解"人类行为在具体的文化的、社会的、历史的境遇中的意义。问题始终是：人文科学或文化科学，诸如历史学研究，怎么能够从独一无

---

① 伊格尔斯．二十世纪的历史学：从科学的客观性到后现代的挑战．何兆武，译．北京：商务印书馆，2020：234-235.
② 同①237.

二的现象出发而达到更广泛的社会的与历史的语境。①

从独一无二的现象过渡到普遍性的结论,是实证主义无法完成的工作。而对德国思想家们而言,这一目标完全可以借助哲学予以实现。文德尔班在其《哲学史教程》的绪论中就指出,"哲学"一词的原初含义是"追求智慧",但"在苏格拉底以后的文献中,特别是在柏拉图和亚里士多德学派中,'哲学'一词获得了明确的意义,根据这个意义,'哲学'指的恰恰是德语'Wissenschaft'[科学]"②。正因如此,康德名著《纯粹理性批判》简写本的书名是《任何一种能够作为科学出现的未来形而上学导论》。这里,"形而上学"作为"科学",显然不是在自然科学的意义上成立的。黑格尔在《精神现象学》的序言中也指出,他写作此书的目的在于通过辩证规律(而非自然规律)"促使哲学接近于科学的形式"。马克思所欣赏的意大利近代思想家维科,其所致力的"新科学"之"新",正是特指人文科学与自然科学的区别。正因如此,维科被称为"人文科学之父"。维科之后的狄尔泰更是反对自然科学以"科学"之名对人文领域研究的宰制。在他看来,自然科学意义上的实证主义方法必然是认识性、说明性的,这种方法并不能涵盖全部

---

① 伊格尔斯.二十世纪的历史学:从科学的客观性到后现代的挑战.何兆武,译.北京:商务印书馆,2020:42.
② 文德尔班.哲学史教程:上卷.罗达仁,译.北京:商务印书馆,1987:8.

存在，它只能适用于无主体（人不参与其中）的自然存在，而无法适用于存在着人的精神力量的历史领域。因此，他才试图创立一种"精神科学"以真正理解历史现实。如果说自然科学的目的在于"说明"，那么，精神科学的要旨则在于"理解"。

当马克思说"我们仅仅知道一门唯一的科学，即历史科学"①时，"科学"一词的具体内涵指涉的是什么呢？对此，马克思在《资本论》中引用维科的观点说："人类史同自然史的区别在于，人类史是我们自己创造的，而自然史不是我们自己创造的"②。人类史是人参与其中得以生成和呈现的，"剧作者"和"剧中人物"双重身份的自我缠绕，使得人根本无法从人类史中抽身而出。这正是人类史和自然史的最大区别。但是，人类史又给人一种幻觉，即它好像也与自然史一样游离于人的存在和实践的自在规定，人似乎也可以站在历史之外像观察自然界那样观察自己的历史。实际上，就像人不能拽着自己的头发把自己提起来一样，那些貌似能够从自己的历史性存在中抽身而出并像自然科学那样对人类社会进行实证研究并总结类似于自然规律的历史规律的做法，无一例外地跌入了马克思意义上的意识形态陷阱。所以，马克思才强调说："所谓自然科学，我们在这里不谈；我们需要深入研究的是人类史，因为

---

① 马克思恩格斯文集：第1卷. 北京：人民出版社，2009：516.
② 马克思恩格斯文集：第5卷. 北京：人民出版社，2009：429.

几乎整个意识形态不是曲解人类史,就是完全撇开人类史"①。可见,马克思意义上的"科学",是在德文 Geisteswissenshaften 而不是英文 science 意义上成立的。若把二者相混淆,我们也就无法把握马克思主义的理论特质。对此,有一个很好的思想史例证可以说明。1858 年 11 月 12 日,马克思在给拉萨尔的一封信中谈及他的《政治经济学批判》一书时说:"政治经济学,作为德国意义上的科学,实际上还有待建立,为此不仅需要我们两个人,而且需要一大批人。我希望,我这本书的成就至少应当表现在它会吸引一定数量的优秀思想家来参加这个领域的研究工作。"② 在这里,马克思区分了"英国意义上的科学"和"德国意义上的科学"。英国政治经济学立足于经验视野对经济现象开展实证研究,是在自然科学的意义上成立的,这在当时已经建立且非常成熟。"德国意义上"的政治经济学则隶属于"历史科学",即"科学地表述了对社会关系具有重大意义的观点"③。这个意义上的"科学"任重而道远,所以马克思才将之视为毕生使命并号召更多的优秀思想家从事这方面的研究。1960 年,毛泽东同志在阅读《政治经济学教科书》时也评论说:"当作一门科学,应该从分析矛盾出发,

---

① 马克思恩格斯文集:第 1 卷.北京:人民出版社,2009:516-519.

②③ 马克思恩格斯全集:第 29 卷.北京:人民出版社,1972:546.

否则就不能成其为科学。"① 他认为，这本书的最大缺点就是缺少辩证法，而没有哲学头脑的作家要写出好的经济学著作是不可能的。"马克思能够写出《资本论》，列宁能够写出《帝国主义论》，因为他们同时是哲学家，有哲学家的头脑，有辩证法这个武器。"②

"科学"这一语言符号的具体内涵得到澄清之后，"历史""规律""必然性"等概念在马克思主义语境中的确切含义才有可能得到准确理解，否则就会带来"多米诺骨牌"式的负面效应。自然科学的哲学基础是实证主义。按照海尔布隆纳的说法，"实证主义科学以实证主义哲学为基础，它采用的方法是将自己的研究范围限定于能以可验证的假说形式表示的经验问题。这一规则不是总被遵循，但它至少代表了实证主义的信条。实证主义科学的主要目标是据此发现'类似法律'的规律性，这些规律能使我们做出预测性的论断。实证主义认为社会科学和自然科学信条之间没什么差别"③。对于自然科学而言，它的研究对象是自然现象之间的因果逻辑性，探寻的是可重复、能够预测未来的规律。在这里，人不需要"在场"，而必

---

① 毛泽东年谱（1949—1976）：第4卷. 北京：中央文献出版社，2013：316.

② 同①324.

③ 海尔布隆纳. 马克思主义：赞成与反对. 马林梅，译. 北京：东方出版社，2016：25.

须做一个"旁观者"。太阳每天（必然）从东边升起，（必然）从西边落山。这一物理现象的"必然性"正是自然科学所揭示的，因此它不需要人的参与而呈现，更不需要随时随地依据特殊条件而改变。可见，"所有按照恒常的规律彼此相续的事实本身都适宜成为科学的课题；尽管这些规律可能还没被发现，或依据我们现有的手段它们还不能被发现"①。丹皮尔也指出："科学可以说是关于自然现象的有条理的知识，可以说是对于表达自然现象的各种概念之间的关系的理性研究"②。

与之不同，马克思主义所揭示的是历史事实之间经由矛盾意义上的"对立统一"而形成的发展关系。马克思主义在一定意义上就是历史唯物主义，而历史唯物主义的"历史"是以人类社会实践为基础、以辩证法为展现方式的，其强调的是社会矛盾在社会变迁中的作用。马克思说"全部社会生活在本质上是**实践的**"③，正是意指社会生活是在社会矛盾中展开的，矛盾分析法才是正确揭示人类社会发展规律的钥匙。因此，作为研究方法，历史唯物主义对人类历史的考察，探寻的就不是以"因果性"表征的"必然性"，而是通过辩证法才能揭示的"矛

---

① 张庆熊．现象学方法与马克思主义．上海：上海三联书店，2014：72.
② 丹皮尔．科学史：及其与哲学和宗教的关系：上册．李珩，译．北京：商务印书馆，1975：9.
③ 马克思恩格斯文集：第1卷．北京：人民出版社，2009：501.

盾性"意义上的"必然性"。正因如此，虽然马克思本人没有使用过"辩证唯物主义"这样的说法，但马克思主义仍被冠名为辩证唯物主义。海尔布隆纳说，让马克思主义史学具有鲜明特征的是，唯物主义出发点与历史变迁过程的辩证观相融合。这种辩证观的内核正是一种矛盾分析法：

> 唯物史观中的辩证元素源自于生产方式的一大特征。我们还没有对这一特征给予足够的关注。这是一种极端紧张的关系，任何生产方式中上层阶级和下层阶级之间不平等的关系导致了这种紧张局势的出现。这种不平等性可能有多种表现形式，但通常情况下表现为统治阶级有特权获得或者拥有大量不均衡的财富。
>
> 阶级斗争这种内在性质是辩证法赋予历史的主要理论见解，它能使我们看到，阶级斗争植根于生产方式的结构性特征中……辩证法关注的似乎是所有生产方式中这样或那样的阶级权益。由于生产力、技术或其他方面的变化，紧张关系会进一步加剧，对立关系形成，各个阶级的任务发生改变，进而，它们相互作用的条件也因此重新确立，但是，作为一种"对立统一"，在任何情况下，阶级斗争（在前共产主义社会——引者注）将会一直存在。①

---

① 海尔布隆纳. 马克思主义：赞成与反对. 马林梅，译. 北京：东方出版社，2016：40-41.

对于实证主义者或经验主义者而言,这种"对立统一"是处于盲区的,他们更不会理解历史是如何在这种"对立统一"中运行的。与之相反,马克思正是以辩证法为方法论审视和理解历史变迁的:"一切发展,不管其内容如何,都可以看做一系列不同的发展阶段,它们以一个**否定**另一个的方式彼此联系着。"①身处历史之中,人无法做一名"旁观"的实证主义者,而必须实践性地参与其中,呈现一种"楔入效应"。旧唯物主义者何以无法把握历史?是因为他们作为"抽象的经验主义者"理解不了辩证法,只能把历史看成"僵死的事实的汇集"而无法描绘出那个"能动的生活过程"②。可见,虽然自然科学和历史科学中都有"规律""必然性"等关键术语,但它们的内涵却有着本质性的差别。倘若我们不加区别地将二者混同起来,并以自然科学的思维方式来理解马克思主义,就会陷入误区。实际上,在马克思、恩格斯之后,马克思主义曾不止一次被修正为实证主义,被简单地曲解为一种机械决定论,正是这种实证主义思维在作祟,其给社会主义运动造成的损害不可谓不大。究其原因,正在于这种思维方式过于注重物质基础和历史条件所塑造的"前提",片面注重这一"前提"过渡到"结论"的因果必然性,而忽略了人的实践活动在社会矛盾历

---

① 马克思恩格斯全集:第 4 卷. 北京:人民出版社,1958:329.
② 马克思恩格斯文集:第 1 卷. 北京:人民出版社,2009:525-526.

史性展开过程中所彰显的精神力量和巨大的能动性,从而遮蔽了马克思主义的革命性品格。

三、播下的是龙种,收获的却是跳蚤:具体性的误置

语言的误用和遮蔽不仅表现在语言符号"一般性"掩盖下"具体性"的混淆,还表现为以"抽象"取代"具体"、把"抽象"等同于"具体"。这种方法论上的形而上学,英国哲学家A. N. 怀特海称为"具体性的误置"(misplaced concreteness),即"把具体的事实,在非常抽象的逻辑结构下表现出来"。在《过程与实在:宇宙论研究》一书中,他对此的详细阐释是:

> 哲学进行普遍性概括,其目的是不成问题的,然而对这种概括的成功所做的估计通常被夸大了。这类夸大其词主要有两种形式。一种形式是我在其他地方所说过的,即所谓"把抽象误置为具体的谬误"。这种谬误表现在,当仅仅以实际存在物作为某些思想范畴的实例来考察实际存在物时,它忽略了其中所涉及的抽象程度。在各种现实性中有这样一些方面,一旦我们把思想严格地限制于这些范畴时,它们就几乎被完全忽略了。……[1]

---

[1] 怀特海. 过程与实在:宇宙论研究. 杨富斌,译. 北京:中国城市出版社,2003:12.

"具体性的误置"在一定意义上是语言学问题，但在根本上是思维问题和方法论问题。这种错误的实质就是把矛盾的普遍性和矛盾的特殊性机械割裂开来，粗暴且想当然地用抽象的普遍性代替具体的特殊性，最终滑向了唯心主义。事实上，一旦囿于语言符号的抽象，人们就会宿命般地跌入形而上学的思维方式和方法论中。西方自古希腊开始逐步形成了一种强大的唯心主义传统，本身就和印欧语系的语言特点不无关系。怀特海就感慨道：整个西方哲学不过是柏拉图主义的注脚。海德格尔也认为，形而上学就是柏拉图主义。而柏拉图的"理念论"恰恰来自对语言现象中判断句式的语法和逻辑分析。

马克思主义之所以实现了西方思想史上的伟大革命，正在于它对这种唯心主义观念论所塑造的形式主义进行了实质性的批判，并实现了有效突围。但遗憾的是，自马克思主义诞生以来，对它的误解和曲解就从没有停止过。这其中固然有着复杂的社会历史因素，但在对待马克思主义的态度上重新倒退回形式主义或教条主义不能不说是一个非常重要的因素。这简直是所有伟大思想的宿命！诚如黑格尔所言："优秀的东西不但逃脱不了它的命运，注定了要被夺去生命夺去精神并眼看着自己的皮被剥下来蒙盖在毫无生命的、空疏虚幻的知识表面上。"[①]马克思生前就对当时法国教条主义的马克思主义者宣称："我

---

① 黑格尔. 精神现象学：上卷. 贺麟，王玖兴，译. 北京：商务印书馆，1979：35.

只知道我自己不是马克思主义者。"对于那些庸俗的模仿者，马克思还将海涅的那句名言转达给他们："我播下的是龙种，而收获的却是跳蚤。"①恩格斯在评价当时德国的青年著作家时也说：对他们来说，"'唯物主义'这个词大体上只是一个套语，他们把这个套语当做标签贴在各种事物上去，再不作进一步的研究，就是说，他们一把这个标签贴上去，就以为问题已经解决了"②。那么，在当前的马克思主义理论宣传中，马克思、恩格斯所批评的那种形式主义倾向已经得到克服了吗？事实上，当马克思主义基本原理被压瘪成一系列空洞而抽象的概念、范畴和形式化规律时，我们就应该知道这种倾向还没有被决定性地超越。在教学过程中，笔者就经常看到那种"原理＋例子"的教学模式。正如马克思当年所批判的，这些原理似乎自古以来就酣睡在"无人身的人类理性"的怀抱里，一直在静静地等待我们去说明其正确性。于是，作为"进一步研究的起点"、力求"改造世界"的马克思主义就蜕变成了空泛地"解释世界"的抽象公式。我们所做的工作无非是用这一万能公式去求解所有的"一元一次方程"。于是，一种印象就出现了：马克思主义就是一个筐，什么东西都可以往里装。而且，我们把这些基本原理表达得越抽象，它们越是能够畅通无阻，对它

---

① 马克思恩格斯文集：第10卷. 北京：人民出版社，2009：590.
② 同①587.

们的"证实"也就越容易。而事实上，我们在此遇到的困境是：即使我们将马克思主义的基本原理以"万能钥匙"的形式传达给学生，他们也无法"习得"① 运用马克思主义的立场观点方法分析现实问题的能力。习近平总书记在哲学社会科学工作座谈会上所谈及的"在运用马克思主义立场、观点、方法上功力不足"的现象，正是就此而言。

形式主义地对待马克思主义，无疑又把马克思主义打扮成了改头换面的形而上学。而吊诡的是，马克思主义本身就是把反形而上学作为自己的理论使命的。"形而上学"在方法论上最大的误区正是囿于"形而上"的思维形式而忽略了"形而下"的物质内容，进而用形式代替内容，或者误认为形式就是内容。正如我们读一本书，这种形式主义给予我们的只是内容的目录，而非内容本身。之后的海德格尔有一个类似的比喻，他说这种抽象的理论意味着一种"纲领化"（Programmierung），这种"纲领"式的理论提供的仅是一场音乐会的"节目安排"

---

① 《论语·学而》有云："学而时习之，不亦说乎？"在中华传统文化的语境中，"学"与"习"相互联系但有着实质性的差别。所谓"学"偏重于知识和理论之学，"习"则偏重于马克思主义意义上的"当做实践来理解"，具有"践行""亲证"之义。本书用"习得"二字在于表明：对于马克思主义，仅仅以知识性的方式把握是不够的，关键在于进一步"转识成智"，不断提高运用马克思主义的能力。诚如习近平总书记所言："坚持以马克思主义为指导，最终要落实到怎么用上来。"（中共中央文献研究室. 习近平关于社会主义文化建设论述摘编. 北京：中央文献出版社，2017：78.）

(Konzertprogramm），却不是"音乐的理论"本身。实际上，马克思早在青年时代就已经敏锐地意识到这种观念论的危害，并通过对这个问题的反思走上了批判唯心主义意识形态的道路。在 1837 年给父亲的信中，他谈到了自己学习法学的方法："开头我搞的是我慨然称为法的形而上学的东西，也就是脱离了任何实际的法和法的任何实际形式的原则、思维、定义，这一切都是按费希特的那一套……在这种形式下，主体围绕着事物转，这样那样议论，可是事物本身并没有形成一种多方面展开的生动的东西。"据此，马克思反思道："我们必须从对象的发展上细心研究对象本身，决不应任意分割它们；事物本身的理性在这里应当作为一种自身矛盾的东西展开，并且在自身求得自己的统一"①。这一致思取向可以说伴随着马克思一生。在《德意志意识形态》中，马克思认为"对现实的描述会使独立的哲学（形而上学意义上的观念论——引者注）失去生存环境"，能够取而代之的充其量不过是"从对人类历史发展的考察中抽象出来的最一般的结果的概括"。对于这种抽象的原理或者原则，马克思只是在有限的意义上给予肯定，认为它们"只能对整理历史材料提供某些方便"。但是，"这些抽象与哲学不同，它们绝不提供可以适用于各个历史时代的药方或公式"②。

---

① 马克思恩格斯全集：第 40 卷. 北京：人民出版社，1982：10，11.
② 马克思恩格斯文集：第 1 卷. 北京：人民出版社，2009：526.

可见，马克思并不反对思辨和抽象的"形式"本身，他反对的是那种远离现实内容的"形式主义"。这是因为："抽象本身离开了现实的历史就没有任何价值"①。在面对具体问题时，马克思主义经典作家都在自觉地恪守这一彻底的唯物主义原则。今天读来，那些鲜活的"案例"仍能给我们莫大的启迪。正如麦金太尔所言："在马克思那半技术性的黑格尔用法中，要抽象就总是形成一个概念，剥夺了它的上下文语境联系，而这一语境联系却正是其精义所在。因而就展示了［相］对于相关的语境组却进行了独立的运用。"这样一来，就会造成对马克思理解方面"概念上的错误和误解"。对此，他提醒道："马克思对这一抽象性概念的用法，常常是维特根斯坦主义的而不是黑格尔主义的"②。比如，在分析资本主义的经济特点时，马克思重点分析了"生产"这个词。作为抽象意义上的概念，它是在一切时代"经过比较而抽出来的共同点"③。由于这个词真正把共同点提了出来，它就是一个"合理的抽象"。但是，马克思强调，"生产"又是"有许多组成部分的、分为不同规定的东西"④。比如，封建社会、资本主义社会都有着专属于自己的生产特点。如果离开了这些具体的生产样式，"任何生产都无从设想"⑤。因此，我们

---

① 马克思恩格斯文集：第1卷.北京：人民出版社，2009：526.
② 麦金太尔.马克思的《关于费尔巴哈的提纲》——一条未走之路.乔法容，译.国外社会科学，1995（6）.
③④⑤ 马克思恩格斯文集：第8卷.北京：人民出版社，2009：9.

不能因为有了抽象的"共同点"而忘记了各个时代生产样式上的本质差别。而"那些证明现存社会关系永存与和谐的现代经济学家的全部智慧，就在于忘记这种差别"①。这些人在撰写经济学著作的时候总是时髦地在开头摆上"一个总论部分——就是标题为《生产》的那部分"，用于论述"一切生产的**一般条件**"②。于是，资本这一"具体"就巧妙地被"（生产的）一般的、永恒的自然关系"代替了。可见，在马克思那里，"具体—抽象—具体"的科学方法论才是捅破资本主义意识形态这一肥皂泡的利器。恩格斯晚年在致保尔·恩斯特的一封信中也告诫说："如果不把唯物主义方法当做研究历史的指南，而把它当做现成的公式，按照它来剪裁各种历史事实，那它就会转变为自己的对立物。"③恩格斯如是说，是因为保尔·恩斯特把关于德国小市民的经验认识抽象为"小市民"这一概念，而后又"把整个挪威和那里所发生的一切都归入小市民阶层的范畴"④。对此，恩格斯认真分析了挪威的历史环境以及小市民阶层的阶级特点，指出了其与德国小市民存在的本质差别。今天，我们坚持以马克思主义为指导，所缺乏的正是这种实际地进入现实分析中去的科学态度。

现代德国哲学家海德格尔曾有一句名言："语言是存在的

---

① 马克思恩格斯文集：第8卷.北京：人民出版社，2009：9.
② 同①10.
③④ 马克思恩格斯文集：第10卷.北京：人民出版社，2009：583.

家园"。实际上，语言仅仅是思维的"家园"，而不是存在的"家园"。一旦将思维的对象视为真实的"存在"，也就坠入唯心主义的迷雾当中。正如马克思所说："从思维过渡到现实，也就是从语言过渡到生活的整个问题，只存在于哲学幻想中，也就是说，只有在那种不会明白自己在想像中脱离生活的性质和根源的哲学意识看来才是合理的"①。于是，如何让抽象思维通达现实存在、如何从思想世界降到现实世界，就成了最困难的任务之一。对此，马克思给出的解决方案是："只要把自己的语言还原为它从中抽象出来的普通语言，就可以认清他们的语言是被歪曲了的现实世界的语言，就可以懂得，无论思想或语言都不能独自组成特殊的王国，它们只是现实生活的**表现**"②。从一定意义上讲，现代西方学术思想的"语言学转向"正是不自觉地沿着马克思指引的道路前行的。当然，马克思给出的仅仅是"形式指引"，目的在于揭示语言的抽象化与形而上学的内在关联，进而寻求唯心主义意识形态批判的科学方法论。而现代语言学和语言哲学则是聚焦语言领域，试图通过澄清语言意义、规范语言使用达到"拒绝形而上学"的目的。但无论如何，它们在语言学领域的深耕细作的确又在新的时代条件下为我们重新解读马克思主义提供了一个新视角，为避免误

---

① 马克思恩格斯全集：第 3 卷．北京：人民出版社，1960：528.
② 同①525.

读曲解马克思主义提供了一种"免疫力"。正是在这方面,我们真切地体认到了以马克思主义的方式理解马克思主义本身的重要性和迫切性。

四、现代化不等于西方化:语言的澄清与理论的彻底

厘清语言符号中所内在蕴含的这种抽象和具体的张力,对于我们科学把握马克思主义中国化时代化的最新理论成果的逻辑结构具有重要的意义。在以往的理论阐释中,由于我们不能自觉地在语言层面对一些核心概念和关键术语进行逻辑区分和内涵厘定,思想往往会陷入混乱。下面,我们就以"中国式现代化"这一概念为例尝试作一下语言分析,进而把握这个问题的关键性。

我们知道,党的二十大的一个重大理论成果就是提出了中国式现代化理论。这一理论的核心概念就是"中国式现代化"。在语言学的视域下,我们完全可以将其视为一个语言符号。以此观之,"中国式现代化"的"所指"包括中国式现代化实践和中国式现代化理论两部分。但当我们谈及"中国式现代化"时,我们所"意指"的到底是中国式现代化实践还是中国式现代化理论呢?如果在运用这一概念时对此模糊不清,思维必然也是混乱的。正如前文所提及的,马克思就曾以"生产"这个语言符号举例说,我们不笼统地说"生产",当你说"生产"

的时候"一开始就要声明，我们指的是某个一定的历史时代，例如，是现代资产阶级生产"①。同样，当我们说"中国式现代化"时，也应该明确我们所"意指"的到底是实践还是理论。这一问题绝不是一个"掉书袋"的细枝末节问题，而是一个重要的理论问题和实践问题。如前文所述，理论创新是发生在实践探索之后并以实践为基础的。所以，中国式现代化理论虽然是在党的二十大上提出的，但中国式现代化的实践探索自新中国成立时就开始了。对此，党的二十大报告明确指出："在新中国成立特别是改革开放以来长期探索和实践基础上，经过十八大以来在理论和实践上的创新突破，我们党成功推进和拓展了中国式现代化。"② 在此后的学习贯彻党的二十大精神研讨班开班式上，习近平总书记进一步强调了中国式现代化理论是实践基础上的理论创新：概括提出并深入阐述中国式现代化理论，是党的二十大的一个重大理论创新，是科学社会主义的最新重大成果。中国式现代化是我们党领导全国各族人民在长期探索和实践中历经千辛万苦、付出巨大代价取得的重大成果，我们必须倍加珍惜、始终坚持、不断拓展和深化。

---

① 马克思恩格斯文集：第8卷．北京：人民出版社，2009：9.
② 习近平．高举中国特色社会主义伟大旗帜　为全面建设社会主义现代化国家而团结奋斗：在中国共产党第二十次全国代表大会上的报告．北京：人民出版社，2022：22.

因此，我们在认识上就不能把中国式现代化的实践探索与中国式现代化的理论创新混为一谈。一方面，我们不能认为中国开始进行中国式现代化实践探索的时候，中国式现代化的理论创新就自然而然地形成了；另一方面，我们也不能认为中国式现代化的理论创新标志着中国式现代化实践探索的开启。这实际上仍然是一个思想和行动、理论和实践的关系问题。通过梳理中国式现代化理论的形成与发展，我们会发现，习近平总书记在公开讲话中第一次提"中国式现代化"是在 2015 年的十八届五中全会上："改革开放之初，邓小平同志首先用小康来诠释中国式现代化，明确提出到 20 世纪末'在中国建立一个小康社会'的奋斗目标。在全党全国各族人民共同努力下，这个目标在上世纪末如期实现，人民生活总体上达到小康水平。在这个基础上，党的十六大提出本世纪头 20 年全面建设惠及十几亿人口的更高水平的小康社会的奋斗目标。党的十六大以来，我们党扭住这个奋斗目标，一茬接着一茬干，一棒接着一棒跑，全面建设小康社会取得了显著成绩。"[①] 在党的十九大报告中，习近平总书记指出："中国特色社会主义进入新时代……意味着中国特色社会主义道路、理论、制度、文化不断发展，拓展了发展中国家走向现代化的途径，给世界上那些既希望加快发展又希望保持自身独立性的国家和民族提供了全

---

① 习近平谈治国理政：第 2 卷. 北京：外文出版社，2017：71.

新选择，为解决人类问题贡献了中国智慧和中国方案。"① 这一论述深刻揭示了中国式现代化的价值和意义，尽管在报告文本中并没有出现"中国式现代化"这一概念，但它已经呼之欲出了。到了党的二十大，中国式现代化理论才被中国共产党人反思并概括出来。2023年2月，习近平总书记在"新年第一课"中又深刻阐述了中国式现代化的一系列重大理论和实践问题，是对中国式现代化理论的极大丰富和发展。因此，我们既不能用实践探索的历史性掩盖中国式现代化伟大的理论创新，也不能用伟大的理论创新掩盖我们党百年的实践探索。对这一理论问题如果不进行前提性的澄清，我们就无法把握历史逻辑和理论逻辑的区别与关联，甚至会出现很多不恰当的表述。

此外，从逻辑上分析，在语言交流和表达中被运用的概念符号都包含两个层次：本质性规定和内容性规定。所谓本质性规定，就是带有规范作用的理念、原则和方向上的规定，一般不涉及历史内容或时代特征。这近似于我们前文谈到的原理知识，具有先验性、形式化的特点，表征的是语言符号的"所指"，折射的是语言符号的抽象性特征。我们还是以"发展"这个词为例，任何世代的人为了生存，都要发展。它是普遍

---

① 习近平．决胜全面建成小康社会　夺取新时代中国特色社会主义伟大胜利：在中国共产党第十九次全国代表大会上的报告．北京：人民出版社，2017：10.

的，但也是抽象的，没有时代内涵。只有当我们说"资产阶级的生产"时，它才在内容上有了时代特征。因此，当我们运用语言符号时，它总是还具有"意指"，这个"意指"就是概念的内容性规定，带有鲜明的时代内涵或历史内容，类似于我们前文谈到的具体知识。它体现的是语言符号在表达过程中的具体性。如果二者发生混淆，我们在思维上就陷入抽象和具体的错位，在理论把握上也会导致理解上的偏差。关于中国式现代化理论，党的二十大报告是这样表述的：

  中国式现代化，是中国共产党领导的社会主义现代化，既有各国现代化的共同特征，更有基于自己国情的中国特色……中国式现代化是人口规模巨大的现代化……是全体人民共同富裕的现代化……是物质文明和精神文明相协调的现代化……是人与自然和谐共生的现代化……是走和平发展道路的现代化。①

报告中对"中国式现代化"的规定，是本质性规定还是内容性规定呢？仔细分析不难看出，这一规定是对中国式现代化理念上、方向上、原则上的规定，所以是本质性规定，而不能理解为内容性规定。不同的历史时期有不同的时代特点和实践

---

① 习近平. 高举中国特色社会主义伟大旗帜　为全面建设社会主义现代化国家而团结奋斗：在中国共产党第二十次全国代表大会上的报告. 北京：人民出版社，2022：22-23.

要求，中国式现代化建设的具体内容是不一样的，也不可能一样。在社会主义革命和建设时期，在改革开放时期，在新时代，中国式现代化建设的目标、任务、具体方略都不一样，但它们都是中国式现代化，都具有中国式现代化的特征。比如，都是中国共产党领导的社会主义现代化。因此，中国式现代化理论是对中国式现代化的理念规定、方向规定、原则规定，它是"旗帜"，是"行动的指南"。正如习近平总书记所指出的，党的二十大报告深刻阐述的是中国式现代化的中国特色、本质要求和重大原则，是对推进中国式现代化的最高顶层设计；中国式现代化是分阶段、分领域推进的，实现各个阶段发展目标、落实各个领域发展战略同样需要进行顶层设计。但是，我们也不能把顶层设计与具体的行动方略混为一谈，将中国式现代化理论视为诸葛亮送给赵云的三个锦囊，用这一理论去机械地套用鲜活而又带有鲜明时代特征的具体实践。这是因为，具体的行动方略只能在回答时代问题的过程中得出。就此，习近平总书记在强调中国式现代化理论顶层设计的同时也注重实践探索的重大意义："推进中国式现代化是一个探索性事业，还有许多未知领域，需要我们在实践中去大胆探索，通过改革创新来推动事业发展，决不能刻舟求剑、守株待兔。各地区各部门要结合各自具体实际开拓创新，特别是在前沿实践、未知领域，鼓励大胆探索、敢为人先，寻求有效解决新矛盾新问题的思路和办法，努力创造可复制、可推广的新鲜经验。"① 因此，在新时代新征程上，我们继续推进中国式现代化、建设中国式现代化，就应该做到顶层设计和实践探索的结合：一方面，中国式现代化理论是习近平新时代中国特色社会主义思想的重要组成部分，是我们全面推进中国式现代化实践的理论向导和行动指南。没有这一理论的指导，我们在前进的道路上就不能把握正确的方向。另一方面，我们需要进一步深入实际，客观研究我们面临的重大理论问题和实践问题，寻求解决时代问题的答案。习近平总书记指出，我们要按照党的二十大的战略部署，坚持统筹推进"五位一体"总体布局、协调推进"四个全面"战略布局，加快推进中国式现代化建设。这里的"五位一体"总体布局、"四个全面"战略布局，就是中国式现代化在新时代的内容性规定。习近平总书记还强调，在强国建设、民族复兴的新征程上，我们要坚定不移推动高质量发展。高质量的发展是全面建设社会主义现代化国家的首要任务，要以高质量的发展扎实推进中国式现代化。其中，科技的自立自强是推动高质量发展的必由之路。我们能不能如期全面建成社会主义现代化国家，关键看科技能否自立自强。这些重要论述都是中国式现代化的时代内涵。

---

① 习近平．推进中国式现代化需要处理好若干重大关系．求是，2023（19）．

当然,概念的本质性规定和内容性规定的区分不是绝对的,而是相对的。比如,相比一个更为抽象的概念,本质性规定往往又成为内容性规定。按照这一思路,我们可以进一步反思"现代化"这一概念。党的二十大报告指出,中国式现代化"既有各国现代化的共同特征,更有基于自己国情的中国特色"。这说明,"现代化"是更为抽象的一个概念,它本身也仅仅意味着一个理念上的规定,代表的是人类社会历史发展的趋势和诉求。正如习近平总书记所说的,实现现代化是世界各国人民的共同追求,也是近代以来中国人民矢志奋斗的梦想。作为世界各国人民所共同追求和分享的"现代化",其特征实际上仅具有形式上、理念上、本质上的规定,但是,"现代化"的内容性规定则是多样的、有差异的。这也就意味着,"现代化"这一语言符号在理念上是单数的,在内容上则是复数的,世界各国所开辟的现代化道路不可能强求为一。每个国家的历史传承、文化传统、基本国情不同,实现现代化的道路模式也各不相同。中国式现代化根植于悠久灿烂的中华文明,着眼于中华民族的复兴伟业,贯穿于中国共产党的百年奋斗历程,奠基于中国改革开放的伟大发展实践,必须把中国国情作为实现国家现代化的立足点和根本依据,从自身特点出发,扎根中国大地,切合中国实际。从这个意义上讲,中国有中国之现代化,西方有西方之现代化;资本主义有资本主义之现代化,社会主义有社会主义之现代化。因此，相较"现代化"而言，"中国式现代化"又是一个偏向于内容的规定。在 2023 年 3 月 15 日召开的中国共产党与世界政党高层对话会上，习近平总书记提出了回答"现代化之问"的五点主张，其中一点就是要秉持独立自主原则，探索现代化道路的多样性。不可否认，现代化与西方社会和资本主义生产方式存在一种发生学的关联，但我们却不能将西方资本主义现代化的具体路径混淆为现代化的理念本身。一些带有意识形态偏见的人恰恰有意或无意地混淆了二者，在现代化、西方化、资本主义化之间画了等号。按照这种逻辑，其他民族要成功迈向现代化，就必须将自己的民族性彻底格式化，转向西方化和资本主义化。这就是在现代化理论上的意识形态霸权。这种霸权突出地表现在语言上，渗透在话语中。中国式现代化理论和实践对世界的积极价值在于，它以实践的"明证"表明了另外一种非西方、非资本主义现代化不仅是可能的，也是应然的。在这个意义上，中国式现代化拓展了发展中国家走向现代化的途径，给世界上那些既希望加快发展又希望保持自身独立性的国家和民族提供了全新选择，为解决人类问题贡献了中国智慧和中国方案。

西方现代化模式固然把人类社会推向了一个现代化的时代，但这种模式却是以变态、扭曲的方式推动的。正因如此，马克思在《共产党宣言》中才对资本主义进行了双重评价：一方面，"资产阶级在它的不到一百年的阶级统治中所创造的生产力，比过去一切世代创造的全部生产力还要多，还要大"[1]，"资产阶级，由于开拓了世界市场，使一切国家的生产和消费都成为世界性的了"[2]。另一方面，"它使人和人之间除了赤裸裸的利害关系，除了冷酷无情的'现金交易'，就再也没有任何别的联系了"，"它把人的尊严变成了交换价值……用公开的、无耻的、直接的、露骨的剥削代替了由宗教幻想和政治幻想掩盖着的剥削"[3]。可见，资本主义本身就是一个矛盾性的存在，也注定了它是一个历史性（暂时性）的存在。事实也证明，虽然西方资本主义将人类带入现代化，但再继续沿着这条道路推进未来的现代化，人类遭受的将是灭顶之灾。在当今的百年未有之大变局下，全球正面临和平赤字、安全赤字、发展赤字、治理赤字叠加造成的风险。全球治理中存在的矛盾和阻力不容忽视，引发全球秩序失调与混乱的西方现代化模式亟待纠偏。无通力合作就无法解决的自然环境恶化问题，零和博弈、以邻为壑思维下的区域武装冲突，更是把人类推向了毁灭的边缘。伊格尔顿就说，资本主义生产方式所导致的气候变化

---

[1] 马克思恩格斯文集：第2卷. 北京：人民出版社，2009：36.
[2] 同[1]35.
[3] 同[1]34.

正在遭遇有史以来最大的市场失灵。就此，习近平总书记曾发出"世界怎么了、我们怎么办"的世纪之问。① 当人类社会现代化进程又一次来到历史的十字路口，习近平总书记进一步发出"现代化之问"：两极分化还是共同富裕？物质至上还是物质精神协调发展？竭泽而渔还是人与自然和谐共生？零和博弈还是合作共赢？照抄照搬别国模式还是立足自身国情自主发展？我们究竟需要什么样的现代化？怎样才能实现现代化？②

可见，在语言理论层面，厘清"现代化"与"西方现代化""资本主义现代化"几个概念之间的关系何等重要！正是因为它们之间关系的混乱与错位，才导致将现代化的西方路径等同于现代化本身的误导性思想。这首先是一种理论的误导，其所带来的也必将是实践上的挫折。这里涉及的仍是抽象和具体的关系：抽象的概念性术语是思想不可缺少的范畴，但如果不把特定的内容放入这些抽象概念之中，这种抽象概念就没有意义，也没有用途。就此，卡尔曾有一个关于"支票"的生动比喻：我们在历史或日常生活中应用的概念就像银行里的支票，"支票有印刷好的部分，也有等待填写的部分。印刷部分由包括自由、平等、正义和民主这类抽象术语组成，这是基本的范畴。但是，我们要填写支票的其他部分，支票才有价值，

---

① 习近平谈治国理政：第2卷.北京：外文出版社，2017：537.
② 习近平重要讲话单行本：2023年合订本.北京：人民出版社，2024：6-7.

要写上我们打算给谁多大程度的自由,我们把谁认为是我们的平等者,以及数目达到多少"①。这个比喻应用于"现代化"这个术语也是十分恰当的。现代化的"支票"也有印刷好的部分和待填充的部分。印刷好的部分就是现代化的理念,它作为潮流和趋势是世界各个国家和民族的共同追求。但"现代化"这一理念要有价值,还必须有待填充的部分,这些待填充的部分则是具体的、特殊的,它要求各个国家和民族要结合自己的国情开展现代化建设,走独立自主的道路,而不是模仿别人的具体路径。就此而言,现代化道路并没有固定模式,适合自己的才是最好的,不能削足适履。这就是"理一分殊"的现实意义。但是,西方的现代化话语却将专属于自己支票上那些待填充的部分、属于它们特殊性的东西,偷换成了支票上的印刷体。这正是西方现代化话语霸权的语言学根源。当然,问题没有这么简单,但这确实是其中的一个重要原因。

---

① 卡尔.历史是什么?.陈恒,译.北京:商务印书馆,2007:178.

第四章

马克思主义的"问题域"

一、马克思主义出场的时代背景：思维与存在的"巨大对立"

当我们试图科学把握马克思主义得以建构的理论基础和方法论原则时，哲学的视野就无法回避了。如果说一切哲学都是时代精神的精华，问题总是时代的声音，那么，马克思主义的出场就不是偶然的，而是承担着解决时代理论问题的重大历史任务的。因此，我们要理解马克思主义的出场背景，就需要进入其出场时所在的"问题域"，即它是在什么样的时代背景下，面对什么样的时代问题而出场的，它又是如何解决这些时代问题的。马克思曾说："只要这样按照事物的真实面目及其产生情况来理解事物，任何深奥的哲学问题……都可以十分简单地归结为某种经验的事实。"[①] 那么，马克思这种审视时代问题

---

① 马克思恩格斯文集：第1卷．北京：人民出版社，2009：528.

的思路是否适合其自身呢？

答案无疑是肯定的。那么，马克思主义出场的时代背景是什么？它的出场又是要解决什么样的时代理论问题？对此，恩格斯在《英国状况 十八世纪》中的一句话可以给我们一些启示：

> 因此，18世纪没有解决巨大的对立，即实体和主体、自然和精神、必然性和自由的对立，这种对立是历史从一开始就具有的，而且这种对立的发展贯穿于整个历史之中；但是，18世纪使对立的双方在针锋相对中得到充分发展，从而使消灭这种对立成为必不可免的事。①

黑格尔曾言，哲学就是"被把握**在思想中的它的**时代"②。马克思也说："任何真正的哲学都是自己时代的精神上的精华"③。马克思主义哲学之所以是其所诞生的那个时代的精神上的精华，正是因为那个时代是一个产生了"巨大的对立"的时代。而这种"巨大的对立"又为这种"对立"的"消灭"提供了历史条件。正是在这一意义上，恩格斯才说"消灭这种对立成为必不可免的事"，可谓"物极必反""反者道之动"。在

---

① 马克思恩格斯文集：第1卷. 北京：人民出版社，2009：89.
② 黑格尔. 黑格尔著作集：第7卷 法哲学原理. 邓安庆，译. 北京：人民出版社，2016：13.
③ 马克思恩格斯全集：第1卷. 北京：人民出版社，1995：220.

这一背景下，马克思、恩格斯显然也将解决这一"巨大的对立"视为自己的理论任务。这一"对立"，说到底，就是唯心和唯物的对立。因此，揭示唯心和唯物得以对立的问题域及其根源，就成为我们接触马克思主义的前提性和基础性工作。

恩格斯在总结和概括哲学发展特别是近代哲学发展历史事实的基础上，第一次明确指出："全部哲学，特别是近代哲学的重大的基本问题，是思维和存在的关系问题。"① 于是，围绕存在和思维谁为本原，即何者为第一性问题的回答，形成了唯物主义和唯心主义两个根本对立的哲学派别。唯物主义坚持存在先于思维、存在决定思维，唯心主义则坚持思维优先于存在、思维决定存在。按照我们的日常思维和生活观点，唯心主义必然是荒谬的，唯物主义才符合我们的常识。实际上，事情远没有这么简单。否则，在西方思想史上，唯物主义和唯心主义也不会争吵几千年而没有结论。因此，面对这个争论，我们首先应该进入它们的问题域，即认识到它们争论的焦点问题是什么。在这个基础上，我们才能深刻认识到马克思主义是如何超越和消解唯心主义和旧唯物主义的对立的。

在西方思想史上，唯心和唯物的第一次交锋出现在古希腊时期。古希腊时期，哲学家们关心的是世界的"本原"或"本质"问题。实际上，他们是从语言的句法结构入手分析这个问

---

① 马克思恩格斯文集：第4卷．北京：人民出版社，2009：277．

题的。西方语言的句式表达以判断为基本形式，而判断又是以"being"为核心词的主谓结构，其涉及的是具体事物和抽象的语言符号之间的指称关系。由此，很多具体事物就可以用同一个语言符号来表达，或者说，一个抽象的概念符号能够同时指称现实生活中的多个具体事物。比如在今天，我们人人都拥有一部手机，这些手机从物质结构来看肯定各不相同，但这丝毫不影响我们用"手机"这一共同的语言符号来指称和表达它们。这就引发了唯心主义和唯物主义争论的焦点问题，即"一"和"多"的关系。

对于这个问题，唯心主义强调的是"一"相对于"多"的优先地位，进而主张"心"的根本性和主导性，以柏拉图主义为代表。柏拉图主义全部理论的逻辑基础就是"分离学说"。在柏拉图看来，人具有理智和感性两种不同的认识能力，而这两种认识能力对应着不同的认识对象：理智认识的对象是理念或者共相，其形成的是知识；感性认识的对象是可感的个别事物，其形成的则是意见。共相和理念是"一"，可感事物是"多"，前者与后者相分离并且是后者的本质，后者依据前者才能成为具有一定性质的存在物。反映在语言判断中，作为共相的概念就能够充当具体个别事物的谓词。比如，"苏格拉底是人""柏拉图是人"，"苏格拉底"和"柏拉图"之所以都能够用"人"这一概念来表述，正是因为"人"是二者的共相，"是"在这里的意思是"分有"或者"分享"，即"具有一部分"。"分有"使得感性的个别事物具有了共相的一些特征，因此，共相是感性事物的原因。但是，具有一部分而不是全部，则表明感性事物永远也不可能达到共相所代表的理念的完满性。因此，知识不仅是理智的对象，还具有真实性和完满性。与之相反，作为感性认识的意见则具有虚假性和片面性。这就确立了理智对于感性、共相概念对于感性事物、"一"对于"多"的优先地位。柏拉图主义在西方哲学史上影响深远，进而奠定了形而上学所代表的唯心主义的历史地位，因为"形而上"是感官永远也无法捕捉到的，唯有依靠"心"的抽象才有可能。

以亚里士多德主义为代表的唯物主义却表达了与柏拉图主义相反的观点。在亚里士多德看来，柏拉图所谓的共相或理念脱离开具体的感性事物根本就无法独立存在，而且，这种理念论无法解释现实感性世界的运动变化。亚里士多德就批评过柏拉图主义之前的毕达哥拉斯学派数本原说，认为这一世界观混淆了抽象的数学单元和有体积的物理质点。确实如此，无论是毕达哥拉斯学派对世界的几何构造还是柏拉图主义对理念世界的形而上构造，都无法解释可感事物的物理属性和自然运动。亚里士多德重视经验考察，也就自然带有鲜明的唯物主义倾向。因此，他的形而上学的逻辑结构就和柏拉图明显不同，这同样表现在对语言语法逻辑关系的"谓词理论"上。他对主词和谓词的关系作出了不同于他的老师柏拉图的理解。他认为，主词才是最重要的,是谓词描述的对象。有些谓词既能够作主词又能够作谓词。比如:"苏格拉底是人","人"作谓词。"人是动物","人"又作主词。但有些词,只能作主词,不能作谓词。这些词是什么词?那就是专名。主词的意义不在于表述,而在于指称。更确切地说,直接指称一个对象,这个对象必须是独立的,与其他对象明显有别,我们只能用一个专名来指称它。可见,主词指称的对象正是可感的个别事物。于是,亚里士多德论证了感性事物的基础性地位,称之为"实体",抽象的"属性"只有依附于"实体"才有意义。这就强调了感性物质的第一性、思维抽象的第二性地位。然而,虽然亚里士多德指出柏拉图的共相不能独立存在,可是他眼中的"实体"离开了共相所代表的"属性"也无法独立存在。这就意味着,"实体"仍然是一个形而上学意义上的抽象物。所以,亚里士多德在一些论述中又不得不向唯心主义妥协。

到了中世纪,唯物主义和唯心主义的较量表现为唯名论和实在论的争论。唯名论以法兰西经院哲学家罗瑟林为代表。他认为,只有个别的东西具有实在性和真实性。个别优先于普遍,普遍只不过是一个语言上的名称,表现为空腔发出来的物理上的声音,没有脱离个别事物的实在性和独立性。由此出发,他认为,所有的词都是表示客观事物的,个别概念表示单个事物,普遍概念表示一类单个事物。实在论以基督教哲学家安瑟尔谟为代表。他认为,真实的实在是"共相",而不是具体的个别事物。实际上,有一个"无始无终的真理"存在于一切事物之先。他说,罗瑟林的根本错误在于把感觉印象当作理解的出发点,缺乏把握抽象观念的能力,甚至不能将颜色与它所属的事物区别开来。比如,红色的东西并不是"红"本身,不具有把握"红"的抽象能力,也就无法认识红色的东西。因此,有形的世界并不是个别事物的总和,个别事物需要通过普遍原则的组织才能被联系在一起。这些普遍原则就是实在的。可见,唯名论和实在论的争论实际上是柏拉图主义和亚里士多德主义争论的延伸,也为后来经验论和唯理论的争论开了先声。

到了近代,唯心主义和唯物主义的争论开始聚焦在认识论和知识论领域,表现为经验论和唯理论的对立。随着科学技术的迅猛发展,近代西方的理论界围绕着"知识的来源"这一问题划分成了两个阵营:一个阵营是发源于英国的经验论,另一个阵营则是发源于德、法的唯理论。经验论者认为,知识起源于感性认识,我们所有的知识都是先从个别事物的感性认识开始,逐渐上升到对一般、普遍的理性认识的。经验论推崇经验归纳法,认为归纳是获得科学知识的唯一方法,认识的真假最终应该付诸经验的证明。但是,归纳法无法解释科学知识的普遍必然性,最终导向不可知论。比如,"所有的天鹅都是白色的"这一科学命题,就不能依靠归纳法得出。你可以说这一只天鹅是白色的,那一只天鹅是白色的,但你就是不能说所有的天鹅都是白色的，因为你根本不可能把世界上所有的天鹅都抓过来加以验证。也许，在世界的某一个角落，有一只天鹅就是黑色的。这就是著名的"休谟悖论"。相反，唯理论者是不相信感觉的。他们相信的是理性直觉和演绎推理，认为真理的标准即在于真理本身而无须外求。比如，"平行线不能相交""两点之间直线最短"这些确定的知识，根本就不需要外在经验加以验证，但它们却是普遍必然的，不会因谁而改变，也不会因时空的改变而改变。相反，感觉都是骗人的，根本得不出普遍必然的知识。但是，唯理论无法解释科学知识赖以存在的因果关系。因果的观念是从哪里来的？难道也是天赋观念吗？既然是天赋观念，为什么很多因果关系那么混乱，不进行细致的考察就无法理顺？

唯理论和经验论的争论，在康德那里得到了解决，尽管这种解决是唯心主义的。康德毕其一生都在研究"普遍必然性的知识如何可能"的问题。他认为，人类普遍必然性的知识并不是来自感性经验，却离不开感性经验。没有感性经验，我们就无法得到任何知识。在这里，感性经验是前提。人除了接受外在的感性经验外，还会用自己头脑中的"悟性范畴"去统摄这些感性材料。如果没有这类产生于主体"自我"的范畴，我们面对的只能是一堆乱七八糟的表象，而不是有条理的知识。相反，这类"悟性范畴"虽然是科学知识形成的内在原因，但如果没有感性材料，它就是空的，根本就没有存在的意义。正如一个人的肉体消亡了，其灵魂也就灰飞烟灭了。但是，人之为人的内在根据却是灵魂。肉体虽然是前提，却不是内在的根据。康德也是在这个意义上处理感性材料和知性范畴、感性认识和理性认识之间的关系的。正如他所说："此二种能力实无优劣。无感性则无对象能授与吾人，无悟性则无对象能为吾人所思维。无内容之思维成为空虚，无概念之直观则成为盲目。"① 这种认识，在西方哲学史上被称作"人为自然立法"，具有不可跨越的思想史地位。以前是人围绕着地球转动，而自康德以后，人们才发现，正是人在向这个世界颁布法则。人的主体性由此得到了前所未有的高扬。正因如此，康德的哲学被称为哲学界的"哥白尼革命"。

总的来说，以康德肇始，其后的费希特、谢林、黑格尔所代表的德国古典哲学虽然都正视了"物"和"心"的重要性和必要性，但归根到底赋予"心"的主导地位，走的是以"心"统"物"的唯心主义路线。在他们那里，"物"是必需的，但"物"仅仅是"心"的外化或者验证。只不过，德国古典哲学的"心"具有以往唯心主义不曾具有的能动性。费希特就认为，外在的事物之所以是这副模样，不是因为它们外在于我而独立存在，而是因为我让它们变成这样；事物存在的形式取决

---

① 康德．纯粹理性批判．蓝公武，译．北京：商务印书馆，1997：73．

于我如何对待它们，我需要它们做什么。"我们不是因为了解才行动"，相反，"我们需要行动起来才了解"[①]。虽然费希特也强调行动，但是，他这里的"行动"说到底是没有感性限制的"心"的能动性，仅仅是对思辨性"自我"的诠释，即"自我"是创造性的，它赋予物质形式，而外在的自然在某种程度上是一种死气沉沉的质料。这种将人类意志的能动性与外在物质世界对立起来的"行动"和马克思所谓的"感性实践"是有着相当大的距离的。如果说费希特的观点是一种主观唯心主义，那么，谢林的观点则是一种客观唯心主义，因为他不像费希特那样将意识归于"自我"，而是持一种神秘主义的活力论。对他而言，自然本身就是有生命的，是一种精神性的自我展开。人和自然的区别在于，自然是一种无意识的精神，人则拥有自我意识的精神："自然在为某些东西奋斗，却未意识到自己的奋斗。人类开始奋斗，并逐渐意识到他的奋斗所在。通过一再奋斗，得到它为之奋斗的东西，他使整个世界也获得了更高级的关于自我的意识。"[②]没有人的自我意识，自然中所蕴含的精神就无法认知。这种观点虽然可称为"客观精神"论，却是一种隐蔽的"主观精神"论。而后的黑格尔将费希特的"客观精神"和"主观精神"融合为"绝对精神"，但仍强调"实

[①] 伯林. 浪漫主义的根源. 吕梁，等译. 南京：译林出版社，2008：92.

[②] 同①100-101.

体即主体"这一原则。但黑格尔的伟大之处在于,他试图以通过辩证法所构建的历史原则来消弭"心"和"物"之间的鸿沟。在他看来,主观精神与客观精神的和解,不能仅仅停留于主观主义和形式主义,而必须置入实体性的内容。主观精神"真正值得骄傲的是努力放弃这种自由,不要成为任意调动内容的原则,而把这种自由沉入于内容,让内容按照它自己的本性,即按照它自己的自身而自行运动,并从而考察这种运动"①。因此,"哲学所研究的对象是理念,而理念并不会软弱无力到永远只是应当如此,而不是事实如此的程度。所以哲学研究的对象就是现实性"②。也正是这一点,启发了后来的马克思。只不过,心与物的和解,在黑格尔那里是通过"精神现象学"把握住的,而对马克思而言,这种和解是通过社会历史的"实践现象学"把握住的。

二、经典的命题或事例:唯心与唯物的争论

唯心和唯物的对立的焦点问题是:在世界的运动变化及我们对世界的把握方面,"心"和"物"哪一个更具有优先性和

---

① 黑格尔.精神现象学:上卷.贺麟,王玖兴,译.北京:商务印书馆,1979:40.
② 黑格尔.小逻辑.贺麟,译.北京:商务印书馆,1980:43.

决定性。这是一个复杂且难缠的问题，因为针对这一问题，唯心主义和唯物主义都能够找到有利于己方的论据。我们在前文粗略地梳理了西方哲学史上唯心和唯物对立的历史形态。在本节中，我们进一步通过思想史上几个经典的命题或事例来考察一下二者对立的焦点问题及其表现形态。

（一）上帝存在的证明

前文论及，唯心主义在中世纪的表现形式就是实在论。安瑟尔谟就是中世纪时期极端的实在论者。为了驳斥唯名论否认"共相"的观点，他提出哲学史上著名的上帝存在的"本体论证明"。意思是说，不但上帝是信仰的对象，而且人的理性也会得出"上帝存在"的结论。安瑟尔谟关于上帝存在的"本体论证明"是通过形式逻辑的三段论推理进行的：

小前提：上帝是一个被设想为无与伦比的东西；

大前提：被设想为无与伦比的东西不仅存在于思想中，而且也在实际中存在；

结论：上帝实际上存在。[1]

这个论证的基本思路是：上帝是至善的、最伟大的东西，比他更伟大的东西是无法想象的。既然如此，这个在想象中无

---

[1] 赵敦华．西方哲学通史：第1卷．北京：北京大学出版社，1996：424．

与伦比的最伟大的东西，就不能仅存在于人的心中，而必须在现实中也存在。因为在思想和现实中同时存在的东西肯定比仅在思想中存在的东西要伟大，这就否认了"上帝是最伟大的东西"这个前提。就这样，安瑟尔谟从神的概念直接推出神的存在。

安瑟尔谟由"思维"推导出"存在"的证明方式，是一种形式上有效的演绎推理，带有明显的唯心主义痕迹。唯心主义的一大特点就是形式化，注重形式而漠视内容。仅就形式而言，这个论证在逻辑上没有问题，符合三段论推理的规则，即：大前提和小前提为真，结论必然为真。但是，这个论证又显然是荒谬的。

如果要反驳这个论证，就必须审查这个论证的两个前提有没有问题。在这里，小前提是没有问题的，因为它是纯粹观念上的设定，而我们无论在脑子里如何设想都是不过分的。有问题的是大前提：被设想为无与伦比的东西不仅存在于思想中，而且也在实际中存在。这个问题和下面这个问题密切相关：一个东西"是否伟大"和它"是否存在"是否存在着必然的关联？答案无疑是否定的。比如，中国古代哲学家惠施就曾有"至大无外""至小无内"的观点。"至大"和"至小"，我们虽然可以通过否定的形式（"无外""无内"）在思想中进行设定，却无法感性现实地指出"至大"和"至小"的东西是什么。因此，存在还是非存在，并不是一个抽象的思想问题，而是一个经验的现实问题。对于这样的问题，仅靠思维和逻辑推理是没用的，还要靠经验观察。一个人可以用几何的方法、逻辑的方法或算术的方法来论证事物，却无法根据数学的确定性来证明事物是存在的。正如康德后来所说："是"（Sein）显然不是什么实在的谓词，即不是有关可以加在一物的概念之上的某种东西的一个概念。它只不过是对一物或某些规定性的自在本身的肯定。① 简言之，"存在不是一个实在的谓词"。也就是说，"存在"不是一种性质，也不是一种诸如"高尚""粉红"之类的属性，而是一种实际的状态，根本不能从概念中普遍必然地引申出来。一个东西是否存在，与这个东西是否完满并没有关系。这就从根本上暴露出唯心主义追求"无内容的形式"的根本缺陷，而唯物主义的观点在这一点上就显得弥足珍贵了。

（二）休谟难题

"休谟难题"所揭示的困境是：我们的知识都是以因果必然性的形态表现出来的，而因果必然性又无法来自经验。这正是大卫·休谟（David Hume）作为一位旧唯物主义者陷入的困境。对于休谟这样一位彻底的经验主义者而言，他不可能将因果必然性诉诸主观，而更愿意将之诉诸经验。可是，因果范畴又是我们体验不到的，我们能够体验到的仅仅是现象。"假

---

① 康德. 纯粹理性批判. 邓晓芒, 译. 北京：人民出版社，2004：638.

如有两个对象呈现于我们面前，其中一个是原因，另一个是结果；那么显然，我们不能单凭思考一个对象或两个对象，就可以发现结合它们的那个联系，或者能够确实断言，它们之间有一种联系。因此，我们并不是从任何一个例子中得出因果观念，得到能力、力量、功能和效能的必然联系观念。"① 但是，在人类所构建的知识系统中，因果联系又是确确实实存在的。那么，因果联系来自哪里呢？在休谟看来，我们所认为的现象和现象之间的因果联系实际上不过是它们在时间上的前后相继，即一个事物经常性地伴随着另一个事物而出现。但是，这种前后相继的心理经验根本就没有必然性，充其量只是一种心理倾向：

> 必然性观念发生于某种印象。一切由感官传来的任何印象都不能产生这种观念。因此，它必然是由某种内在印象或反省印象得来的。没有一个内在印象与现在的问题（必然性的问题——引者注）有任何关系，与现在问题有关系的只有习惯所产生的由一个对象推移到它的通常伴随物的观念上的那种倾向。因此，这就是必然性的本质。②

按照这种思路，就不是这个事件必定引发那个事件，或者

---

① 休谟. 人性论：上册. 关文运，译. 北京：商务印书馆，1980：183.
② 同①186.

说，不是一种情形就会造成另一种情形，正确的表述应该是：这种情形通常会伴随那种情形出现。如此一来，我们的知识来自经验，而知识的必然性依靠经验又无法得到保证。所以，科学知识所追求的那种普遍必然性就无法得到经验的证明，因而是不合法的。休谟就这样滑向了不可知论。正如卡尔·贝克尔在《十八世纪哲学家的天城》一书中指出的："休谟揭示出哲学家所相信的那种必然性，那种维系宇宙的严格的逻辑网络，那种人类理性能够掌握、人类必须遵循的逻辑网络实际上并不存在。"①

休谟难题形象地向我们展现了那种将唯物主义等同于经验主义的观点在认识论上的尴尬：一切必须建立在感觉经验的基础上，而因果关系本身却是感觉不到的。当我们将心理经验的习惯性联想等同于因果关系时，因果关系也就丧失了那种知识意义上的必然性。但是，自然科学知识的发展却已经向我们证明，因果必然性的知识是可能的，而单纯依靠经验建构知识的做法也是荒谬的。经验总是有限的，有限的经验归纳能否得到普遍必然性的知识？我们若想知道"三角形的内角和是180度"，真的需要用三角板把世界上所有的三角形都测量一遍吗？所以，按照后来康德的观点，因果关系只能是逻辑范畴，不是

---

① 伯林. 浪漫主义的根源. 吕梁，等译. 南京：译林出版社，2008：38.

经验范畴；是来自主体的先验范畴，不是一个心理范畴。而先验的逻辑范畴只能来自主体。对于坚守唯物主义经验论的休谟来说，将知识的来源和必然性归结为主体，又是他万万不能同意和接受的，因为如此一来，无异于颠覆了自己立论的前提。在此，休谟难题以个案的方式向我们揭示了形而上学的旧唯物主义的结局：要么不自觉地滑向唯心主义，要么以自我解构的方式滑向不可知论。前者是洛克和贝卡莱的路线，后者则是休谟的命运。正如后来黑格尔所评："当一个经验派的心理学家将人的一个行为分析成许多不同的方面加以观察，并坚持它们的分离状态时，一样地不能认识行为的真相。"[①]

（三）"不可约性"难题

"不可约性"（irreducibility）是19世纪浪漫主义的代表人物歌德提出来的一个重要观点。他说："无论如何，我们的所思所为都会有着拟人化不可约的因素。"[②] 他的这一观点实际上是对机械唯物主义物质还原论的反驳，认为人造物的本质就是形而上的，而不可能归结和还原为其赖以存在的物质基础。

苏轼曾有一首题名为《琴诗》的七言诗形象揭示了唯心主

---

① 黑格尔. 小逻辑. 贺麟, 译. 北京：商务印书馆，1980：115-116.

② 伯林. 浪漫主义的根源. 吕梁, 等译. 南京：译林出版社，2008：106.

义和唯物主义各自的困境：

> 若言琴上有琴声，放在匣中何不鸣？
> 若言声在指头上，何不于君指上听？

如果说作为乐器的琴能够充分地决定琴音，那么将琴放在琴匣中为何不能发出琴音？这正是将物质视为"充分规定"元素不可自圆其说之处。而唯心主义也正是在这一点上攻击唯物主义的。没有琴，当然无法发出琴音，但仅仅有琴也未必能发出琴音。这就意味着，琴音在本质上应该另有形而上的规定性。对此，机械的唯物主义是无法解释的。美国哲学家托马斯在《大哲学家生活传记》中记载了这样一个故事：

> 据说，有一天，一位教授带领他的学生们到实验室，向他们展示构成一个人身体的物质。这些东西装在一排贴着标签、排列整齐的密封瓶子里。——"这是从前一个名字叫约翰·史密斯的人的全部物质。"学生们记下了玻璃瓶上的标签：
>
> > 够装满一只 10 加仑圆桶的水。
> > 可做 7 块肥皂的脂肪。
> > 可做 9 000 支铅笔的碳。
> > 可做 2 000 根火柴的磷。
> > 可打 2 支钉子的铁。
> > 够粉刷一个鸡窝的石灰。

少量的镁和硫磺。

"这一切都是相当有趣的,"一个学生做完笔记后说,"但是,约翰·史密斯在哪儿呢?"

教授答道:"回答这个问题是哲学家的事。"①

这个故事说明,虽然人的生命是由物质元素构成的,但人的生命、人之为人的本质规定却不能归结为其物质载体。亚里士多德就将成就事物的"原因"分为"质料因"和"形式因",质料是事物的物质载体,形式才是事物的本质。他以印章为例说,印章固然是由物质材料构成的,比如石头、木材、钢铁、萝卜等,但我们却不能说决定印章本质的是石头、木材、钢铁和萝卜,印章的本质只能靠一种思辨的抽象力才能把握。

索绪尔从结构主义和系统论的观点出发,深刻揭示了语言符号非物质的一面,进而间接地暴露出机械唯物主义的内在缺陷。他将语言符号的特征同商品交换中的"价值"概念相类比:商品的价值根植于社会大生产中的交换和比较,语言符号的意义则在于语言系统中的交换和比较。交换是在物质载体的意义上实现的。一枚五法郎的硬币可以购买一定数量的物,比如面包。但仅仅通过交换,我们是无法确定五法郎硬币的价值的,还必须通过比较,比如把五法郎的硬币与人民币相比较。

---

① 托马斯 H,托马斯 D L. 大哲学家生活传记. 武斌,译. 北京:书目文献出版社,1992:导言Ⅲ-Ⅳ.

"一个词可以跟某种不同的东西即观念交换；也可以跟某种同性质的东西即另一个词相比。因此，我们只看到词能跟某个概念'交换'，即看到它具有某种意义，还不能确定它的价值；我们还必须把它和类似的价值，跟其他可能与它相对立的词比较。我们要借助于在它之外的东西才能真正确定它的内容。"①对此，索绪尔认为，语言符号是在一种纯粹消极性的差别中显示其意义的，而不依赖于积极性的物质载体。这种纯差别，俄罗斯语言学家雅各布森称之为"区别性特征"（distinctive feature）。比如，/b/和/p/这两个辅音、中国哲学中的阴阳观念，都是一种纯差别，任何一个只有借助于与另一个的区别才能指认自身。如果我们从物质方面考虑语言的价值，声音是物质要素，但在词里，重要的不是声音本身，而是使这个词区别于其他一切词的声音上的差别，因为带有意义的正是这些差别："a和b两项要素根本不能原原本本地达到意识的领域——意识所感到的永远只是a/b的差别——语言只要求区别"，所以，"声音是一种物质要素，它本身不可能属于语言。它对于语言只是次要的东西，语言所使用的材料"②。索绪尔也正是沿着这一方向阐述了他对于"同一性"的理解：

---

① 索绪尔. 普通语言学教程. 高名凯，译. 北京：商务印书馆，2009：156.
② 同①159-160.

两班"晚上八小时四十五分日内瓦—巴黎"快车相隔二十四小时开出，我们说这两班快车有同一性。在我们眼里，这是同一班快车，但是很可能车头，车厢，人员，全都不一样。或者一条街道被拆毁后重新建筑起来，我们说这是同一条街道，但是在物质上，那旧的街道可能已经荡然无存。一条街道为什么能够从头到尾重新建筑而仍不失为同一条街道呢？因为它所构成的实体并不纯粹是物质上的。它以某些条件为基础，而这些条件，例如它与其他街道的相对位置，即是跟它的偶然的材料毫不相干的。同样，构成快车的是它的开车时间，路程，和使它区别于其他快车的种种情况。每次这些相同的条件得以实现，我们就得到相同的实体。①

以象棋为例，在棋盘上，棋子本身的意义不是由它自身决定的，而是由象棋系统决定的。"马"之所以是"马"，所依赖的并不是它自身，而是它在象棋这个系统中与其他棋子的区别。"马"之所以是"马"，是因为它不是"炮"，不是"车"，不是"卒"。这是一种毫无物质支撑、毫无感性联系的纯差别。比如，我们丢掉了"马"这个棋子，完全可以找一个别的东西来替代，比如，一个啤酒瓶盖。沿着这一思路，索绪尔认为事物自我确认的"同一性"是不能到物质中去寻找的，这也就间

---

① 索绪尔.普通语言学教程.高名凯，译.北京：商务印书馆，2009：148.

接肯定了唯心主义的合理性，而否定了那种物质决定论的机械观点。

（四）象棋的故事

索绪尔上述关于象棋的比喻生动地说明，语言的本质在于形式，而不能归结和还原为物质因素。这种观点在反驳了机械唯物主义的物质决定论的同时，也暴露出自身的弱点和不足。诚然，在象棋活动中，我们丢掉了"马"这个棋子，完全可以另找一个物质的东西来替代"马"。但是，无论如何，你都必须要找到一个物质的东西来支撑，而不能由下棋的双方约定这里相当于有一个"马"存在。即是说，你可以自由地选择某种物质形态，却不能不选择物质形态本身。即使我们在头脑中下盲棋，也不能不在头脑中复现物质性的棋盘和物质性的棋子，尽管它们可能仅仅是"物质形象"(material image)。正如索绪尔本人所承认的，语言符号必须包含"音响形象"在自身之内，尽管这一物质形象不能决定语言符号的本质。马克思也说："'精神'从一开始就很倒霉，受到物质的'纠缠'，物质在这里表现为振动着的空气层、声音，简言之，即语言。"① 这又迫使我们回到了亚里士多德的那个经典问题：抽象的形式是否可以独立存在？

唯心主义观点正是设想了一种思维抽象物的独立存在，其

---

① 马克思恩格斯文集：第 1 卷．北京：人民出版社，2009：533．

欺骗性和虚幻性也正在于此。当人处于思想和理论的处境中，这种观点还可以蒙混过关，可是，一旦回归现实实践或生活境域，其虚假性就"图穷匕见"了。德语世界伟大的小说家茨威格在《象棋的故事》这一中篇小说中以文学的手法深刻地揭示了这一点。这篇小说的大体情节是这样的：德国法西斯吞并奥地利时，B博士遭暗算被囚于大旅馆徒有四壁的单间内，无比空虚孤寂中靠一本意外获得的棋谱培养了象棋才能。但这种没有棋盘、没有对手的长期自我对弈使得他精神分裂乃至疯狂。为了证实自己能否像正常人那样下"一盘在真正的棋盘上用具体的棋子跟一个活人做对手的棋"，B博士接受了与世界冠军的对弈，并在第一局中获胜。第二局时，世界冠军感觉到了B博士的强烈焦躁与急切，以恶毒的缓慢出击使得B博士精神分裂，陷入狂乱的自我对弈之中，最后在"我"的提醒下才恍然清醒过来而告别了棋局。总的来说，在这篇小说中，富有哲学意义的故事情节主要有下面两个。

第一个情节是法西斯折磨B博士的方式。法西斯抓捕B博士后，对他既没有刑讯逼供，也没有日夜连审，而是将他置入"空虚"之中：

在大旅馆里独自住单间——这话听起来极为人道，不是吗？不过，请您相信我，他们没有把我们这些"要人"塞到二十个人挤在一起的寒冷的木棚里，而是让我们住在大旅馆还算暖和的单间里，这并不是什么更加人道的待遇，而是更为阴险的手段。他们想从我们这里获得需要的"材料"，不是采用粗暴的拷打或者肉体的折磨，而是采用更加精致、更加险恶的酷刑，这是想得出来的最恶毒的酷刑——把一个人完全孤立起来。他们并没有把我们怎么样——他们只是把我们安置在完完全全的虚无之中，因为大家都知道，世界上没有什么东西能像虚无那样对人的心灵产生这样一种压力。他们把我们每一个人分别关进一个完完全全的真空之中，关进一间和外界严密隔绝的空房间里，不是通过鞭笞和严寒从外部对我们施加压力，而是从内部产生压力，最后迫使我们开口。乍一看来，分给我的房间似乎并没有什么使人不舒服的地方：房里有门，有床，有张小沙发，有个洗脸盆和一个带栅格的窗户。不过房门日夜都是锁着的；桌上不得有书报，不得有铅笔和纸张；窗外是一堵隔火的砖墙；我周围和我身上全都空空如也。我所有的东西都被拿走了：表给拿走了，免得我知道时间；铅笔拿走了，使我不能写字；小刀拿走了，怕我切断动脉；甚至像香烟这样极小的慰藉也拒绝给我。除了看守，我从来没有看见过任何一张人的脸，就是看守也不许同我说话，不许回答我的问题。我从来没有听见过任何人的声音。从早晨到夜晚，从夜晚到黎明，我的眼睛、耳朵以及其他感官都得不到丝毫滋养。我真是形影相吊，成天孤零零地、一筹莫展地守着我自己的身体以及四五件不会说话的东西，如桌子、床、窗户、洗脸盆；我就像潜水球里的潜水员一样，置身于寂静无声的漆黑大海里，甚至模糊地意识到，通向外界的救生缆索已经扯断，再也不会被人从这无声的深处拉回水面了。我没有什么事情可做，没有什么可听，没有什么可看。我身边是一片虚无，一个没有时间、没有空间的虚无之境，处处如此，一直如此。你在房里踱来踱去，你的思想也跟着你走过来走过去，走过来走过去，一直不停。然而，即使看上去无实无形的思想，也需要一个支撑点，不然它们就开始毫无意义地围着自己转圈子，便是思想也忍受不了这空无一物的虚无之境。从早到晚你老是在期待着什么，可是什么事情也没有发生。就这样等着等着，什么也没有发生。等啊等啊，想啊想啊，一直想到脑袋发痛。什么也没有发生。你仍然是独自一人。独自一人。独自一人。①

空虚即无聊，而无聊意味着"聊无"，即没有一个东西能够让意识获得寄托或充实。空无的意识只在意向性之中，它只有成为对象性的意识才可能实体化，而要成为对象性的意识，就必须意向性地黏缠在外在的物质上。故事中的 B 博士因为被置入完完全全的空虚之中，其意识不能冲出自己而获得充

---

① 茨威格小说集：下．张玉书，译．北京：中国发展出版社，1997：259-260.

实，因此才对心灵产生了一种压力——一种人的意识不能独立存在而带来的压迫性。在这种处境下，没有什么事情可做，没有什么可听，没有什么可看，空虚和无聊的情绪才会蔓延。正如书中所说："即使看上去无实无形的思想，也需要一个支撑点，不然它们就开始毫无意义地围着自己转圈子，便是思想也忍受不了这空无一物的虚无之境"。思想不能忍受虚无，只有疯狂的想象和病态的重复。这本身就暗示了精神不能独立存在。

第二个情节是 B 博士自己和自己下棋的心理体验。书中的 B 博士意外获得一本象棋棋谱，他的意识随即获得充实而不再感到无聊和空虚。但随着时间的流逝，棋局因为失去了新鲜的魅力而使主人公重新陷入空虚和无聊时，主人公被迫萌发了自己和自己下棋的尝试，即把自己当作对手：

……下棋是一种纯粹的思维游戏，毫无偶然的因素在内，因此，自己把自己当作对手来下棋，势必是件绝顶荒谬的事情。象棋的吸引人之处，归根结底不就在于棋局的战略是在两个不同的脑子里按照不同的思路发展起来的吗？在这场智斗的过程中，黑方根本不知道白方将有什么军事动作，而是一刻不停地设法去猜测并且破坏白方的作战意图，而与此同时，白方也力图抢先一步，对黑方的秘密意图采取相应的措施。如果现在黑方和白方同是一个人，那么就出现了一种非常反常的情况，那就是说，同一个脑子同时既要知道这件事,又要不知道这件事。这个脑子作为白方在起作用的时候,要能够奉命完全忘记它在一分钟之前作为黑方所想达到的目的和所想做的事情。这样一种双重的思维事实上是以人的意识的完全分裂作为前提的,那就要求人的脑子像一部机械仪表一样,能够随心所欲地打开或者关上。所以说,想把自己当作对手来下棋,就像想跳过自己的影子一样的不近情理。①

人是否可以同自己下棋,取决于仅仅处于意向状态而没有实体化的意识是否可以分成两截。对象性或者实体化的意识是可以分成两截的,比如一边打扫卫生一边听音乐。但是,处于虚无状态的意识却无法做到这一点,正如我们无法将虚空分成两截。这也决定了自己把自己当作对手的不可能。意识不以物质为基础就是一片空无,既不实际存在,也无法自我区分,其中所揭示的正是唯心主义的虚假性和欺骗性。

(五) 地理决定论和精神决定论

在历史领域,唯物主义和唯心主义的争论集中表现在所谓的"人性科学"上。18世纪的哲学思想曾在自然科学的影响下试图发展出一种所谓的"人性科学"。从词源学来看,英文

---

① 茨威格小说集:下. 张玉书,译. 北京:中国发展出版社,1997:271.

nature既有"自然"之义，又有"人性"的意思，因此，18世纪的历史学家们就假定：人性和自然一样是固定不变的。"人性自从世界创造以来就一直存在着，恰好就像它存在于他们自己身上那样，人性被实质主义地设想为某种稳定和永久的东西，是一种在历史变化和一切人类活动进程下的不变的底层。"① 这种把"人性"本质主义化的思维方式显然是一种形而上学。而唯有在形而上学的思维中，唯物主义和唯心主义的对立才成为可能。正如柯林武德所说："阻碍了18世纪的历史学之成为科学的，乃是启蒙运动探索人性科学时所隐含着的一种未为人所注意的实质主义的残痕。"② 正是在这种隐蔽的实质主义观念影响下，旧唯物主义和唯心主义以地理决定论和精神决定论的形式表现了出来。

地理决定论的典型代表人物就是孟德斯鸠。他了解到不同的国家和不同的文化之间的差异，却将其归结为气候和地理方面的差异。人类被看作自然的一部分，而对历史事件的解释则要求之于自然世界的事实。这实际上是一种机械反映论，即把人类生活设想为对气候和地理环境的机械反映，和植物的生活并无不同。他认为，热带国家，生存环境太优越，人们不需要劳动，不需要为冬天储藏食物，就足以维持生存。长此以往，

---

①② 柯林武德. 历史的观念：增补版. 何兆武，张文杰，陈新，译. 北京：北京大学出版社，2010：83.

热带民族越来越懒。所以在历史上，热带民族很难有什么发明创造。而寒带地区的人，恰恰相反。他们每天都很辛苦，但还是无法维持基本的生存，所以寒带地区的人口数量很少。而世界历史上出现过的有影响力的大国，基本上分布在北温带，特别是北温带的北部。在北温带，越靠近北部，这个地方的经济就越发达，比如北欧、西北欧。

这种地理环境决定论的漏洞是显而易见的。孟德斯鸠之后的赫尔德虽然也承认地理环境对一个特定种族形成的影响，但他同时也承认了精神因素不可抹杀的作用。在他看来，作为自然生命，人之所以能够分成各种不同的种族，是和自然地理环境密切相关的，正是自然地理环境塑造了一个种族的初始体质和精神特征。然而，每个种族一旦形成，就成为"人性"的一种特殊类型，具有了自己的永恒特征，不再以它和环境的直接关系为转移。于是，一个种族就具有了自己较为恒定的价值观念和生活理想。正如在一个环境里形成的一种植物，在移植到另一个环境时仍保持恒定不变一样。赫尔德的这一观点实际上是一种隐蔽的二元论：一方面，地理环境机械决定作用的观点仍然被保留着；另一方面，一个种族的精神气质被设想为恒久不变的因素。正如后来的黑格尔所说，这种假设只能用于解释静态的而非动态的现象，用于解释差异而非变化。举例来说，意大利的物质环境在 8 世纪和 15 世纪都差不多，可古罗马人和他们的意大利后裔却相差很远。文艺复兴时期的人显示出衰落的意大利正在丧失或者已经完全丧失了的某些特征。"根据这样那样的物质条件，也许有可能预测到在这些条件下出生的人会有某些特点的特点，直接归因于物质环境和上一辈给他们所提供的教育，而上一辈自己也受到了同样条件的影响。但即便如此，这又真正能告诉我们什么呢？"① 柯林武德也指出，这种地理环境决定论虽然能够帮助我们了解到不同国家和不同文化之间的差异，却是误解了这些差异本质上的特性。这是因为，按照这一观点，人就变成了自然的一部分，人类生活也就变成了单纯的、机械的地理和气候条件的反映，这和植物的生活没有什么不同。如此一来，历史的解释只要求之于自然事实就足够了。如果历史可以这样设想，人类历史就变成一部人类的自然史或者人类学了。制度在这里就不是作为人类理性在其发展进程中的自由创造，而是作为自然原因的必然结果。而且，这种解释还有一个前设的潜台词，那就是，人性是超越时间、永恒不变的东西，历史不过是人性以不同的方式对不同的刺激做出的反应。这种引用地理环境事实来解释一种文化特征的企图，被柯林武德称为"错误概念"："任何一种文化和它的自然环境之间都存在着一种密切的关系；但是决定它的性质的东西并不是那种环境本身的事实，而是人能够从其中取得什么

---

① 伯林．卡尔·马克思：生平与环境．李寅，译．南京：译林出版社，2018：55.

东西，而这一点又取决于他是什么样的人。"① 可见，借助于地理环境等物质因素来解释历史的变化，或者说，将历史的发展简单地归结为物质因素，仍然是自然科学家的思维方式，也是机械唯物主义的历史观。

尽管孟德斯鸠误解了人与环境之间关系的性质，但他毕竟唯物主义地看到了人与环境的关系。此外，他还唯物主义地坚持经济因素，认为经济因素奠定了政治制度。尽管这是一种机械的决定论，但其对真正意义上的历史观念的塑造却极为重要，特别是对历史学上的唯物主义思想的发展起到了促进作用。唯心史观恰恰忽略了历史发展中的物质因素，它把人类社会的发展完全视为精神的发展，认为对历史事件的解释不应该从物质方面找根据，而应该到精神中寻找，主张从心灵的角度加以理解。在唯心史观看来，历史事件是独一无二的，不可能通过自然科学方法加以解释。自然科学方法的成功在于，在同样的物质条件下，自然现象能够重复出现。但历史事件并非如此。赫尔德就认为，各民族的历史是一个有机的发展，是活的精神力量使得每一个民族成为历史的有机体。黑格尔更为明显。他认为：历史的发展是由精神或者思想推动的，精神在发展中区分出不同的阶段，每一个历史阶段有每一个历史阶段的

---

① 柯林武德. 历史的观念：增补版. 何兆武，张文杰，陈新，译. 北京：北京大学出版社，2010：79-80.

精神气质，从而构成了特定的人群和文明。精神在自由发展中试图将其遭遇到的一切包容在自身之内。于是，哲学也就成了把握在思想中的时代。

从一定意义上讲，真正意义上的历史观念是由唯心主义塑造的。唯心主义发展到德国古典哲学，已经通过对主观能动性的强调发展出辩证法思想，而辩证法所要求的"否定性联系"正是历史观念的方法论。对此，马克思指出："黑格尔完成了实证唯心主义。在他看来，不仅整个物质世界变成了思想世界，而且整个历史变成了思想的历史。他并不满足于记述思想中的东西，他还试图描绘它们的生产活动。"[①] 这里最为关键的是"生产活动"。只有辩证法意义上能动的"生产"，即马克思后来所说的"能动的生活过程"，才会诞生真正意义上的历史科学。只不过，这种观念在黑格尔那里还是以唯心主义的方式表达的，但这丝毫不影响这一观点的伟大。恩格斯指出：

> 黑格尔的思维方式不同于所有其他哲学家的地方，就是他的思维方式有巨大的历史感做基础。形式尽管是那么抽象和唯心，他的思想发展却总是与世界历史的发展平行着，而后者按他的本意只是前者的验证。真正的关系因此颠倒了，头脚倒置了，可是实在的内容却到处渗透到哲

---

① 马克思恩格斯文集：第1卷. 北京：人民出版社，2009：510.

中；何况黑格尔不同于他的门徒，他不像他们那样以无知自豪，而是所有时代中最有学问的人物之一。他是第一个想证明历史中有一种发展、有一种内在联系的人，尽管他的历史哲学中的许多东西现在在我们看来十分古怪，如果把他的前辈，甚至把那些在他以后敢于对历史作总的思考的人同他相比，他的基本观点的宏伟，就是在今天也还值得钦佩。在《现象学》、《美学》、《哲学史》中，到处贯穿着这种宏伟的历史观，到处是历史地、在同历史的一定的（虽然是抽象地歪曲了的）联系中来处理材料的。①

如果说黑格尔以其唯心主义方式克服了形而上学（历史观上的"人性的科学""精神实体"等都是形而上学的表现形式），那么，在此基础上以唯物主义的方式克服唯心主义，就成了马克思的历史任务。但要做到这一点，仅仅像费尔巴哈那样简单地宣布黑格尔是错误的是不够的，还必须通过逻辑基础的重建实现对黑格尔的解构和超越。正像黑格尔通过"实体即主体"实现了对斯宾诺莎的超越，马克思则是通过"当做实践去理解"实现了对黑格尔的超越。正是基于"实践"这一逻辑范畴，辩证唯物主义和历史唯物主义在马克思那里实现了内在的沟通。

---

① 马克思恩格斯文集：第2卷．北京：人民出版社，2009：602．

三、前提还是原因：机械还原主义的困境

从一定意义上讲，世界观不过是人对自己在世界中存在的反思性把握。按照传统的说法，人是肉体和灵魂的结合体。肉体性存在决定了人之生存的经验性，即感性、物质的一面；精神性存在决定了人之生存的超越性，即意识、精神的一面。实际上，无论是经验性存在还是超越性存在，都根植于人的存在方式——社会实践。经验性和超越性正是内在于实践的两种品格，二者对立统一，塑造了社会实践的历史运动。正如列宁所说："**实践高于（理论的）认识，因为它不仅具有普遍性的品格，而且还具有直接现实性的品格。**"[①]对此，后文还会详加论述，因为这涉及马克思主义完成自身建构的逻辑基础。本书在此想强调的是，在西方思辨传统和理论思维的挟裹下，唯心主义和唯物主义分别抓住了其中一方面，但又把自己捕捉到的这一方面无限放大了，进而以"唯心"和"唯物"这一独断论的姿态进行理论表达。正如盲人摸象，他们仅仅抓住了部分而没有抓住整体，但又把部分误认为整体而不自知。陷入片面性的偏执而又误认为把握了绝对真理，正是马克思所批判的意识形态的虚假性和欺骗性。正如荀子所说："凡人之患，蔽于一曲，

---

① 列宁全集：第55卷. 北京：人民出版社，2017：183.

而蔽于大理。"(《荀子·解蔽》)所以,二者都抓住了真理的一部分,所以才能够自圆其说;但又都是抓住了真理的一部分而不是全部,所以才争论不休,抵挡不住来自对方的攻击。

如前文所述,思维与存在、物质与意识的关系是唯心和唯物直接交锋的焦点问题。唯物主义对此的表达是:物质第一性,意识第二性;物质决定意识,意识对物质具有反作用。对这一原理的恰当把握取决于对"决定"二字的理解。如果将"决定"理解为还原论意义上的"充分规定",那么,唯物主义是抵挡不住唯心主义的进攻的。实际上,"物质第一性""物质决定意识",仅仅表明物质的前提性,而非意味着物质是意识的全部根据。这也是"决定"这个词的恰当含义。但若我们认为"物质决定意识"就是"物质能够充分地解释意识",就会陷入偏颇。对此,我们需要恰当地区分"原因"和"理由"。"原因"是物质上的,而"理由"只能是逻辑上的。相反,一旦把"物质决定意识"理解为物质同时是意识原因上和逻辑上的全部理由,唯物主义就只能是机械唯物主义。这种唯物主义是无法抵挡住唯心主义的进攻和反驳的。比如,当我们说"意识是大脑的机能"时,无异于把意识存在的经验原因和逻辑理由一股脑儿全部推给了物质性的大脑。这就陷入一种机械的还原论,似乎我们把大脑的物质结构以自然科学的方式研究清楚,也就自然而然地理解了意识的本质。事实上并非如此。诚然,大脑是物质的物质基础,如果大脑出现物质性损伤,比如脑出血、脑震荡、小脑萎缩等，人的意识自然会出现变化，这是毫无疑问的。但问题是，人的意识是否可以归结为一个神经学问题？如果两个人的意识状态不一样，是否完全可以通过神经学的方式得出自然科学的结论？倘若如此，爱因斯坦发明相对论，朱自清宁肯饿死也不吃美国的救济粮，等等，就是一个个生理学、神经学或医学等学科领域的课题了。这显然是荒谬的。诚如恩格斯所言："终有一天我们肯定可以用实验的方法把思维'归结'为脑中的分子运动和化学运动，但是这样一来难道就穷尽了思维的本质吗？"①可见，无论是感性事物还是社会运动，其逻辑理由恰恰是经验原因捕捉不到也不能依靠经验去捕捉的。比如，当我们说"父亲"是"儿子"的原因时，无疑是在经验原因的层面来考察和谈及的。这一考察当然是合理的。但是，"父亲"和"儿子"是一对相反相成的概念。没有"儿子"的存在，"父亲"这个概念也就没有意义。所以，我们说"儿子"是"父亲"的理由，照样能够成立，只不过这是在逻辑而非经验的意义上成立的。马克思在《资本论》中就说，研究方法必须是经验的，而叙述方法恰恰是逻辑的，二者不能混为一谈。正是由于这种逻辑的叙述方法，马克思才被别人误认为是在"形而上学地研究经济学"②。实际上，没有抽象的

---

① 马克思恩格斯选集：第3卷．北京：人民出版社，2012：971．
② 马克思恩格斯文集：第5卷．北京：人民出版社，2009：19．

思辨能力，没有一种从繁杂感性材料中剥离出逻辑结构和逻辑形式的能力，任何理论都是不可能的。正如马克思所说："分析经济形式，既不能用显微镜，也不能用化学试剂。二者都必须用抽象力来代替。"① 没有这种"抽象力"，马克思就无法把握商品的二重性和劳动的二重性。乍一看，商品好像是一种简单而平凡的东西。对商品的分析却表明，它是一种很古怪的东西，充满了形而上学的微妙和神学的怪诞。商品的使用价值是其满足人们物质需要的属性，这是我们的经验能够捕捉到的，并不神秘。令人感到神秘的是交换价值，因为"在商品的交换关系本身中，商品的交换价值表现为同它们的使用价值完全无关的东西"②。劳动也是如此，"如果把生产活动的特定性质撇开，从而把劳动的有用性质撇开，劳动就只剩下一点：它是人类劳动力的耗费"③。马克思深受德国古典哲学的影响，因此才具有了超越英国古典经济学经验考察的超验视野，从而使得分析资本主义的内在矛盾在逻辑上成为可能。正如列宁所说："不钻研和不理解黑格尔的**全部**逻辑学，就不能完全理解马克思的《资本论》，特别是它的第 1 章。因此，半个世纪以来，没有一个马克思主义者是理解马克思的！！"④

---

① 马克思恩格斯文集：第 5 卷．北京：人民出版社，2009：8.
② 同①51.
③ 同①57.
④ 列宁全集：第 55 卷．北京：人民出版社，2017：151.

以机械还原论的方式为唯物主义奠基，唯物主义就难以摆脱作为自然科学"婢女"的尴尬地位。我们可以看到，每一次自然科学的突破性发展之后，这种物质的唯物主义就不得不逼迫自己改变自己的理论形式。在机械唯物主义阶段，唯物主义的立足点是"物体"，而后，这一立足点进一步被抽象为"原子"，因为当时的自然科学认为原子是最小的物质单位。但是，后来物理学的发展证明，原子不是最小的物质单位，它还可以再分化。于是，唯物主义要维护自己的逻辑原则，就需要对"物质"进一步抽象："物、物质无非是各种物的总和，而这个概念就是从这一总和中抽象出来的"①。列宁进一步指出："物质是标志客观实在的哲学范畴，这种客观实在是人通过感觉感知的，它不依赖于我们的感觉而存在，为我们的感觉所复写、摄影、反映。"②可见，物质的唯物主义由于其逻辑预设的局限只能在经验意义上跟在自然科学后面以"事后诸葛亮"的面目出现，这不但不能抵挡唯心主义的进攻，而且也无法为自然科学的新发展提供适恰的理论解释框架。这里的根本问题是逻辑预设和思维模式的内在缺陷，而与物质的抽象性程度并没有关系。恩格斯就此说："随着自然科学领域中每一个划时代的发现，唯物主义也必然要改变自己的形式"③。但问题是，唯物

---

① 马克思恩格斯文集：第9卷．北京：人民出版社，2009：500．
② 列宁选集：第2卷．北京：人民出版社，1995：89．
③ 马克思恩格斯文集：第4卷．北京：人民出版社，2009：281．

主义不断地改变自己的形式对于一种世界观而言到底是优势还是劣势？正如我们已经看到的，伴随着自然科学发展上的重大变革，这种以预设外部世界为客观存在的唯物主义观点正在面临致命的危机，因为这次危机已经不是唯物主义通过技术上的修修补补和思维的进一步抽象所能应付的，而是直接冲击了物质唯物主义的预设本身。

20世纪以来，伴随着网络技术、微电子技术、通信技术、生物工程的新兴技术的发展，经典科学的基本范式和逻辑预设正在发生改变。经典科学的科学预设强调的是不以我们意志为转移的外在世界的客观存在。在这里是客观决定主观，主观反映客观。但是，这种逻辑预设已经无法解释新兴自然科学的发展了。海森堡的"不确定原理"（uncertainty principle）表明，准确地测量粒子的位置会搅扰其动量，不可能同时精准确定一个基本粒子的位置和动量。微粒的运动位置测得越准确，则相应的速度测得越不准确；反过来，它的速度测得越准确，则相应的位置测得越不准确。这就表明，并不存在纯粹的客观，任何对客观的确定都离不开主观的参与，追求纯粹的客观是徒劳的。而直观认识也不仅仅是对客观的反映，其本身就参与了客观的确立。薛定谔也曾经用一个猫的思想实验（Schrödinger's Cat）证明了这一点：将一只猫关在装有少量镭和氰化物的密闭容器里。镭的衰变存在概率。如果镭发生衰变，会触发机关打碎装有氰化物的瓶子，猫就会死；如果镭不发生衰变，猫就存活。根据量子力学理论，由于放射性的镭处于衰变和没有衰变两种状态的叠加，猫就不存在一个或死或活的客观状态，而是处于死猫和活猫的叠加状态——既死了又活着。唯有打开容器时，这种叠加状态才会结束（"波函数坍缩"），猫的状态才能被确定。这无异于说，打开容器这个动作决定了而不是发现了猫的或活或死的确定状态。这使得奠基于"客观实在"的唯物主义陷入了困境。

当前，人工智能的发展更是进一步挑战了物质唯物主义的逻辑预设。从本质上讲，人工智能就是"大数据＋深度学习"。在信息化的时代，人类在生产生活中所产生的一切数据就是大数据。而深度学习，指的是科学家通过程序设计，让计算机以人的思维方式对这些数据进行识别、筛选、分析和应用的过程。说到底，人工智能就是对人脑的意识和思维过程的模拟，从而让机器具有类似于人的智能。可以想象，在不久的将来，一些通常需要人类智能才能完成的复杂工作可能会由机器来替代，我们的生活也因此会变得更加便捷和高效。但是，人工智能的发展也引发了关于人类命运的价值思考：人脑的思维过程既然能够通过机器模拟出来，人的生命系统与机器的操作系统又有什么实质的区别？"大数据"作为物质，能否充分地决定意识？若是如此，正如恩格斯所说的，属于人的地盘，就会越来越小了。

实际上，早在 18 世纪，伴随着机械力学的发展和机器的广泛运用，当时的思想家们就已经宣称人是机器了。法国著名的哲学家兼外科医生拉·梅特里就认为："人是动物因而也是机器，不过是更复杂的机器罢了。"① 今天，人工智能使得机器具有了有序的动态结构和自我调节功能，能进行复杂的逻辑运算，从直观上看与生命特别是高级生命更加接近了。而且，伴随着数据的积累、算力的提高以及算法的进步，机器的智能大有超过人类智能的趋势。若是如此，人类还有没有能力控制自己所发明出来的机器？如果坚持"物质"机械地决定"意识"的唯物主义观点，这种想象就是可能的。

事实上，机器再复杂、对人脑的模拟再深入，也是无法取代人的。因为人工智能对人脑仅仅是"物质"意义上的模仿，它遵循的法则实际上正是机械还原论，即前提能够充分地决定结论。人工智能作为对人类思维过程的复制和模拟，虽然能够在知识的意义上成为"认识的主体"，却无法在精神层面成为"价值的主体"。它虽然也能够按照程序的设计改造世界，却无法有目的、有意识地开展行动。总之，机器无论如何也不会具有人所特有的能动性。机械的唯物主义是理解不了能动性的，难怪马克思说，旧唯物主义理解不了的能动性，却被唯心主义发展了，尽管是以抽象的方式发展的。着眼于人的能动性，我

---

① 梅特里. 人是机器. 顾寿观, 译. 北京: 商务印书馆, 1959: 65.

们就不难觉察，计算机是没有自我意识的，更不可能会有意志的自由和责任的担当。比如，机器人就不会"后悔"，更不会"犯错"，它的一切行为都会按照程序设计所要求的必然性发生。伴随着海量数据的提供，机器人也可能会"选择"，但是这种"选择"永远也无法脱离现有信息的限制。正因如此，人工智能的研发者认为，机器永远也无法取代人的作用，因为它不能输出任何未经输入的东西。它所得出的"结论"，不过是输入程序和输入数据的逻辑结果。

四、主观见之于客观：唯心论与能动性

旧唯物主义的劣势恰恰是唯心主义的优势。当然，唯心主义在本质上是一种虚假的意识形态。否则，马克思主义就不会把意识形态（唯心主义）批判视为自己毕生的理论任务了。但问题的关键在于：马克思主义对唯心主义的批判采取的是机械否定还是辩证否定的态度？是断然与之划清理论界限还是在吸收其合理成分的基础上对其进行了"扬弃"意义上的超越？对这一问题的澄清，既涉及对马克思主义理论建构的逻辑基础的把握，又关乎对马克思主义内在理论特质的理解。对此，我们不可不察。

在今天的马克思主义理论宣传过程中，"唯心主义"似乎并不是一个好词。从哲学史上看，虽然唯物主义在历史上先后

经历了朴素唯物主义、机械唯物主义这两个阶段才发展到它的科学形态——辩证唯物主义,但是,其早期发展阶段并没有被认为是一种错误,而仅是"有局限性"。唯心主义的命运就没有这么幸运了,因为当唯心和唯物的对峙已成"定局",而马克思主义被定性为"唯物主义"时,"唯心主义"自然也就成为一种"人人喊打"的错误思潮。按照一般常识的观点,唯心主义的问题不在于细枝末节,而是误入歧途。传统教科书在阐述马克思主义世界观时,就是按照"旧唯物主义—马克思主义"这一逻辑线索进行的,即马克思主义作为"新唯物主义"或"现代唯物主义",是在继承唯物主义的一般观点而又克服旧唯物主义局限性的基础上发展起来的,而对于唯心主义却是有意无意地进行了规避。这种阐释方式无疑给人造成一种印象:马克思主义对唯心主义采取的是一种全盘否定的态度;在马克思主义的形成过程中,唯心主义好像也没有发挥什么作用。

事实果真如此吗?实际上,这一论述既不符合马克思主义发展的内在逻辑,也不符合思想史史实。就马克思本人的心路历程来看,他早年的思想底色就是唯心主义。从早期的著作直到博士论文时期,马克思一直是一位"纯理想主义者"。而唯心主义和理想主义则有着千丝万缕的联系。从词源学上考察,idealism 既可以翻译成"唯心主义",也可以翻译成"理想主义"。而当马克思成为作为历史唯物主义创始人的马克思时,他对早期思想采取的是全盘否定还是辩证否定的态度呢？显然是后者。否则，我们又如何理解"革命""批判""斗争""自由""彼岸"这些内在于马克思主义的关键性术语概念呢？而就马克思主义的思想来源来看，马克思主义的三大来源之一就是德国古典哲学。德国古典哲学恰恰是唯心主义发展的最高形式。如果马克思主义对唯心主义采取的是一种全盘否定的态度，那么，马克思主义在德国古典哲学那里又继承了什么？对此，传统教科书往往语焉不详。实际上，若没有经历唯心主义的熏陶和思辨哲学的洗礼，马克思主义根本就不会诞生。换言之，若没有从唯心主义那里借力，马克思主义就根本无法超越旧唯物主义，科学社会主义也就不可能决定性地超越空想社会主义。对此，恩格斯在《社会主义从空想到科学的发展》1882年德文第一版序言中深刻指出：

> ……科学社会主义本质上就是德国的产物，而且也只能产生在古典哲学还生气勃勃地保存着自觉的辩证法传统的国家，即在德国。唯物主义历史观及其在现代的无产阶级和资产阶级之间的阶级斗争上的特别应用，只有借助于辩证法才有可能。德国资产阶级的学究们已经把关于德国伟大的哲学家及其创立的辩证法的记忆淹没在一种无聊的折中主义的泥沼里，这甚至使我们不得不援引现代自然科学来证明辩证法在现实中已得到证实，而我们德国社会主义者却以我们不仅继承了圣西门、傅立叶和欧文，而且继

承了康德、费希特和黑格尔而感到骄傲。①

在此，恩格斯已经说得再清楚不过：科学社会主义之所以是德国的产物，正是因为德国古典哲学保存着自觉的辩证法传统。而传统教科书在论述马克思主义对旧唯物主义的超越时，显然忽略了唯心主义在马克思主义形成过程中的作用，也就必然低估了辩证法在马克思主义中的地位和作用。正因如此，其在具体阐述马克思主义的形成时出现了"思维跳跃"，其强调要从能动的实践出发去把握现实世界，但问题是，"能动"的观点来自哪里？它是马克思突发奇想得出来的吗？实际上，马克思在《关于费尔巴哈的提纲》这个"包含着新世界观天才萌芽的第一个文件"② 里对此已经明确地给出了答案：旧唯物主义做不到"从主体方面去理解"，而"唯心主义却把**能动的**方面抽象地发展了"③。"从主体方面去理解"和发展"**能动的**方面"，恰恰是唯心主义的强项，也是唯心主义对马克思主义的贡献。若没有向"主体性"的回溯，根本就不可能发展出"能动性"，作为马克思主义灵魂的辩证法也不会出场。在以德国古典哲学为表征的唯心主义那里，我们不难看到，"能动性"

---

① 马克思恩格斯文集：第3卷．北京：人民出版社，2009：495-496.

② 姚景谦．《关于费尔巴哈的提纲》这样学．北京：研究出版社，2022：4.

③ 马克思恩格斯文集：第1卷．北京：人民出版社，2009：499.

是内在于"主体性"的，是"主体性"的必然诉求。正如黑格尔所说："一切问题的关键在于：不仅把真实的东西或真理理解和表述为实体，而且同样理解和表述为主体。"① 仅从这一点上看，唯心主义在整个理论建构过程中最起码实现了一种逻辑上的自洽，因为"实体即主体"的原则内在地将"能动性"赋予了"实体"，尽管这种"能动性"在这里是通过"自我意识""绝对精神"这一唯心主义的方式表达的。

但在传统教科书阐述马克思主义的理论特征时，这种"能动性"却失去了内在性，它似乎已经不再是唯物主义之"物"的内在诉求，而是外在嫁接在唯物主义的基础——"物质"上面的，辩证唯物主义因此也被理解成"唯物主义＋辩证法"。这就表明，"能动性"不可能从唯物主义的逻辑基础"物质"中寻求，而只能外在地寻找来源，即先以嫁接的方式通过人的意识赋予其能动性，再通过"物质决定意识"保障这种唯物主义原则的贯彻。正如我们经常看到的那种表述："物质决定意识，意识对物质具有反作用"，"世界是物质的，物质是运动的"。但问题是，物质运动的动力在哪里？是外在的还是内在的？如果物质运动的动力需要到外部去寻找，这种物质一元论就是一种隐蔽的二元论。

---

① 黑格尔. 精神现象学：上卷. 贺麟，王玖兴，译. 北京：商务印书馆，1979：10.

因此，要凸显马克思主义对旧唯物主义的克服和超越，就必须阐明马克思主义在自身建构过程中逻辑基础的优越性，否则就不能实现"理论的彻底"。事实上，古代的朴素唯物主义和近代的机械唯物主义都不曾否认这种外在的能动性和反作用。对此，传统教科书只是"断言"和"宣布"马克思主义超越了旧唯物主义，是唯物主义发展史上的一次革命，但在具体阐述这种"新唯物主义"时，却不能在逻辑基础上为我们指出马克思主义"新"在何处。实际上，新唯物主义之"新"，正在于使得唯物主义的逻辑基础在本体论意义上实现了脱胎换骨的重建。这个逻辑基础就是"实践"。正如马克思所指明的，要把对象、现实、感性当做感性的人的活动，当做实践去理解，从主体方面去理解。只有在"实践"这里，旧唯物主义所主张的"感性"和唯心主义所强调的"主体"① 才实现了内在结合。这也是马克思把他的唯物主义称为"实践的唯物主义"的内在理由。今天，人们在论及马克思主义方法论时经常会说，马克思主义把黑格尔的辩证法颠倒过来了。抽象地看，这个说法没有问题，而且也成为定论。但一个更根本的问题在这

---

① 在德国古典哲学的语境中，"主体"本身就是"能动性"的一种表达。抑或说，谈及"主体"，就必然意指一种能动性意义上的"自我活动者""自行规定者"。马克思在其著作中也把奠基于社会实践的人类社会称为"实在主体"或者"主体"，正是强调人类社会的能动性质，即那个"能动的生活过程"。

个定论中并没有得到回答,那就是:马克思主义对唯物主义的"物"如何定位才能实现这种"颠倒"?如果说黑格尔"实体即主体"的原则为以能动性为表征的辩证法找到了唯心主义基础,那么,马克思主义则是为能动性、辩证法找到了"感性的活动"这一唯物主义基础。这里的"物"已经不再是名词性的,而是动词性的。因为只有对于"有意识有目的的改造客观世界的活动"而言,能动性才是无须外求的,所以,一旦"主体性"和"能动性"在唯物主义的理解和阐释中出现"空场",一旦忽略了唯心主义在马克思主义体系建构中的作用,我们不但捍卫不了唯物主义,也不能从根本处超越唯心主义,更不能准确地把握马克思主义的理论特质。

对于马克思主义的理论建构,学术界向来存在物质本体论和实践本体论的争论。这种争论说到底就是以"物质"还是以"实践"作为马克思主义逻辑基础的问题。显然,传统教科书是主张物质本体论的。但是,以"物质"为马克思主义奠基是无法达成理论上的自洽的。马克思主义的创始人——马克思,从没有将"物质"作为自己理论建构的逻辑基础,相反,他还把这种关于"物"的抽象视为"抽象的唯灵论":"**抽象的唯灵论是抽象的唯物主义;抽象的唯物主义**是物质的**抽象的唯灵论**。"[①]当然,马克思也强调"物质",但在他那里,"物质"并

---

① 马克思恩格斯全集:第1卷.北京:人民出版社,1956:355.

不是一个名词，而是一个形容词，这个词的准确理解应该是"物质的"，比如"物质的实践"。马克思之所以强调"物质的"，显然是强调实践活动感性且受限的一面。而且，也只有认识到这一点，唯物主义才能显示出其优越于唯心主义的地方。唯心主义尽管也能把能动的辩证法发挥到极致，但归根到底认识不到这种受限性。马克思就批评德国意识形态家："这些哲学家没有一个想到要提出关于德国哲学和德国现实之间的联系问题，关于他们所作的批判和他们自身的物质环境之间的联系问题。"[1] 对此，马克思以讽刺的口吻揶揄这些唯心主义者："德国在最近几年里经历了一次空前的变革"[2]，但"据说这一切都是在纯粹的思想领域中发生的"[3]。马克思本人之所以将自己的学说定性为唯物主义，就是要强调"受限—超越"这一内在矛盾既是人类社会的存在方式，也是社会生活历史性展开的内在动力。事实上，没有"受限"，"超越"也就无法得到理解。动物不会超越，上帝不需要超越，而只有人在物质性实践活动中才能凸显这种紧张关系。而这种紧张关系的克服都必须依赖动态、能动的社会实践活动。从一定意义上讲，没有对"能动性"的认知，就不可能有矛盾观念，辩证法也就无从想象。唯心主义一路走来，最大的贡献在于敏锐地认识到了这

---

[1] 马克思恩格斯文集：第1卷. 北京：人民出版社，2009：516.
[2] 同[1]512.
[3] 同[1]513.

种能动性所彰显的人类生存的辩证结构。但其缺陷又显而易见：它不知道这种能动性的真正来源，而是神秘地将这种来源归于"自我意识"表征的"绝对精神"。那么，能动性的真正来源在哪里？正在于现实的人类社会生活，而社会生活本质上是实践的。所以，马克思不强调"物质决定意识"，而是强调"社会存在决定社会意识"。黑格尔那自我活动的"绝对精神"，一旦还原为经验事实就一点也不神秘，它不过是立足于人类实践现实能动性地展开的社会生活在人的头脑中的折射罢了。它隐匿地起作用，而黑格尔却是"日用而不知"。这正是意识形态的虚幻性和欺骗性所在。对此，马克思一针见血地指出："在**黑格尔**的体系中有**三个因素**：**斯宾诺莎的实体，费希特的自我意识**以及前两个因素在**黑格尔**那里的必然的矛盾的**统一，即绝对精神**。第一个因素是形而上学地改了装的、**脱离**人的**自然**。第二个因素是形而上学地改了装的、**脱离**自然的**精神**。第三个因素是形而上学地改了装的以上两个因素的**统一，即现实的人**和**现实的人类**。"[①] 恩格斯在晚年的一封书信中也指出："黑格尔的辩证法之所以是颠倒的，是因为辩证法在黑格尔看来应当是'思想的自我发展'，因而事物的辩证法只是它的反光。而实际上，我们头脑中的辩证法只是自然界和人类历史中

---

① 马克思恩格斯全集：第 2 卷. 北京：人民出版社，1957：177.

进行的并服从于辩证形式的现实发展的反映。"①

值得注意的是,实践在马克思主义理论建构中的地位和作用问题,越来越得到学界的重视。2021年,笔者作为思政课教师参加了马工程重点教材《马克思主义哲学》(第二版)专题研修学习培训。授课专家在培训中指出,"如何把握物质、实践与世界的内在关系"是"马克思主义哲学"中的教学难点,而"传统教科书脱离开实践强调论述世界的物质性,实践的观点通常仅仅被理解为马克思主义认识论的首要的、基本的观点,从而不能很好地讲清楚马克思主义的新唯物主义与旧唯物主义的区别"。就此,主讲专家指出,在教学实践中应该"从实践的观点理解物质",同时要把实践活动把握为一种"对象性活动"②:首先,这种对象性活动是一种感性的活动;其次,这种对象性活动是一种自觉的有意识的活动。如果说感性原则的确立是由唯物主义的一般原则带来的,那么,自觉的有意识的能动性原则则是唯心主义带来的。所以,马克思主义哲学"既不同于唯心主义,也不同于唯物主义,同时又是把这二者结合起来的真理"③。对此,培训专家的结论是:"实践的观点是马克思主义哲学的核心观点。""科学的实践观既是马克思

---

① 马克思恩格斯文集:第10卷. 北京:人民出版社,2009:623.
② 以上引文为笔者参加马工程重点教材《马克思主义哲学》(第二版)专题研修学习培训时所作的学习笔录。
③ 马克思恩格斯文集:第1卷. 北京:人民出版社,2009:209.

主义哲学与全部旧哲学的分水岭，也是马克思主义哲学获得决定性奠基的确切标志。"① 笔者认为，恢复"实践"在马克思主义哲学中的核心地位，将会实现对传统教科书的有效"突围"，对于恢复马克思主义哲学的本来面貌、提高马克思主义哲学的教学水平具有重大意义。但是，若不能正确揭示实践的能动性特点进而阐明唯心主义在马克思主义的形成过程中所起的作用，我们对马克思主义实践观的把握就无法实现一种理论的自觉，甚至还可能把"革命的实践"庸俗化。正如学生在课堂上经常提问的："吃西瓜、超市买东西算不算实践？"可见，一旦把"能动性"剥离出"实践"，我们就不但面临倒退回旧唯物主义的危险，而且辩证法也会成为游离于实践的外在刻板、僵化的公式。关于前者，洛维特曾说："费尔巴哈粗鲁的感觉主义与黑格尔以概念的方式组织起来的理念显得是一种倒退，是用夸张和意向来取代内容的思维野蛮化。"② 关于后者，我们在马克思之后的很多马克思主义流派那里应该看得很清楚了。正如前文所引用的梅林那句话：没有辩证法的实际认识，还是比没有实际认识的辩证法更可贵。可见，马克思主义只有消化了唯心主义的"问题域"并将之纳入自身的逻辑体系，才

---

① 以上引文为笔者参加马工程重点教材《马克思主义哲学》（第二版）专题研修学习培训时所作的学习笔录。
② 洛维特.从黑格尔到尼采：19世纪思维中的革命性决裂.李秋零，译.北京：生活·读书·新知三联书店，2006：127.

成其为马克思主义。否则，我们不仅无法把握马克思主义的理论特质，也无法对重大现实问题——包括理论问题和实践问题——进行有效的回应和阐释。

五、由"说"回到"做"：解释世界与改变世界

如前文所述，马克思主义作为"新唯物主义"，如果继续维持唯心和唯物得以对立的"问题域"而后知性地"偏袒一方"，这一对立实际上是无法消解的。如此一来，这种所谓的新唯物主义也不过是旧唯物主义的翻新，因为其方法论基础仍然是根深蒂固的形而上学思维。所以，解决二者之间的对立问题，也就是消解二者之间的对立，即让二者之间的对立变得失效或者无意义。而要做到这一点，就必须重构唯物主义的逻辑起点。马克思主义之所以实现了人类思想史的伟大变革，正在于这一逻辑起点的重构，进而从根本处同时超越了唯心主义和旧唯物主义。正如马克思在《1844年经济学哲学手稿》中所说的：

> 我们看到，主观主义和客观主义，唯灵主义和唯物主义，活动和受动，只是在社会状态中才失去它们彼此间的对立，从而失去它们作为这样的对立面的存在；我们看到，//**理论的**对立本身的解决，**只有**通过**实践**方式，只有借助于人的实践力量，才是可能的；因此，这种对立的解

决绝对不只是认识的任务，而是**现实**生活的任务，而**哲学**未能解决这个任务，正是因为哲学把这**仅仅**看做理论的任务。①

青年马克思早已经认识到，停留于"解释世界"所导致的纯粹理论姿态，唯心主义和唯物主义、精神能动性（活动）和物质限制性（受动）之间的对立不可能得到根本性的扬弃。而要化解二者之间的对立状态，唯有回归感性、历史的社会实践。正如马克思所说的，这种对立的解决绝不是理论的任务，而是现实生活的任务。社会生活本身就是由历史的实践塑造的，而哲学却仅仅是作为理论出现的。在《1844年经济学哲学手稿》这里，马克思在《关于费尔巴哈的提纲》中那一条带有总结性的提纲实际上已经呼之欲出：哲学家们只是用不同的方式解释世界，问题在于改变世界。这里的"改变世界"不仅仅是"解释世界"的归宿或者目的，也就是我们日常泛泛而谈的解释世界是为了更好地改变世界云云。实际上，马克思通过"改变世界"完全重塑了一种哲学范式，这种哲学范式正是我们今天称之为马克思主义的理论形态，即实践的唯物主义。"对**实践**的唯物主义者即**共产主义者**来说，全部问题都在于使现存世界革命化，实际地反对并改变现存的事物"②。既然全

---

① 马克思恩格斯文集：第1卷. 北京：人民出版社，2009：192.
② 同①527.

部社会生活在本质上是实践的,那么,社会意识也就只能由实践所塑造的社会存在决定。因此,改变意识也就只能诉诸改变世界;单纯在意识或者理论的旋涡中进行内循环,是无法彻底地开展意识形态批判的。因此,唯物史观和唯心史观的不同在于:

> ……它不是在每个时代中寻找某种范畴,而是始终站在现实历史的**基础**上,不是从观念出发来解释实践,而是从物质实践出发来解释各种观念形态,由此也就得出下述结论:意识的一切形式和产物不是可以通过精神的批判来消灭的,不是可以通过把它们消融在"自我意识"中或化为"怪影"、"幽灵"、"怪想"等等来消灭的,而只有通过实际地推翻这一切唯心主义谬论所由产生的现实的社会关系,才能把它们消灭;历史的动力以及宗教、哲学和任何其他理论的动力是革命,而不是批判。……①

革命也是批判,不过是实践的批判。马克思将"革命"与"批判"加以区别,正是强调"解释世界"和"改造世界"是迥然有异的理论范式。青年黑格尔学派虽因袭辩证法传统而热衷于批判,却是头脑中的批判、思辨的批判、词句的批判,根本不能推动客观世界的现实革命。在他们看来,社会存在的改

---

① 马克思恩格斯文集:第1卷.北京:人民出版社,2009:544.

变有赖于社会意识的改变，因为社会意识的改变自然就会引发社会存在的革命，这无疑陷入保守和幻想。正如马克思所批评的："如果说，他们之中最年轻的人宣称只为反对'**词句**'而斗争，那就确切地表达了他们的活动。不过他们忘记了：他们只是用词句来反对这些词句；既然他们仅仅反对这个世界的词句，那么他们就绝对不是反对现实的现存世界。"① 因此，青年黑格尔派的意识形态家尽管满口讲的都是所谓"震撼世界"的词句，却是最大的保守派。其中潜在的深层逻辑就是：这种改变意识的要求，就是要求用另一种方式来解释存在的东西，也就是说，借助于另外的解释来承认它。在《黑格尔法哲学批判》导言中，马克思以"改变世界"的致思取向深刻地批判了当时德国的实践政治派和理论政治派。针对前者，马克思指出：否定哲学，绝对不是一种所谓的思想活动或者理论活动，即"只要背对着哲学，并且扭过头去对哲学嘟囔几句陈腐的气话，对哲学的否定就实现了"②。所以，不能使哲学成为现实，就不能够消灭哲学。而后者却是遗忘了哲学得以存在的世俗根源，即"**迄今为止的哲学**本身就属于这个世界，而且是这个世界的**补充**，虽然只是观念的**补充**"③。马克思在博士论文中也表达了同样的观点："哲学在其外部所反对的东西就是它自己

---

① 马克思恩格斯文集：第 1 卷. 北京：人民出版社，2009：516.
②③ 同①10.

内在的缺陷，正是在斗争中它本身陷入了它所反对的错误，而且只有当它陷入这些错误时，它才消除掉这些错误"①。总之一句话，不消灭哲学，就不能使哲学成为现实。哲学的实现同时也就是它的丧失。可见，哲学的消灭和哲学的实现不过是一个问题的两个方面，二者都有赖于一种改造世界的双向运动——思想力求成为现实和现实力求趋于思想。思想力求成为现实，就需要"哲学把无产阶级当做自己的**物质**武器"；现实力求趋于思想，就需要"无产阶级也把哲学当做自己的**精神武器**"②。因此，哲学不应该作为理论而存在，而应该作为行动——一种消灭自身进而实现自己的自否定行动。"当哲学作为意志反对现象世界的时候，体系便被降低为一个抽象的整体，这就是说，它成为世界的一个方面，于是世界的另一个方面就与它相对立。"③ 这正是马克思在博士论文中所提及的"哲学的世界化"和"世界的哲学化"的理想。

与唯心主义相反，费尔巴哈虽然"不满意**抽象的思维**而喜欢**直观**"④，但这种直观性又将唯心主义强调的能动性给过滤掉了，可谓过犹不及。旧唯物主义虽然直观认识到了感性的重要性，但由于这种"感性"是以"主体的方面"不在场为逻辑

---

① 马克思恩格斯全集：第40卷．北京：人民出版社，1982：258．
② 马克思恩格斯文集：第1卷．北京：人民出版社，2009：17．
③ 同①．
④ 同②501．

第四章 马克思主义的"问题域"

预设的，所以也就只能把"感性"直观地理解为"感性事物"，而不能动态地理解为"**实践的、人的感性的活动**"①。也就是说，一旦把唯物主义之"物"仅仅作名词解而不能够同时作动词解，对"感性"的把握就不能勾连着过去、牵挂着未来。一言以蔽之，其拘囿于"点"思维，而没有"线"思维。因此，历史的观点就不可能在旧唯物主义的视野之内，因为将"感性"简单地理解为当下直观之事物，也就无法将事物在历史的连续性中把握为"暂时性"，而只能视为一种直观的"永恒化"。正如马克思对费尔巴哈的评价：当费尔巴哈是一个唯物主义者的时候，历史在他的视野之外；当他去探讨历史的时候，他不是一个唯物主义者。这是旧唯物主义在逻辑预设上的软肋，绝不是靠修修补补就能纠正的。因此，"如果在费尔巴哈那里有时也遇见类似的观点（实践的批判的观点——引者注），那么它们始终不过是一些零星的猜测，而且对费尔巴哈的总的观点的影响微乎其微，以致只能把它们看做是具有发展能力的萌芽"②。

费尔巴哈的这种直观性的内在缺陷所带来的直接消极后果就是缺失了内在的批判性。因此，当费尔巴哈直观地看待实践活动时，只能将其理解为"卑污的犹太人的表现形式"③，而不能将这种犹太人的"生意经"看作特定历史条件下的表现。

---

① 马克思恩格斯文集：第1卷. 北京：人民出版社，2009：501.
② 同①527.
③ 同①499.

所以，马克思才说："直观的唯物主义，即不是把感性理解为实践活动的唯物主义，至多也只能达到对单个人和市民社会的直观。""旧唯物主义的立脚点是市民社会，新唯物主义的立脚点则是人类社会或社会的人类。"① 新唯物主义是在市民社会向"人类社会"或"社会的人类"的动态转变即历史过程中考察市民社会的，因而也就能够自觉地确认"革命的""实践的批判"的活动的意义。旧唯物主义则是仅仅达到对市民社会的直观，最终不可避免地陷入"解释世界"的窠臼。在《关于费尔巴哈的提纲》和《德意志意识形态》的"费尔巴哈"章中，马克思对以费尔巴哈为代表的旧唯物主义的保守性、解释性立场进行了彻底的清算。在宗教问题上，马克思认为费尔巴哈对宗教的本质和根源进行了很好的解释："费尔巴哈是从宗教上的自我异化，从世界被二重化为宗教世界和世俗世界这一事实出发的。他做的工作是把宗教世界归结于它的世俗基础。"② 这当然是唯物主义的观点。但马克思话锋一转，随即指出费尔巴哈"在做完这一工作之后，主要的事情还没有做"，因为宗教一旦只能从世俗基础的矛盾中去理解，就应该"用消除矛盾的方法在实践中使之发生革命"③。没有这种"实践的批判"和现实的革命使得矛盾消失，宗教作为一种意识形态也就无法

---

① 马克思恩格斯文集：第1卷. 北京：人民出版社，2009：502.
② 同①500.
③ 同①504.

退出历史的舞台。热衷于直观的费尔巴哈是不可能自觉地从世俗基础的矛盾处去理解宗教的，自然也不可能得出革命的结论。因此，一旦费尔巴哈直观到的场景与他的理想期待存在出入甚至截然相反，他的立场随即就陷入保守：

> ……某物或某人的存在同时也就是某物或某人的本质；一个动物或一个人的一定生存条件、生活方式和活动，就是使这个动物或这个人的"本质"感到满意的东西。任何例外在这里都被肯定地看做是不幸的偶然事件，是不能改变的反常现象。这样说来，如果千百万无产者根本不满意他们的生活条件，如果他们的"存在"同他们的"本质"完全不符合，那么，根据上述论点，这是不可避免的不幸，应当平心静气地忍受这种不幸。可是，这千百万无产者或共产主义者所想的完全不一样，而且这一点他们将在适当时候，在实践中，即通过革命使自己的"存在"同自己的"本质"协调一致的时候予以证明。……①

费尔巴哈认为"某物或某人的存在同时也就是某物或某人的本质；一个动物或一个人的一定生存条件、生活方式和活动，就是使这个动物或这个人的'本质'感到满意的东西"，那么，一旦出现例外或者不幸，这种观点只能主张人们去接受

---

① 马克思恩格斯文集：第 1 卷．北京：人民出版社，2009：549．

或者忍耐这种"本质"。费尔巴哈这种将"存在"直接等同于"本质"的做法，实际上仍然是由他那直观唯物主义的内在缺陷导致的。黑格尔在《小逻辑》中深刻地辨析过"现实"和"实存"的区别。他说："现实是本质和实存或内部和外部所直接形成的统一。""现实事物是这种统一的被设定起来的存在，是变得自相同一的关系，因此，现实事物已不再过渡，它的表现就是它的内蕴力量。""实存是存在和映现的直接统一，因此就是现象。"但是，"现实事物在表现中同样还是本质的东西"①。可见，"现实"并不是经验论所强调的直接的当下的现象，现象是稍纵即逝的存在，而现实表现为本质和必然性。"实存"和"本质"之间蕴含着一种对立统一的紧张关系，所以，"现实"才内在地蕴含着动力而成为一个能动性的概念。也正因如此，无论对于"实存"还是"本质"，都应该做一种动态的历史性的理解，也就是从矛盾处去理解。正如恩格斯对黑格尔的解读所表明的那样，如果把"现实"理解为"现存"，"这显然是把现存的一切神圣化，是在哲学上替专制制度、警察国家、专断司法、书报检查制度祝福"②。实际上，"按照黑格尔的思维方法的一切规则，凡是现实的都是合乎理性的这个命题，就变为另一个命题：凡是现存的，都一定要灭亡"③。

---

① 黑格尔．小逻辑．贺麟，译．北京：商务印书馆，1980：295．
② 马克思恩格斯文集：第4卷．北京：人民出版社，2009：268．
③ 同②269．

古典形而上学的缺陷在于：它将本质视为抽象物并与实存绝对地分离开来，以本质压制实存。而以费尔巴哈为代表的旧唯物主义的缺陷在于：它将实存和本质混同起来，认为实存就是本质，这正是其"直观"性的思维方式在作祟。因此，费尔巴哈理解不了也接受不了"存在"与"本质"的不一致。而对于深受黑格尔辩证法影响的马克思而言，这种不一致恰恰是历史的真相，因为历史是在"实践的批判"——革命中得以创造和生成的。马克思还做过一个关于"鱼"和"河水"的比喻：鱼的"本质"是它的"存在"，即水。河鱼的"本质"是河水。但是，一旦这条河归工业支配，一旦它被染料和其他废料污染，成为轮船行驶的航道，一旦河水被引入水渠，而水渠的水只要简单地排放出去就会使鱼失去生存环境，那么这条河的水就不再是鱼的"本质"了，对鱼来说它将不再是适合生存的环境了。正因为囿于直观思维而缺乏一种"从矛盾中"去理解的辩证思维，费尔巴哈无法确立起"改变世界"的批判立场。"费尔巴哈关于人与人之间的关系的全部推论无非是要证明：人们是互相需要的，而且**过去一直**是互相**需要**的。"① 他希望人们理解这一事实并把现实的矛盾"宣布为不可避免的反常现象"②。马克思说他"既承认现存的东西同时又不了解现存的

---

① 马克思恩格斯文集：第1卷．北京：人民出版社，2009：548-549．

② 同①550．

东西"，可谓一语中的，因为"和其他的理论家一样，他只是希望确立对**现存的**事实的正确理解，然而一个真正的共产主义者的任务却在于推翻这种现存的东西"①。由此看来，旧唯物主义和唯心主义一样，其陷入的仍然是"解释世界"俗套，可谓两极相通。

---

① 马克思恩格斯文集：第1卷.北京：人民出版社，2009：549.

第五章

马克思主义与人的解放

一、从心所欲不逾矩：个体与类的矛盾

习近平总书记在纪念马克思诞辰 200 周年大会上指出："马克思主义博大精深，归根到底就是一句话，为人类求解放。"① 对于马克思主义而言，"为人类求解放"并不仅仅在于提出一种所谓的解放理论。实际上，探讨人类的解放问题，并不是一个新话题，因为这个问题本身就是伴随着人类进入文明时代而出现的。动物就不会提出自己是否"解放"、如何"解放"的问题，因为动物本身就是依靠本能生存，其无所谓解放，也无所谓不解放。处于蒙昧时期的人类也不会提出"解放"问题，因为他们本身就"自然"地存在着，没有对自己的

---

① 习近平. 在纪念马克思诞辰 200 周年大会上的讲话. 北京：人民出版社，2018：8.

生存状态形成自我意识。而一旦迈入文明社会的门槛，人类生存状态的"原始的丰富性"被破坏以后，原来根本不可能存在矛盾的地方，比如人与人之间的关系、个体与社会之间的关系、人与自然之间的关系，现在却构成了一种矛盾意义上的对立统一关系。肉体与灵魂、物质与精神、现实与理想、自由与必然、有限与无限、此岸与彼岸……诸如此类，都是这种矛盾的展现形式。这个时候，人才认识到、意识到自己是需要进一步"解放"的。正如马克思所说："意识［das Bewuβtsein］在任何时候都只能是被意识到了的存在［das bewuβte Sein］，而人们的存在就是他们的现实生活过程。"①

那么，何谓人的解放？如果思辨地看这个问题，包括马克思在内的很多思想家的答案基本一致：人的解放意味着人之为人一切矛盾的消解，由此进入一种"无蔽"和"澄明"的境地。所谓"无蔽"，就是没有"遮蔽"，它意味着对立面由于实现了内在贯通从而达到了同一。中外思想家囿于不同的文化传统，对这个问题的表述尽管不同，但基本思路却是一样的。据此，本章将通过思想史上的一些经典论述来解释什么是"无蔽"的"澄明"之境。当然，马克思主义不是书斋里的学问，马克思本人也不是思辨哲学家。马克思主义的伟大之处并不在于它提出了人的解放理论，而在于它科学地提出了人的解放理

---

① 马克思恩格斯文集：第1卷. 北京：人民出版社，2009：525.

论，并开辟了人之解放的现实路径。但这丝毫不妨碍我们以思辨的方式进行理解。

"人的解放"涉及的第一个问题，就是个人和社会的关系问题。这个关系问题也正是马克思所说的"个体和类之间的斗争"①。人既是个体的存在，又是社会的存在。在生产力极为低下、人类只能通过群体生活维持生存的原始社会，个体和集体之间是没有界限的。当时的人既没有"个人"的意识，也没有"集体"的意识。但进入文明社会之后，特别是在劳动产品出现剩余、需要再次分配的时候，私有的观念就出现了。实际上，"私有"首先并不是一种制度（"私有制"），而是一种社会性的意识，即个体上"我"的自我意识。这种"自我"的社会意识，正是由社会存在决定的。也就是说，只有社会生产发展到一定程度，人类才开始意识到有一个"我"在，而集体的意识也同时作为一种社会意识呈现出来。或者说，它们是成对出现的。没有自我的意识，也就无所谓集体的意识，反之亦然。这种对立性的社会意识的出现，根源于私有观念，有赖于一种历史的关系，并不是人的天然或永恒状态。所以马克思说，被斯密和李嘉图当作经济学出发点的那个单个的孤立的个人，那些鲁滨逊一类的故事，本身就是一种意识形态假象，是试图为资本主义私有制作辩护的意识形态修辞。"按照他们关于人性

---

① 马克思恩格斯文集：第 1 卷. 北京：人民出版社，2009：185.

的观念，这种合乎自然的个人并不是从历史中产生的，而是由自然造成的"①。实际上，这种个人并不是曾在过去存在过的理想，他仅是历史的结果，而不是历史的起点。实际上，我们越是往前追溯，就越是会发现生产的人是以群体的形式出现的。正如马克思所说："我们越往前追溯历史，个人，从而也是进行生产的个人，就越表现为不独立，从属于一个较大的整体"②。一开始，这种整体表现为家庭和扩大成为氏族的家庭，后来表现为由氏族间的冲突和融合产生的各种形式的公社。马克思的这一观点在英国著名古代法治史学家梅因（Henry Sumner Maine）那里得到了证实，他在《古代法》一书中说："原始时代的社会并不像现在所设想的，是一个个人的集合，在事实上，并且根据组成它的人们的看法，它是一个许多家族的集合体。"③

按照马克思的说法，只有到了18世纪，在商品交换所塑造的"市民社会"中，社会关系才实现了空前的发展。但与此同时，个体的人也在这种最发达的社会关系中凸显出来。也就是说，当人处于最发达的社会关系中时，他才表现为孤独和独立。对此，尼采这样说：在人群中比自己独处还要孤独。这正是人的历史性扭曲。这种扭曲正是马克思所说的市民社会和国

---

①② 马克思恩格斯文集：第8卷. 北京：人民出版社，2009：6.
③ 梅因. 古代法. 沈景一，译. 北京：商务印书馆，1959：83.

家的对立,这种对立在最根本上也就是个体和类的对立。当然,自从私有制出现以后,这种对立就出现了,区别仅在于形式和程度。对于有意识的人来说,如何消除这种紧张和对立,就成为一个紧要的问题。这个问题在今天仍然存在。比如,我们就经常讲个体和集体之间的平衡关系问题:如果过分强调集体,似乎就会压抑个体;相反,如果过于强调个体,集体就无法保障。这足以说明,人的个体性存在和类存在已经是一对矛盾了。正如德国美学家席勒所言:"要求和谐一致势必对个体实行专横的统治,给个体以自由势必成为对全体的背叛。"[①]实际上,"个体"和"集体"被区别对待本身就意味着二者已经分裂了。原始社会的人类是没有这种"个体"和"集体"的意识的。马克思所说的共产主义的"自由人的联合体",也是以这种对立的化解为特征的,它意味着个人和自己的类本质不再处于对立之中,或者说二者之间的界限不再存在了,个人就是集体,集体就是个人。问题是,这一理想如何才能实现呢?

在中国传统文化中,儒家文化作为"显学",非常敏感地接触到了这个问题,但其对这一问题的处理是通过一种境界学说呈现的,而不是像马克思那样诉诸历史的运动。但是,在思辨的有限意义上,儒家文化处理这一问题的思路却和马克思是相似的。我们都知道,儒家是入世的,其学说的核心部分就是

[①] 席勒.席勒经典美学文论:注释本.范大灿,等译.北京:生活·读书·新知三联书店,2015:238.

处理个体和社会的关系问题，比如儒家学说的核心概念"仁"和"礼"所处理的就是这一关系。"人而不仁，如礼何？"对个体而言，如果没有心性的自觉，即使投身集体事业也是浮于形式。所以，这里强调的是个体对集体的外化。同时，孔子还讲"克己复礼为仁"。这是强调集体对于个体的教育和文化。如果没有这种约束性的外化作用，个体所谓的自由也就沦为了为所欲为。因此，对儒家而言，人之在世的"澄明"就表现为"仁"与"礼"的内在统一，也就是孔子所说的"从心所欲不逾矩"的境界。这句话乍看起来就是一个矛盾，内在蕴含着冲突。这是因为，所谓从心所欲，是个体意志的表现，即顺着自己的意志"为所欲为"。但是，个体意志的张扬又不免会对社会规则形成威胁，毕竟人不是生活在真空之中。而"矩"就是这种社会规则的表现。相反，过于强调社会规则和社会规范，又不免会对个体造成压抑。但我们深入分析就可以看到，这句话所表达的正是个体和集体之间矛盾的消解：个体的从心所欲的（行为），恰恰又是合乎社会规范的（行为）。社会规范对个体的要求和期待，恰恰又是符合个体意愿的。在这里，二者合而为一，毫无违和感。这个时候，自由和必然、个人意志和社会规范之间的对立就消解了，人也就进入了"澄明"。相反，无论是片面地强调个体的意志（"自由"）还是片面地强调社会的规范（"必然"），都是一种"遮蔽"，表征着人的未解放状态。正如黑格尔所说："知性所了解的自由和必然实际上只构成真自由和真必然的抽象的环节,而将自由与必然截然分开为两事,则两者皆失其真理性了。"①

孔子最欣赏他的学生颜回,因为只有颜回真正地做到了"安贫乐道"。"贤哉,回也!一箪食,一瓢饮,在陋巷,人不堪其忧,回也不改其乐。贤哉,回也!"颜回用非常简陋的竹器吃饭,用瓢饮水,住在陋巷,别人受不了这种困苦,颜回却不改变乐观的态度。在这里,颜回并不是苦行僧式地非要饿着肚子去"乐道",也不是非要在优越的物质需求满足之后才去"乐道",他的"乐道"实际上已经超越了外在物质条件上的"贫"与"富"的对立,即富贵也是"乐道",贫穷也是"乐道"。在这一过程中,富贵和贫穷的问题消解了。正如那些乐于钓鱼的人,他们陶醉于钓鱼的过程,至于能不能钓上鱼、钓上多少鱼、能不能吃上鱼,都不在他们的视域之内。正因如此,当学生子贡问孔子:"贫而无谄,富而无骄,何如?"孔子的回答是:"可也,未若贫而乐,富而好礼者也。"钱穆对这句话的注解是:"贫多求,故易谄。富有恃,故易骄","贫能无谄,富能不骄,此皆知所自守矣,然犹未忘乎贫富。乐道则忘其贫矣。好礼则安于处善,乐于循理,其心亦忘于己之富矣。故尤可贵"②。贫穷而不去谄媚,富贵了而不骄横,只能算是一种品质,是对操

---

① 黑格尔. 小逻辑. 贺麟,译. 北京:商务印书馆,1980:134.
② 钱穆. 论语新解. 北京:生活·读书·新知三联书店,2002:19.

守的一种坚守，也就是钱穆说的"所自守"。但这种坚守是一种在贫穷和富贵处于对立中的坚守。所以，孔子说，这种品质是值得肯定的（"可也"），但贫穷时仍然很快乐，富贵了仍然好礼，却是比这种品质更高的一种境界，因为它已经摆脱了贫穷和富贵这两种不同境遇的影响，即钱穆说的"忘乎贫富"。用马克思的话来说，外在的东西影响着你去行事，证明你还没有自己做主，这个时候的人仍然是"偶然的个人"，而不是"有个性的人"。所以，"孔颜乐处"并不是建立在对外物的追求之上，而是建立在自身的意志自由之上，是一种不为物欲所困的主体内在之乐，是基于人从自然性的"感性冲动"中挣脱出来，进而实现了为人处世的圆融无碍。

后来的孟子和荀子，虽然也是儒家宗师，却把孔子所强调的境界问题降低为一个道德品质问题了。黄仁宇就说："《论语》中所叙述的孔子，有一种轻松愉快的感觉，不如孟子凡事紧张"[1]。这个评价是中肯的。孟子所要维持的是一种道德品质，就是要在两极对立的情形中坚守其中一个方面而避免另一个方面，或者实现其中一个方面对另一个方面的镇压。如是，紧张就在所难免了。"鱼，我所欲也；熊掌，亦我所欲也。二者不可得兼，舍鱼而取熊掌者也。生，亦我所欲也；义，亦我

---

[1] 黄仁宇. 赫逊河畔谈中国历史. 北京：生活·读书·新知三联书店，1992：1.

所欲也。二者不可得兼，舍生而取义者也。"在这里，"生"和"义"就是对立的两极，舍生取义还是苟且偷生，凸显的是君子和小人的区别。若要成为君子，必须挣脱掉肉欲（甚至是求生本能）的羁绊。老子在《道德经》中也讲："上德不德，是以有德；下德不失德，是以无德"。上古的人不知道什么是"道德"，反而是最"道德"的，因为那个时候，善与恶还没有分离并对立，人们不知道什么是善，也不知道什么是不善，用佛学语言说就是没有"分别心"。这种自然状态在道家看来就是人类最完美的生存状态。而所谓"下德"，就是知道什么是善、什么是恶了。这个时候，不论你多么努力地追求善（"不失德"），都是有了"分别心"、有了"执念"。而有了"分别心"和"执念"，就是堕落了，最起码不完美。可见，仅仅维护一种道德品质，绝不是那种消融矛盾的境界。马克思也持同样的观点。他认为，所谓的道德，仍然是一种意识形态的遮蔽，本身就应该被历史消解掉，因为道德仍然同利己形成一种对峙关系。所以，在马克思看来，共产主义社会根本就不是一个道德的社会：

> 对我们这位圣者（指施蒂纳——引者注）来说，**共产主义**简直是不能理解的，因为共产主义者既不拿利己主义来反对自我牺牲，也不拿自我牺牲来反对利己主义，理论上既不是从那情感的形式，也不是从那夸张的思想形式去领会这个对立，而是在于揭示这个对立的物质根源，随着

物质根源的消失，这种对立自然而然也就消灭。共产主义者根本不进行任何**道德**说教，施蒂纳却大量地进行道德的说教。共产主义者不向人们提出道德上的要求，例如你们应该彼此互爱呀，不要做利己主义者呀等等；相反，他们清楚地知道，无论利己主义还是自我牺牲，都**是**一定条件下个人自我实现的一种必要形式。①

马克思不是在对立的双方中维护一极，而是消解这种对立。这是马克思进行意识形态批判的利器。回到儒家思想，如果说主张"善养吾浩然之气""不失赤子之心"的孟子通过强调道德之"仁"在维护一种对立，那么，荀子看重孔子学说中规范之"礼"的作用，则是通过强调社会规范在另一个方向上维护一种对立。荀子基于性恶论的假设对人的道德自觉不信任，而是强调"人之命在天，国之命在礼。人君者，隆礼尊贤而王，重法爱民而霸，好利多诈而危，权谋倾覆幽险而亡"。很显然，他是在以一种牺牲个人自由的方式维护一种社会规范，追求事功而不是在探讨如何才能化解人生在世之矛盾。单纯地追求事功就能实现人的解放？单纯地强调社会规范对个人的外在约束就能实现人的解放？这个观点，马克思估计也是不赞同的。对此，我们可以将这一观点与西方的启蒙运动不恰当地进行比附。西方的启蒙运动就是追求事功的，而且在市民社

---

① 马克思恩格斯全集：第3卷.北京：人民出版社，1960：275.

会的社会土壤中也注重作为社会契约的外在规范。启蒙主义者自信地认为,随着科学技术的发展,人类能够解决自己遇到的所有问题;即使当时解决不了,以后也一定能解决。这是一种社会进化论的观点。马克思主义绝不是这种历史进化论。否则,资本主义比之前的任何一种制度安排都极大地推动了生产力的快速发展,马克思为什么还要对其进行猛烈的谴责?资产阶级政治学家通过社会契约、三权分立、有理性的国家等政治理论,试图在维护市民社会的基础上实现人的解放,最终实现的不过是政治上的解放,而不是人的解放。正如马克思所说,卢梭通过社会契约来建立天生独立的主体之间的联系和关系,本身就是以资本主义塑造的市民社会为基础的。因此,对马克思而言,他的问题域不是考虑哪一种社会规范更合理、哪一种国家更理性,而是消除市民社会和国家的对立,实现个人和社会直接贯通的"自由人的联合体"。正如他在《哥达纲领批判》中所说:"在一个集体的、以生产资料公有为基础的社会中,生产者不交换自己的产品;用在产品上的劳动,在这里也不表现为这些产品的**价值**,不表现为这些产品所具有的某种物的属性,因为这时,同资本主义社会相反,个人的劳动不再经过迂回曲折的道路,而是直接作为总劳动的组成部分存在着。"[①] 从这个意义上讲,马克思就远远超出了霍布斯、洛克、卢梭这些政治学前

---

① 马克思恩格斯文集:第3卷.北京:人民出版社,2009:433-434.

辈，因为他超越了他们的问题视域并真正地实现了理论的彻底，而这些资产阶级政治学家的政治理论更像是一种调和主义或折中主义。

让我们还是回到孔子。他的这种境界学说在运思的思路上和马克思具有明显的相似性，因为他是在消解问题而不是在保留这个问题的基础上有所选择。在孔子那里，代表个体心性、意志的"仁"和代表社会规范的"礼"是彼此消融的，二者之间对立的消解才是人的自由和解放。相反，孟子的"心学"和荀子的"礼说"都只是抓住其中的一个方面，把孔子片面化、偏执化了。当然，这也由不得他们，因为历史的发展在不同的时代突出了不同的实践主题。马克思主义和儒学能够内在会同，这种运思方式上的"神似"不能说不是一个重要的原因。当然，孔子的学说不是诉诸"改变世界"，而是"改变自己"，带有浓厚的浪漫主义情结。而马克思主义关于人的解放则是诉诸历史本身的成熟。从这一点来看，二者又有着明显的差异。

二、超越政治：国家与社会的紧张

通过上面对儒家学说的介绍可以看到，中国古代社会中的这种解放理论实际上只是一种境界学说，即在不改变现实的情况下通过提高个体境界的方式消除个体与社会的隔阂。而在西方古代社会，人与社会的关系问题则是政治哲学思考的核心问题。与中国的文化传统不同，西方政治哲学更关注建立一种什么样的政治制度以保证个体和社会的统一或者一致。在这方面，西方社会有一个理想的范例，那就是古希腊的雅典城邦社会。

黑格尔曾言："一提到希腊这个名字，在有教养的欧洲人心中，……自然会引起一种家园之感。"① 古希腊之所以是欧洲社会的精神家园，很大程度上在于其政治制度的完美性和理想性。雅典的城邦社会，既不是现代意义上的国家，也不是今天意义上的社会，而是"国家"和"社会"分裂之前的一种存在。正像"个体"和"集体"的概念本身就意味着二者之间已经有了区分一样，"国家"和"社会"也是二者出现区分的产物。实际上，在"国家"和"社会"尚未区分的雅典城邦社会，人们是不知道"国家"和"社会"为何物的。或者说，古希腊的城邦既是国家又是社会，是国家化的社会、社会化的国家，但不是国家之外的社会和社会之外的国家。在城邦中，所有的公民都是通过各种形式直接参与城邦管理的，比如，参加公民大会协商事务，参加公民陪审团审理事务，等等。一方面，在雅典的公民看来，参加城邦生活本身就是个人生活的一部分，就像每天都要吃饭喝水一样天经地义。另一方面，公民

---

① 黑格尔．哲学史讲演录：第1卷．贺麟，王太庆，等译．上海：上海人民出版社，2013：157．

都是以平等的身份参加城邦事务的,权力是公共的,而不是统治性的。在这种城邦生活中,个体和集体之间并没有界限,也没有区别,个体就是集体,集体就是个体。正是在这个意义上,亚里士多德说人是天生的政治动物。

古希腊的城邦生活在而后的人类社会中一去不复返了。对于西方人而言,这种城邦生活之所以值得怀念和追忆,并被视为人之解放的理想,是因为古希腊之后的人类社会逐步有了"国家"和"社会"的对立,也就是马克思后来所说的"国家"和"市民社会"的对立。古希腊的城邦规模非常小,这就为公民集体参与城邦事务奠定了基础。事实上,到了后来的罗马帝国时代,伴随着领土急剧扩张和人口迅猛增加,每个公民亲自参与集体事务的做法已经没有了可操作性。这个时候,"国家"和"社会"也就慢慢地区别开来。国家成为政治权力的代表,只有少数人能参与这种权力。而不能参与这种权力的其他人,则只能通过组建国家之外的团体的方式影响国家权力以维护自己的利益。这些社会团体的总和就构成了"社会"。按照阿伦特的说法,"社会"一词正是源于古罗马,它最初表示人民之间为了一个特定目标而结成的联盟。如此一来,"国家"和"社会"之间就成为一种统治和被统治的关系,政治也没有了公共的性质,而人与公共事业之间彼此交融的状态在这种格局中也就被打破了。正因如此,古希腊的城邦生活就成为现代西方人的精神家园,虽不能至而心向往之。马克思关于未来人类社会的设想，在一定程度上也是受到了古希腊城邦政治的启发。马克思在《政治经济学批判》导言中关于"儿童"的著名隐喻很形象地印证了这一点："一个成人不能再变成儿童，否则就变得稚气了。但是，儿童的天真不使成人感到愉快吗？他自己不该努力在一个更高的阶梯上把儿童的真实再现出来吗？……为什么历史上的人类童年时代，在它发展得最完美的地方，不该作为永不复返的阶段而显示出永久的魅力呢？"①阿伦特就此说："当我们深入考察马克思理想社会的实际情形，他的理想社会与雅典城邦国家之间的相似性就显得更令人震惊了。"②可见，这里的"儿童"比喻的正是古希腊，马克思称之为"一种规范和高不可及的范本"③。当然，马克思以"儿童的天真"来比喻古希腊，也恰好说明他的未来理想并不是像浪漫主义那样回到古希腊，而是在一个更高的阶段向之复归。

实际上，城邦制度作为一种理想制度显示的仍然是一种"原始的丰富"——尽管没有矛盾，但也没有发展。而且，城邦公民积极参与公共政治，是以奴隶制度的存在为前提的。在古希腊，奴隶的存在被视为天经地义、理所当然，尽管这在今

---

① 马克思恩格斯文集：第8卷．北京：人民出版社，2009：35-36．

② 阿伦特．过去与未来之间．王寅丽，张立立，译．南京：译林出版社，2011：15．

③ 同①35．

天可能无法想象和理解。正是因为奴隶承担着繁重的劳动，雅典公民才得以有"闲暇"积极参与城邦的政治生活。所以，对古希腊人来说，对奴隶的统治，只是政治的"前政治"的条件。一方面，奴隶从事的是生产劳动，他们的劳动是为了谋生或者生存，所以他们没有"闲暇"，不配做公民。另一方面，从事生产劳动的奴隶阶层的存在，又保证了城邦公民有着充分的"闲暇"，从而能够通过一定的教育培养一种从事政治活动的"美德"。这种通过允许存在一个被压迫的奴隶阶层以维系的政治上的"理想国"，无论如何也不是马克思的理想社会。但是，这种"理想国"又的确给了马克思太多的灵感。正如俄罗斯学者斯拉文所指："我们有理由认为，马克思正是通过古希腊的城邦国家的民主建制、城邦国家权力的公众性质和市民的'高水平的休闲方式'，看到了未来社会的某种历史雏形。"[1] 马克思也多次提出要"消灭劳动""消灭分工"，正是为了强调未来共产主义社会要摆脱"谋生"意义上的劳动，实现"闲暇"意义上的劳动。正如他在《资本论》中所说："事实上，自由王国只是在必要性和外在目的规定要做的劳动终止的地方才开始；因而按照事物的本性来说，它存在于真正物质生产领域的彼岸。"[2] 当然，马克思在此着眼的是劳动性质的

---

[1] 斯拉文. 被无知侮辱的思想：马克思社会理想的当代解读. 孙凌齐，译. 北京：中央编译出版社，2006：13.
[2] 马克思恩格斯文集：第7卷. 北京：人民出版社，2009：928.

改变，而不是保留一个专门从事生产劳动的被压迫阶级。但无论如何，希腊城邦制度所彰显的"范本"意义仍然是非常强烈的。这是因为，即使拥有了充分的"闲暇"，很多文明也未必能迎来心灵自由的生活。历史证明，穷奢极欲、纸醉金迷的堕落生活往往更是很多文明在"闲暇"中的选择。正如罗素在《西方哲学史》中所说："无论人们对于容许奴隶制存在的社会制度怀着怎样的想法，但正是从上面那种意义的君子那里，我们才有了纯粹的数学。沉思的理想既能引人创造出纯粹的数学，所以就是一种有益的活动的根源；这一点就增加了它的威望，并使它在神学方面、伦理学方面和哲学方面获得了一种在其他情况下所不能享有的成功。"[1] 甚至对于古希腊的奴隶制本身，也有人认为应该抱之以"同情的理解"。否则，人们就无法体会到古希腊人的价值追求。萨拜因在《政治学说史》中就说：

> ……奴隶制度是古代世界一种普遍流行的制度。在雅典的全体居民中也许有三分之一是奴隶。因此，作为一种制度而言，正如近代的工资制度那样，奴隶制度是城邦经济所特有的一种制度。……按照希腊的政治理论，奴隶的存在是视为当然的，正如中世纪把封建阶层视为当然或现代把雇主和雇工的关系视为当然一样。……

---

[1] 罗素．西方哲学史：上卷．何兆武，李约瑟，译．北京：商务印书馆，2007：61.

然而由于奴隶的数量相当大——而且他们的数量还往往被过分的夸大了——导致一种引起误解的荒诞说法。这就是认为城邦的公民构成了一个有闲阶级，因而认为城邦的政治哲学是一个不靠劳动获得报酬的阶级的哲学。①

对此，萨拜因却郑重其事地告诉我们：

这几乎完全是一种错觉。雅典的有闲阶级其人数不会比现在一个同等大小的美国城市的有闲阶级多，因为古代希腊人并不富裕，赖以维持生活的经济来源所余无几。如果他们比现代人有更多余暇的话，那是因为他们喜爱有余暇的生活——他们的经济机构不是运转得非常紧凑——他们是以较低的消费水平来换得余暇的。希腊人简朴的生活是现代美国人所难以忍受的。……②

这种对于物质欲求的超越（扬弃而非单纯地否定），正是马克思关于理想社会的展望，也是他对资本主义进行持续批判的理论根据，尽管资本主义为人类创造出了巨大的物质财富。资产阶级经济学家之所以不能超出资产阶级权利的"狭隘眼界"，正在于其没有马克思这种超越意识和矛盾分析法的自觉运用。正如马克思所说："**劳动**在国民经济学中仅仅以**谋生活**

---

①② 萨拜因．政治学说史：上册．盛葵阳，崔妙因，译．北京：商务印书馆，1990：23.

动的形式出现。"① 对于国民经济学家而言，劳动的谋生性质正是劳动的自然状态或永恒状态，他们的经济学建构正是以此为基础。经济学就是"富国裕民"的科学，其逻辑基础也自然就是"经济人"的假设，而经济学家的任务就是实证地研究什么样的制度安排能够促进生产力的提高和社会财富的增加。可见，以李嘉图和亚当·斯密为代表的国民经济学家是把经济学视为实证科学加以研究了，而实证恰恰折射出一种非批判的态度。对此，马克思说李嘉图有一种"科学上的诚实"：

>……对李嘉图来说，生产力的进一步发展究竟是毁灭土地所有权还是毁灭工人，这是无关紧要的。如果这种进步使工业资产阶级的资本贬值，李嘉图也是欢迎的。如果劳动生产力的发展使**现有的**固定资本贬值一半，那将怎样呢？——李嘉图说，——要知道人类劳动生产率却因此提高了一倍。这就是**科学上的诚实**。如果说李嘉图的观点整个说来符合**工业资产阶级**的利益，这只是**因为**工业资产阶级的利益符合生产的利益，或者说，符合人类劳动生产率发展的利益，并且**以此为限**。……②

---

① 马克思恩格斯文集：第1卷. 北京：人民出版社，2009：124.
② 马克思恩格斯全集：第26卷（第2册）. 北京：人民出版社，1973：125.

但对马克思而言，国民经济学家这种不假批判的逻辑前提恰恰是最应该批判的。之所以如此，正是因为谋生意义上的劳动仍然没有摆脱一种根本意义上的对立，它表现为生产力和生产关系之间的一种紧张。正如马克思所说："社会的最富裕状态，这个大致还是可以实现并且至少是国民经济学和市民社会的目的的理想，对工人来说却是**持续不变的贫困**。"① 对国民经济学家而言，劳动仅仅是生产的主要因素，是"财富的源泉"，但他们却没有关注人的自由活动，最终导致了劳动的分裂："正如资本已经同劳动分开一样，现在劳动又再度分裂了；劳动的产物以工资的形式与劳动相对立，它与劳动分开，并且通常又由竞争决定，因为，正如我们所看到的，没有一个固定的尺度来确定劳动在生产中所占的比重。只要我们消灭了私有制，这种反常的分离就会消失；劳动就会成为它自己的报酬，而以前被让渡的工资的真正意义，即劳动对于确定物品的生产费用的意义，也就会清清楚楚地显示出来。"② 可见，只有消灭私有制，消灭劳动的谋生性质，缠绕在劳动之上的对立才能得到消解，标志着人之解放的自由的劳动才能复活。而资本主义私有制所塑造的市民社会仅仅实现了人的政治解放，即权利意义上的个人解放。但是，这种市民社会中的个人是没有"类

---

① 马克思恩格斯文集：第1卷. 北京：人民出版社，2009：124.
② 同①72.

生活"的:"在国民经济学家看来,**社会**是**市民社会**,在这里任何个人都是各种需要的整体,并且[XXXV]就人人互为手段而言,个人只为别人而存在,别人也只为他而存在。正像政治家议论**人权**时那样,国民经济学家把一切都归结为人,即归结为个人,从个人那里他抽去一切规定性,把个人确定为资本家或工人。"① 正如前面所提及的,资本主义在造就最发达的社会关系的同时,却把人孤立化了,而且造就了人和人之间的敌对关系——一切人反对一切人的战争。可见,资本主义私有制所塑造的市民社会的社会土壤正是造就劳动异化的根本原因,它使得劳动的异化具有了相比于其他私有制社会的新特点,也达到了新顶点,而这种新特点和新顶点又为消灭私有制进而实现人的最终解放提供了条件,可谓物极必反。所以,马克思才说:"**无产**和**有产**的对立,只要还没有把它理解为**劳动**和**资本**的对立,它还是一种无关紧要的对立,一种没有从它的**能动关系**上、它的**内在**关系上来理解的对立,还没有作为**矛盾**来理解的对立"②。总之,劳动的异化本身就是历史现象,它的基础也是一种历史关系。因此,它不是从来就有的,也不会永远存在下去。很多社会学家的研究结论也对此予以证实,他们认为,在前工业时代,劳动和休闲之间也没有绝对的界限。阿盖尔就说:"在一些比较原始的社会中,休闲与

---

① 马克思恩格斯文集:第1卷.北京:人民出版社,2009:236.
② 同①182.

工作没有太大的分野。既没有特定的休闲时间，而在工作中也有许多唱歌和说故事。"①古德尔也指出："工业革命不仅导致了生产和消费的极端分离，而且带来了工作和游戏的最终分离。"②恩格斯则是从辩证唯物主义的高度谈及共产主义社会的劳动状态：在共产主义者那里，劳动和享乐之间的对立的基础消失了，这是因为"生产劳动就不再是奴役人的手段，而成了解放人的手段，因此，生产劳动就从一种负担变成一种快乐"③。

可见，资本主义所塑造的市民社会和政治国家的对立，使得劳动的异化不可能得到真正的扬弃，人的解放就表现出一种虚幻性，它仅仅具有政治解放的外观。共产主义则是要与以往的全部旧社会进行最彻底的决裂。正如马克思所言："人们的**头脑和智力的差别**，根本**不**应引起**胃**和**肉体需要**的差别；由此可见，'按能力计报酬'这个以我们目前的制度为基础的不正确的原理应当——因为这个原理是仅就狭义的消费而言——变为'**按需分配**'这样一个原理，换句话说：活动上、劳动上的**差别**不会引起在占有和消费方面的任何**不平等**，任何**特权**"④。

---

①② 郑也夫. 后物欲时代的来临. 北京：中信出版社，2016：191.
③ 马克思恩格斯文集：第9卷. 北京：人民出版社，2009：311.
④ 马克思恩格斯全集：第3卷. 北京：人民出版社，1960：637-638.

三、天地与我共生：人与自然的冲突

人的解放理论不仅沿着人与社会的关系展开，还沿着人与自然的关系展开。人和自然界之间也存在着矛盾。实际上，人一旦有了自我意识，一旦意识到自身与大自然的分别，这种矛盾就已经客观存在，或隐或现地表现为一种主客体关系。正如马克思所说，人和自然的这种差别性意识，是"不适用于原始的、通过自然发生的途径产生的人们。但是，这种区别只有在人被看做是某种与自然界不同的东西时才有意义"[1]。今天，人类对大自然的过度开发和压榨已经造成了非常严重的资源枯竭、生态失衡和环境污染问题。之所以出现这种现象，正是因为人类以"主体"的身份自居并相应地把大自然当成"客体"了。这种主客体的分离与"个体"和"集体"之间的分别一样，都是一种矛盾。由此，很多环境伦理学家提出了自然生命伦理的学说，认为对大自然也要讲"伦理"，自然生命也要得到尊重，试图以此克服对大自然的"客体"意识，缓解环境危机。实际上，这种自然生命伦理观本身隐藏着一种更深层次的"主体"意识，因为人类的这种主张和观点仍然是从人

---

[1] 马克思恩格斯文集：第1卷. 北京：人民出版社，2009：529-530.

类自身出发，说到底不过是"人类中心主义"的变种。其中的潜台词不言自明：我们之所以对于保持生态平衡有兴趣，那是因为大自然是我们人类得以保存并赖以发展的必要条件。这充分说明，人与自然的关系是以人与社会的关系为中介的；在不改变生产关系进而重塑社会土壤的情况下，妄图通过一种理论、一个学说就扭转人与自然之间的扭曲关系，往往是疲软和脆弱的。

实际上，不论是东方还是西方，"自然"这个词都不仅具有今天意义上的"大自然"或"自然界"的含义，还具有一个最为原初的含义，即事物的本性，也就是事物之为事物所遵循的内在原则。在中华传统文化中，在后者含义上使用"自然"一词非常普遍。比如，道家学说所倡导的"道法自然"、魏晋玄学所提出的"越名教而任自然"就是此意，它表征的是一种顺应本性、自然而然而没有被外部力量强制的状态。古代诗人寄情于山水，也不过是以物之"自然"彰显人生之澄明，所谓"诚者，天之道也；诚之者，人之道也"（《礼记·中庸》）。西方同样如此，"自然"也具有collective（总和或汇集）和principle（原则）、source（本源）两义。这两种含义的问题域是不一样的：当问及"什么是自然"这个问题时，根据"自然"的第一种含义，这个问题可转化为："什么样的事物存在于自然界中？"这里的"自然"是在collective的意义上使用的。根据第二种含义，这个问题可转化为："事物是由什么组成的，它的本性是什么?"这里的"自然"则是在 principle 的意义上使用的,表示事物的内在本性,就像猫吃老鼠、牛吃草,本性使然。在现代欧洲语言中也是如此,"nature"一词涉及的是某种使它的持有者如其所表现的那样表现的东西,其行为表现的那种根源是其自身之内的某种东西;如果根源在它之外,那么来自它的行为就不是"自然"的,而是被迫的。①

如前所述,在中华传统文化中,提出人的自然化理论的是道家学派。道家和儒家在中国古代都是"显学",但是,与儒家不同的是,道家追求的是自然和无为。道家崇尚的"自然",并非今天我们所理解的自然界,而是"自然而然"的本性,反对的是人为和文明。大自然中的事物,比如花草树木,没有人指挥它们发芽,也没有人命令它们开花,它们就自然而然地生长,不服从于任何外在的目的。在道家看来,人的堕落恰恰在于"人为"或"文明"本身。庄子就曾比喻说:"牛马四足,是谓天;落马首,穿牛鼻,是谓人"(《庄子·秋水》)。因此,在"人为"和"文明"已经成为既定事实的前提下,再像儒家那样去构建所谓的自由理论,不是自欺欺人,就是缘木求鱼。这一观点和卢梭的观点很类似。卢梭说:"人生来是自由的,但却无处不身戴枷锁。自以为是其他一切的主人的人,反而比

---

① 柯林武德. 自然的观念. 吴国盛, 译. 北京: 商务印书馆, 2018: 55.

其他一切更是奴隶。"①自然的东西都是美好的,所谓浑然天成;而一经文明之手,自然就被破坏了,也就沦为不完美。为者,伪也。不自然的东西也就是在外部力量的支配下变得扭曲而变形的东西。所以,对于音乐,庄子最崇尚的是"天籁之音"。什么是"天籁"？就是大自然自己发出来的声音,它最自然、最本然,也最澄明,是浑然天成的,不服从于外在的目的,毫无矫揉造作。与此相比,"地籁"和"人籁"就差劲了,因为其服从于外部的力量。特别是"人籁",是人将自己的意志和目的强加于乐器发出的声音,这种声音是强制的,而不是自然的,与大自然发出的声音相差甚远。广而推之,在这种"自然而然"面前,是非、贵贱、生死的分别又在哪里呢？你越是执着于它们的对立,你就越处于蒙蔽之中,所谓"为者败之,执者失之"(《道德经·第二十九章》)。人要想获得自由,就应该回到自己的那种自然状态中,而不是向前发展。"致虚极,守静笃。万物并作,吾以观复。夫物芸芸,各复归其根。归根曰静,是谓复命"(《道德经·第十六章》)。要想"归根""复命",最大的障碍就是知识和文明。知识是智慧的天敌,知识是后天习得的,智慧才是先天的。后天的东西越多,先天的东西也就越少。对此,老子说:"为学日益,为道日损。损之又损,以至于无为。无为而无不为。"

---

① 卢梭.社会契约论.李平沤,译.北京:商务印书馆,2011:4.

(《道德经·第四十八章》)

可见,道家和儒家一样,说到底仍然是一种"心学"的境界学说,只不过与儒家追求的"从心所欲不逾矩"的社会性自由不同,它追求的是人的自然化,向往一种毫无牵挂、独来独往的自然性境界。在道家看来,在阻碍人的自由心性方面,温情和仇恨其实都是一样的。无论是相濡以沫,还是恩怨情仇,都没有"相忘于江湖"来得逍遥自在。这就是庄子所说的"心斋"和"坐忘"。何谓"心斋"?庄子在《人间世》中借仲尼之口说:"若一志,无听之以耳而听之以心,无听之以心而听之以气,听止于耳,心止于符。气也者,虚而待物者也。唯道集虚,虚者,心斋也。"在《大宗师》里,庄子又借颜回之口说:"堕肢体,黜聪明,离形去知,同于大通,此谓坐忘。"司马承祯后来在《坐忘论》中解释说:"夫坐忘者,何所不忘哉!内不觉其一身,外不知乎宇宙,与道冥一,万虑皆遣,故庄子云同于大通。"可见,"心斋"不仅是一种认识手段,还是一种人生体验的过程,只有在这一过程中,才能够进入"假于异物,托于同体;忘其肝胆,遗其耳目;反复终始,不知端倪;茫然彷徨乎尘垢之外,逍遥乎无为之业"(《庄子·大宗师》)这一境界,就是比靠展翅而高举、靠大风而远行的鲲鹏更加无恃的"逍遥游"。逍遥游,就是"乘物以游心"。所谓"乘物",就是物物而不物于物。这种境界,不是像西方的某些哲人一样为了逃避烦扰的世界而逃避生活,从而达到"不动心"①;也不是像陶渊明那样厌恶官场而躲进山林"悠然见南山"。躲避本身就是一种执着心和分别心。一旦"心隐",在哪里都是一样的。正如白居易所说:"大隐住朝市,小隐入丘樊"(白居易:《中隐》)。真正的隐士,内心一片空灵,其"隐"的境界不会因为其身在何处而受到干扰。"至人之用心若镜,不将不迎,应而不藏,故能胜物而不伤"(《庄子·应帝王》)。当我们去照镜子的时候,镜子里自然会显现出我们的面容;当我们离开镜子时,镜子又恢复其原初状态,不留一点痕迹。这就是至人之心,无执无著,空空如也,没有一点滞碍,进入天行之境。

可见,在中国文化传统中,虽然儒、道两家的观点不同,但是他们思考问题的方向和思路却"神似",那就是不能在两极对立中去追求人的自由,人的自由只能在矛盾的消解处现身。正因如此,二者虽观点对立却又呈互补之势。观点不同,使二者的对立成为可能;思想相近,又使二者的互补成为必

---

① "不动心"是古希腊时期的哲学家提出的一种处世态度,以皮浪和伊壁鸠鲁为代表。但他们这种"不动心"的态度一般是基于认识论提出的。比如,在皮浪看来,感觉是我们感受外在世界的唯一通道,但感觉又是不真实的,所以,感觉并不能告诉我们什么是真理、什么是错误。任何一个东西都可以说既不是又不非,既同为是和非,又不同为是和非。为此,他还提出了一个著名的口号:"不作任何决定,悬搁判断"。反映在生活中,就是"不动心"。只有如此,心灵才能获得宁静。正如皮浪所说:聪明的人应该像猪一样不动心。伊壁鸠鲁也说:幸福,就是肉体的无痛苦、灵魂的无干扰。

要。到了宋明理学时期，儒释道三家渐成互补融合之势，这一点就体现得更为明显。不妨通过下面关于宋代理学家程颢、程颐两兄弟的一个小故事来领会中国文化所追求的这种"无蔽"境界：

> 两程夫子赴一士夫宴，有妓侑觞，伊川拂衣起，明道尽欢而罢。次日，伊川过明道斋中，愠犹未解。明道曰："昨日座中有妓，吾心中却无妓；今日斋中无妓，汝心中却有妓。"伊川自谓不及。

这个故事是由明朝的故事大师冯梦龙在《古今谈概》中记载下来的，真伪不可考，但对于我们理解"澄明之境"却有着"示例"的意义。这个故事是说，程颢、程颐两兄弟曾一起去赴宴，程颐见席中有妓女陪酒，便拂袖而去，只有程颢留下来与人同饮，尽欢而散。次日，程颐到程颢书斋中，仍怒气未消，程颢笑道："昨日本有，心上却无；今日本无，心上却有。"意思是说：昨日本有妓女在，但我心上无妓女在；今日本无妓女在，但你心上却有妓女在。可见，只有"心中无妓"，才能做到"眼中无妓"。后来的禅宗也讲我们人类对待世界的三种态度。第一种态度："见山是山，见水是水"。这是用逻辑思维法则来把握世界。见到了山，便贴上"山"的标签；见到了水，便贴上"水"的标签。在这里，自然山水不再是葱茏碧绿的风景，而是一个概念、一个类别、一个抽象的逻辑学上的规定。第二种态度："见山不是山，见水不是水"。这是以非逻辑的第三只眼来看待世界。见到了山和水，却并不贴上"山"和"水"的标签，扫除名目的纠缠，丢掉语言的拐杖，以便接近它本来的面目。第三种态度："见山只是山，见水只是水"。这是以没有灰尘的明镜般的心来观照世界。见到了山和水，就根据山和水本来的面目去体验山和水。山、水是生机勃勃的，人生也是生机勃勃的，物我两忘，物我一体，超越世俗，回归自然。不难看出，这种超脱也是通过人生境界的提升得到表达的。近人冯友兰先生就曾提出著名的"四境界说"，以彰显中国的精神文化传统。"各人的精神境界，千差万别，但大致说，可以分为四种。一种叫自然境界，一种叫功利境界，一种叫道德境界，一种叫天地境界。"自然境界是人的一种本能反应，功利境界则多了一些算计、规则；道德境界在功利之上，又加上了许多道德要求；天地境界是人生的一种最高境界，天人合一，"浑然与物同体"[①]。无独有偶，西方著名心理学家马斯洛也提出了著名的"需求层次理论"。在他看来，人类具有一些先天需求，人的需求越是低级就越基本、越与动物相似，而越是高级的需求就越为人类所特有。同样，这些需求也是按照先后顺序出现的——一个人在满足了较低级的需求

---

① 冯友兰.三松堂全集：第1卷.郑州：河南人民出版社，1985：245.

之后，才能出现较高级的需求。对此，马斯洛总结了人的五大需求：生理上的需求、安全的需求、情感和归属的需求、尊重的需求、自我实现的需求。冯友兰的"天地境界"和马斯洛的"自我实现的需求"，所表征的都是人的解放。它们仅是表达不同，但在消解人之在世的诸多矛盾方面，思考问题的方式是一致的。

领会上述思考问题的方式，对于我们理解马克思有很大帮助，因为马克思也是在这个方向上思考问题的。这正是马克思主义与中华传统文化的"神似"之处。人的自然化，是马克思的重大命题。如果说在道家学派那里，人的自然化表现为一种"逍遥游"的境界，那么，马克思所关注的"人的自然化"的命题则是一个美学视域中的问题。青年时代的马克思，就深受浪漫主义美学家的影响，尤其重要的一位就是席勒。麦克莱伦在马克思的传记中就说，马克思的人的活动的原型是艺术的，他是从浪漫主义，尤其是从席勒那里汲取了原料，形成了他的人的形象："人的异化的感觉寻找适合于这些感觉的对象这种观念，努力建立自由和审美活动之间的联系，以及全面发展的人的形象，这一切都存在于席勒的《书信集》中。"[1] 哈贝马斯也说，马克思的早期著作中存在着"异化的表现主义模式"，

---

[1] 麦克莱伦. 马克思传：第4版. 王珍，译. 北京：中国人民大学出版社，2016：112.

而"青年马克思从康德、席勒和黑格尔的美学著作中借用了这一模式"①。席勒对人的美学关怀,正是以人的解放为焦点问题的。在《书信集》里,他试图通过"美"来消化"人为"和"自然"之间的紧张。对他而言,美就是人为中的自然,自然才意味着自由:"自然是由于自己而存在的东西,人为是通过规则而存在的东西。人为中的自然就是自己给自己立规则的东西——通过自己而存在的东西(规则中的自由,自由中的规则)。"②"作家要么是自然,要么将寻找自然。前者成就了质朴学家,后者成就了多情作家。"③ 古希腊时期之所以有"完美的人性",正在于其彰显的是完整的人,现代社会则热衷于概念化的知性思维,"直觉知性和思辨知性就敌对地分布在各自不同的领域,怀着猜疑和嫉妒守护领域的界限",这就导致一种使人脱离和谐状态并走向分裂的力量产生。就此,席勒重申了康德的观点:"美招人喜欢不需要概念"。席勒询问:"为什么单个的希腊人有资格作为他那个时代的代表,而单个的近代人就不敢如此呢?"他自己回答说:"这是因为,前者的形式

---

① 现代性的地平线:哈贝马斯访谈录.李安东,段怀清,译.上海:上海人民出版社,1997:171.转引自:何中华.重读马克思:一种哲学观的当代诠释.济南:山东人民出版社,2009:466.
② 席勒.席勒经典美学文论:注释本.范大灿,等译.北京:生活·读书·新知三联书店,2015:56-57.
③ 同②447.

得之于结合一切的自然,后者的形式得之于区分一切的知性。"① 处于知性对立中的人,毫无自由可言,因为此时的自由总是表现为一种知性所能把握的外在的"他者"的规定,而自由的要义恰恰在于"自我规定"。因此,自由才是美,即使再高尚的品德也不是美。道德美只有在"(道德的)义务成了人的天性"时才会出现,因为在这种情况下,你实际上并不再是为了履行义务,但实际上又履行了义务。这样的行为完全是自愿的,而不是被动的;是自由的,而不是强制的。相反,高尚的品德如果都是以自我牺牲的形式表现出来的,是履行义务的结果,那么,义务就意味着强制,不再是美了。"美的客体有什么(理论的和实践的)价值,它是什么质料构成的,它的存在是为了什么目的——所有这些问题必然会完全忽略不计。"② 席勒的这一观点显然受到了康德美学思想的影响,即美是无目的的合目的性。在康德看来,花朵的美应该是这样的:

> 花朵是自由的自然美。一朵花应当是一种什么东西,除了植物学家之外任何其他人是很难知道的;就连这位认识到花是植物的受精器官的植物学家,当他通过鉴赏来对

---

① 席勒. 席勒经典美学文论:注释本. 范大灿,等译. 北京:生活·读书·新知三联书店,2015:229-230.
② 同①40.

此作判断时，他也决不会考虑到这一自然目的。……许多鸟类（鹦鹉、蜂鸟、天堂鸟），不少的海洋贝类自身是美的，这些美不应归于任何按照概念在其目的上被规定了的对象，而是自由地自身使人喜欢的。所以希腊式的线描，用于镶嵌或糊墙纸的卷叶饰等等，自身并没有什么含义：它们不表现什么，不表示任何在某个确定概念之下的客体，并且是自由的美。①

前面提及，马克思强调共产主义社会不是一个道德的社会，其分析此问题的思路和席勒基本是一致的。这也从一个侧面反映出席勒的美学思想对马克思的影响。如果按席勒的口吻，马克思可能会这样表述：共产主义社会不是一个道德的社会，而应该是一个按照美学上的艺术模式运行的社会。维塞尔就说："共产主义实际上正是在《美育书简》中席勒对哲学所提问题的答案"②。从一定意义上讲，以美学的视角来看待共产主义，贯穿了马克思一生的思考。青年马克思深刻地揭示了人的异化现象，并思辨地揭示了这种异化被扬弃之后的理想状态："动物只是在直接的肉体需要的支配下生产，而人甚至不受肉体需要的影响也进行生产，并且只有不受这种需要的影响

---

① 康德.判断力批判.邓晓芒，译.北京：人民出版社，2002：65.
② 何中华.重读马克思：一种哲学观的当代诠释.济南：山东人民出版社，2009：471-472.

才进行真正的生产"①。动物的本能式生产活动不可能存在异化；人的异化则在于有意识地在肉体需要的支配下进行生产，表现为一种不得已，但"真正"的属人的生产必须超越肉体需要的影响，通过自由的劳动表征出来。因此，"动物只是按照它所属的那个种的尺度和需要来构造，而人却懂得按照任何一个种的尺度来进行生产，并且懂得处处都把固有的尺度运用于对象；因此，人也按照美的规律来构造"②。"按照任何一个种的尺度来进行生产"固然是人优越于动物的地方，但也恰恰是这一点，成为人异化的根源，因为唯有"按照美的规律"来进行生产才是真正的生产。这个说法和前文引述的马克思在《资本论》中对共产主义的描述是一致的："自由王国只是在必要性和外在目的规定要做的劳动终止的地方才开始；因而按照事物的本性来说，它存在于真正物质生产领域的彼岸"③。这里的"自由王国"和"彼岸"显然只有在扬弃异化的美学意义上才能领会。

四、摆脱有限：哲学思辨中的相对与绝对

在理论学说上，与中国哲学通过境界学说彰显人的自由和

---

① 马克思恩格斯文集：第1卷. 北京：人民出版社，2009：162.
② 同①163.
③ 马克思恩格斯文集：第7卷. 北京：人民出版社，2009：928.

解放不同，西方哲学对于人的自由和解放这一主题的理解主要是诉诸哲学思辨。这既反映出中西方文化的品格和气质的不同，也暗示了二者共同的形而上取向。

在西方文化中，伊甸园的神话是一种富有象征意味的文化隐喻。这个神话告诉我们：由于偷食禁果的原罪，人将永远受到沉重肉身的羁绊。柏拉图也比喻说：人的灵魂本来就属于上天的精灵，那时它追随神，无视我们现在称作存在的东西，只昂首于真正的存在。可后来，灵魂坠入肉体，依附于躯体，从此遗忘了过去的一切。因此，人生的自由根本就无法在现实的此岸世界里实现，而只能依靠"灵魂"的力量到形而上的彼岸世界中去探求。前者是有限的，后者才是永恒的。人生的意义和价值，就在于挣脱有限，进入永恒和无限以求圆满。这种寻求和超越的姿态，既表现在纯粹的理智思辨中，也表现在以基督教为核心的宗教信仰中。

我们都知道，在现实世界中，无论怎么在白纸上摆弄圆规和直尺，都无法画出理想中纯粹的"圆"。用柏拉图的话来说，"圆的东西"并不是"圆"本身，只有停留在理性思维里、落实到理智概念中的"圆"，才是完美无缺的。相反，现实中的一切圆的东西，由于受到物质材料的"污染"，总是有着这样那样的缺陷。与此相对应，我们眼睛看到的、耳朵听到的、鼻子闻到的，就是一个充满虚假和错误的世界。而唯有理智和思维，才能让我们完全摆脱感性的束缚，进入那个理想的纯粹世界。正如巴门尼德所说,思想和存在是同一个东西。思维和存在是同一的。一方面,唯有思维中的东西才是真正存在的东西,而我们感官所感觉到的东西都是一些将我们导入歧途的"意见",不是"真理"。另一方面,所谓的"真理",真正的存在,唯有通过智力活动才能达到,除此之外,别无他途。至此,我们似乎可以理解为什么古希腊人如此热衷于抽象的哲学思辨了。这是因为,正是依靠纯粹的思辨,有限和无限之间才得以架起一座互相通约的桥梁。它不仅给人带来一种纯粹思维的乐趣,还是更深层次的安身立命之所在。马克思在博士论文中就引用德谟克利特的观点说,发现了自然界的一个因果联系,比做波斯国的国王还要高兴。

对古希腊人而言,与其说思维能够把握真实,还不如说思维能够把握绝对和圆满。这种绝对和圆满,正是人的理想状态。有限之人通过思辨活动进入这种理想状态,也就获得了自由和解放。因此,古希腊哲学家对思辨生活的定位和态度本身就体现了古希腊人对人的完美状态的理解。拉尔修在《名哲言行录》中记载,最早使用"哲学家"一词的是毕达哥拉斯。当弗里乌斯的僭主勒翁问毕达哥拉斯是什么人时,后者回答说:"哲学家。"毕达哥拉斯继而解释说,生活好比一个盛大的宴会,"一些人去是为了赢得奖赏,一些人则是为了做买卖,而最好的是去做观众"。因此,他说:"生活中那些具有奴性的人,生来就只知道追逐荣誉和财富,而哲学家追求的是真理。"① 毕达哥拉斯明确地把自由和真理联系在了一起，进而将哲学家归到了自由人的行列：哲学是一门为知而知、为思辨而思辨的学问，它以真理为最终归旨，而不服从于任何物质利益和外部目标，因而是唯一自由的学问。哲学家，过的是一种心灵的生活，把玩的是纯粹理智的思维活动，因而是唯一自由的人。

在西方哲学史上，关于泰勒斯，曾经有一个令人津津乐道的故事。据说有一次，一位老妇人把他赶出房外，让他去看星星，结果他掉进了沟里，便大声呼救，却招来了这位老妇人的斥骂："泰勒斯啊，你连脚前的东西都不能看清，还想知道天上的事情吗？"事实上，泰勒斯后来用实际行动驳斥了那位无知的老妇人。为了表明变得富有是多么容易，他在预见到将有一个橄榄丰收季节后，提前租下了所有的榨油机，并因此而积攒了一大笔钱财。泰勒斯用自己的行为证明，哲学家如果想发财是很容易的。后来的亚里士多德对此也曾经有一个非常精彩的点评："哲学家如果想赚钱的话，是很容易做到的，但他的兴趣并不在这里。"而黑格尔的评语更是毫不客气："他们不知道哲学家也在嘲笑他们不能自由地跌入坑内，因为他们已永远

---

① 拉尔修.名哲言行录.徐开来，溥林，译.桂林：广西师范大学出版社，2010：395.

躺在坑里出不来了——因为他们不能观看更高远的东西。"①可见，对于古希腊人而言，纯粹的理智思辨正是通向人之解放的路径。对于思辨的主体而言，哲学家们进行的是纯粹理智的活动，这种活动不但不需要借助外在的经验，反而还要摆脱外在的经验束缚。否则，这种活动就不再是"纯粹心灵的"了。而对于思辨的内容而言，哲学家们追问的问题，或者是纯粹理智的思维诡辩，或者是普遍、无限、超验的终极性的问题，都无法在现实生活中得到回应和验证。这恰恰暗示了人的完美状态绝对不是功利的。

西方哲学在后来的演变过程中，虽然关注的重点和思考的方式不断转换，但是通过思辨的方式把握现实世界之外并决定现实世界的绝对、普遍的"本体"，仍然是核心问题。相应地，本体论思维也就成为明显带有西方特点的思维方式。这个"本体"在柏拉图那里是"善"，在亚里士多德那里是"不动的推动者"，在基督教哲学中是"上帝"，到黑格尔那里则成了"绝对理念"。它们虽然被置于不同的名称之下，但其内涵基本是一致的，即都象征着超越了对立和矛盾的"绝对"，指向人类自身的理想和完美状态。黑格尔就说："哲学的历史就是发现关于'绝对'的思想的历史。绝对就是哲学研究的对象。"② 海

---

① 黑格尔. 哲学史讲演录：第1卷. 贺麟，王太庆，等译. 上海：上海人民出版社，2013：180.
② 黑格尔. 小逻辑. 贺麟，译. 北京：商务印书馆，1980：10.

德格尔也说:"因为在哲学思想中弥漫着最高限度可能的联系,所以,所有伟大的思想家都思想着同一件事。"① 这里的"最高限度"和"同一件事"所指涉的正是"绝对"的澄明之境。但从字面上来理解,"绝对"就不是"相对",也就是说它超越了一切对待性关系。对此,我们可以通过柏拉图的"善"来进行领会。柏拉图把最高的理念视为"善",正在于说明"本体"不处于与其他事物的"对待"之中。对它的领会,既需要依靠理智,又需要超越理智。据此,他经常以"太阳"喻之:太阳能发光,我们的眼睛才能看见世间万物。所以,"太阳"是我们感性认识的保证和源泉。同样,"善"是我们理智活动的源泉,它保证我们的理智思辨("思想")朝向它的对象("存在")。但是,在现实生活中,"太阳"并不是我们眼睛的对象。同样,"善"也不是理智的对象。那么,我们如何对"善"进行体认呢?柏拉图说,只能靠一种神秘的爱。从词源学上考察,"哲学"这个词最早出自希腊文 φιλοσοφία(philosophia)。这个词由两部分组成,即"philo-"(爱)和"sophia"(智慧)。顾名思义,"哲学"就是"爱智慧"。柏拉图曾经借苏格拉底之口说:"智慧"这个词太大,它只适合神,而"爱智慧"这类词倒适合人类。"爱智慧",不是"有智慧",更不是"求

---

① 王炜.熊译海德格尔.熊伟,译.上海:同济大学出版社,2004:290-291.

智慧",而是对"智慧"抱有一种非理性的炙热情感。正如柏拉图所说,理性的最佳状态是一种疯狂,最高境界则是一种被称为"爱"的情感。但是,无论是"爱"还是"疯狂",都是靠一种神秘的直观和体验来实现的。讽刺性的是,直观和体验,恰恰是对理智的背离。

就这样,当理性无法证明自身的自明性时,最终只能靠信仰来保证了。理性主义走到极致,最终却导致反理性主义,与宗教不期而遇。真可谓:两极相通,物极必反。作为科学家的爱因斯坦就曾感慨地说,这个世界最不可理解的事情就是它是可理解的。① 维特根斯坦也说:"世界是怎样的这一点并不神秘,而世界存在着,这一点是神秘的。"② 科学知识的发展虽然能够帮助人类更加精确地描述世界,但却永远无法给出世界"为何如此这般"的正确解释,最后只能寄托于对上帝的"信仰"了,因为上帝就是自因自律的绝对的"一",它绝对完美,象征着永恒。正如15世纪的西方哲学家库萨的尼古拉所说:"没有比认为有几个上帝更谬误的了。"斯宾诺莎也以一个泛神论者的身份宣称:"神,我理解我绝对无限的存在",因此是"绝对的第一因(causa prima)","单是由神的本质的必然性就

---

① 纪念爱因斯坦译文集. 赵中立,许良英,译. 上海:上海科学技术出版社,1979:97.

② 维特根斯坦. 逻辑哲学论. 贺绍甲,译. 北京:商务印书馆,1996:104.

可以推出：神是自因的，又就是万物的原因"①。可以说，西方哲学史的整个脉络就是在致力于理性和信仰的整合，以实现对那个最高的"绝对"的理解和信仰，这在黑格尔哲学那里达到了巅峰。他以"主体即实体"的逻辑构架让"绝对精神"自我"现—象"，既实现了"主体"的自我认识（理解），又实现了"实体"的自我确认（信仰）。但是，正如费尔巴哈所指出的，黑格尔设定的"绝对精神"不知从何而来，本身就是神秘的。因此，在他看来，黑格尔的哲学不过是一种披着哲学外衣的宗教。而宗教不过是人的本质的异化，即把人理想的完美状态投射到宗教中："黑格尔从异化出发（从逻辑上就是从无限的东西、抽象的普遍的东西出发），从实体出发，从绝对的和不变的抽象出发，就是说……他从宗教和神学出发。"② 对此，马克思评价说，费尔巴哈的一大功绩就在于揭示了"哲学不过是变成思想的并且通过思维加以阐明的宗教，不过是人的本质的异化的另一种形式和存在方式"③。由此可见，宗教看似是理性的天敌，但却又是思辨地把握"绝对"的宿命。这可以说是"思辨的原罪"。如果人类只能通过思辨而不是现实的方式

---

① 斯宾诺莎.伦理学.贺麟，译.北京：商务印书馆，1983：35-37.
② 马克思.1844年经济学哲学手稿.北京：人民出版社，2014：93.
③ 同②245.

追求自身的解放，则只能说明人类根本没有现实地解放。而如果人类不能现实地解放，宗教就会如影随形地跟随着人类。这也正是马克思一方面宣称"宗教是人民的鸦片"，另一方面又对唯心主义的意识形态进行深入批判的根本原因。

虽然黑格尔对"绝对"的把握是思辨的，但却有一种动态的因素在里面，即他把对"绝对"的把握看作一个动态的过程。黑格尔的《精神现象学》的副标题是"关于意识的经验的科学"。所谓意识的经验，也即意识的经历。在黑格尔看来，真理唯有经过"知性""否定的理性""肯定的理性"这一正反合的辩证过程，他所谓的"绝对精神"才能由抽象的"同一"过渡到具体的"统一"。他的出发点固然是"绝对"（上帝），他也认为上帝是最伟大者，但是最伟大者未必知道自己是最伟大者。因此，最伟大者要知道自己是最伟大者，就必须通过自身的现一象"历练"一番。这就好比武侠小说里的武林高手，已经是天下第一了，但他自己却不知道，所以必须行走江湖寻找其他的高手较量一番并将他们一一打败，只有到这个时候，所谓的"天下第一"才具有实质性的内涵——他既是天下第一（信仰），也才能真切地认识到自己是天下第一（理解）。可见，黑格尔的辩证法内在地镶嵌着历史观，对"绝对"的把握也就具有了历史的内涵。而当面对黑格尔的遗产时，马克思并没有像费尔巴哈那样将黑格尔的"绝对精神"视为神学或者宗教而简单地抛弃，而是从黑格尔那里继承了最富有营养的成分，即历史思维：

> ……黑格尔根据否定的否定所包含的肯定方面把否定的否定看成真正的和唯一的肯定的东西，而根据它所包含的否定方面把它看成一切存在的唯一真正的活动和自我实现的活动，所以他只是为历史的运动找到**抽象的、逻辑的、思辨的**表达，这种历史还不是作为既定的主体的人的**现实**历史，而只是人的**产生的活动**、人的**形成的历史**。……①

对历史运动的抽象的、逻辑的、思辨的表达毕竟也是一种表达，它和古典形而上学所表现的本质主义是截然相反的思维方式。这也从另外一个侧面表明，辩证法是把握历史的科学的方法论原则。仅从这一点上看，马克思和黑格尔并没有不同，马克思所诉诸的"绝对"（共产主义）也唯有通过辩证的历史思维才能够把握。所不同的是，马克思将黑格尔那种带有神秘色彩的辩证运动从"绝对精神"或"自我意识"的思辨中解放了出来，赋予它坚实的现实基础，即感性的人的能动活动和现实的社会历史生成。黑格尔的错误根源在于，他将人的这种感性活动的能动性思辨为主体意识的能动性。对此，马克思认为黑格尔把二者的关系完全颠倒了："自我意识的异化没有被看做人的本质的**现实**异化的**表现**，即在知识和思维中反映出来的

---

① 马克思.1844年经济学哲学手稿.北京：人民出版社，2014：94.

这种异化的表现。相反，**现实的**即真实地出现的异化……不过是现实的人的本质即**自我意识**的异化现象。……因此，对异化了的对象性本质的全部重新占有，都表现为把这种本质合并于自我意识；掌握了自己本质的人，**仅仅**是掌握了对象性本质的自我意识。"① 但无论如何，对"绝对"的把握，即"全部重新占有"，是在动态的历史中完成的。这固然是西方哲学的重大变革，但对"绝对"的思想追求却仍然扎根于西方的形而上学传统中，马克思的历史唯物主义同样如此。

五、现存世界的革命化：唯物史观视域下的共产主义

正如我们前面提及的，当人在现实的世俗土壤中意识到自己处于分裂状态而又无力改变这种现实状况时，哲学也就产生了。在这一意义上讲，哲学不过是超越现实寻求人之完满性的一种理论努力和意志体现。正因如此，哲学总是以超越经验的形而上学的面目出现。正如马克思早年在博士论文中所说："当哲学作为意志反对现象世界的时候，体系便被降低为一个抽象的整体，这就是说，它成为世界的一个方面，于是世界的

---

① 马克思.1844年经济学哲学手稿.北京：人民出版社，2014：100.

另一个方面就与它相对立。"① 这就意味着，只要人在现实中还处于分裂和对立之中，只要人还没有现实地消灭这种分裂和对立，这种形而上学作为一种理想就必然难以逃避被抽象化的命运。因此，前文中提到的各种思想和学说，无论是中国哲学中的境界学说还是西方哲学中的抽象思辨，都不过是形而上学的历史形式罢了。

马克思为自己规定的学术任务绝对不是在现实之外构建一种哲学体系以表征人的完美状态。外在地构建理论体系，只能意味着对现实状况的容忍，承认它存在的合法性。在这一意义上，与之前的所有哲学家和理论家热衷于知识建构和理论思辨不同，马克思痛恨和反感一切旧哲学体系，因为旧哲学都是以"解释世界"的理论面目出现的。那么，如何才能克服哲学相对于现实世界的外在性和抽象性呢？对此，马克思思考的焦点问题是：如何让哲学成为现实？一旦哲学成为现实，世界"哲学"了起来，哲学也就不再具有超验的意义。这个时候，哲学也就丧失了抽象的外观，充分地世界化了。或者说，哲学在充分地世界化时也丧失了自身。所以，马克思才说：哲学的实现同时也就是它的丧失。也就是说，只有在哲学内在于世界而不再是世界之外的理想时，只有在哲学与世界打成一片时，哲学才会消失。在后来的《〈黑格尔法哲学批判〉导言》中，马克

---

① 马克思恩格斯全集：第40卷．北京：人民出版社，1982：258．

思在同样的意义上说：你们不在现实中实现哲学，就不能消灭哲学。① 只有超验与经验和解了，人现实地解放了，哲学作为形而上学才会最终退出历史舞台。

因此，马克思反对在头脑中空泛而抽象地"谈论"人的解放，他追求的是人的实际解放，进而消除一切关于人的意识形态。但是，人的解放作为理想，毕竟有一个规范性的目标。至于这个规范性的目标如何实现，是我们后面要着重讲述的。但是，这个规范性的目标是不能或缺的，因为人是有意志，并追求着自己目的的存在物。所以马克思才说，以前的哲学家总是在解释世界，而问题在于改造世界。"对**实践的**唯物主义者即**共产主义者**来说，全部问题都在于使现存世界革命化，实际地反对并改变现存的事物"②。对此，前文已详细分析，在此不再赘述。那么，"改变现存的事物"的尺度又来自哪里呢？只能来自主观。所以，"光是思想力求成为现实是不够的，现实本身应当力求趋向思想"③。之前我们讲述的中国哲学中的境界学说、古希腊的城邦社会、西方哲学的本体论思想以及黑格尔关于"绝对"的思辨把握，虽然仅仅以思想的形式抽象地表达出人的完满性和统一性，但仍具有重要的思想史价值，甚至有些直接或间接地构成了马克思人的解放理论的思想源泉。若

---

① 马克思恩格斯全集：第1卷．北京：人民出版社，1956：459.
② 马克思恩格斯文集：第1卷．北京：人民出版社，2009：527.
③ 同②13.

仅仅从思辨的意义上考察，马克思和它们的致思取向没什么不同。关于共产主义，马克思在早期著作《1844年经济学哲学手稿》中就这样描述：

> ……这种共产主义，作为完成了的自然主义，等于人道主义，而作为完成了的人道主义，等于自然主义，它是人和自然界之间、人和人之间的矛盾的**真正**解决，是存在和本质、对象化和自我确证、自由和必然、个体和类之间的斗争的真正解决。……①

从这个表述来看，马克思眼中的"共产主义"仍然是在矛盾消解的维度上来论及人的解放的。也就是说，偏执于其中的任何一个方面，都不是人的解放。实际上，一旦自然主义就是人道主义，人道主义就是自然主义，人道主义和自然主义也就失去了对立的基础。可见，马克思所致力的并不是矛盾的解决，而是矛盾的消解。只不过，这种矛盾的消解在马克思那里是历史的任务，而不是理论的任务。把握这一点，对于我们真正领会马克思的运思方式至关重要。实际上，关于共产主义以及马克思人的解放理论的种种误解或曲解，包括历史上社会主义运动在实践上的种种挫折，都在于没有领会马克思那种把握整体性、消解对立性的致思取向。因此，无论是把马克思打扮

---

① 马克思.1844年经济学哲学手稿.北京：人民出版社，2014：78.

成信仰社会进化论的启蒙主义者，还是把马克思打扮成感伤追古的浪漫主义者，都属于非此即彼的知性思维模式，即仅仅抓住了矛盾的一个方面，而没有对矛盾的对立面进行"综合"和"统一"进而消解这种对立。若仅仅说马克思是启蒙主义的继承者，古代何以让他如此着迷？他在给俄国女革命家查苏利奇的回信中就明确说，不要过分地害怕"古代"一词，现代社会所趋向的"新制度"将是"古代类型社会在一种高级的形式下(in a superior form) 的复活（a revival）"①。如前文所述，在《政治经济学批判》导言中，他把古代视为人类的童年时代："儿童的天真不使成人感到愉快吗？他自己不该努力在一个更高的阶梯上把儿童的真实再现出来吗？……为什么历史上的人类童年时代，在它发展得最完美的地方，不该作为永不复返的阶段而显示出永久的魅力呢？"② 从这一意义上讲，走向未来也就是回归过去。当然，与浪漫主义不同的是，马克思所谓的回归不是简单地回溯或倒退，正如他所说："一个成人不能再变成儿童，否则就变得稚气了。"③ 从这一意义上讲，马克思的观点又和启蒙主义那种信仰物质进步的观点站在了一起，承认了从"儿童"发展为"成人"并历史性地丧失童真的历史合

---

① 马克思恩格斯文集：第3卷. 北京：人民出版社，2009：572.
② 马克思恩格斯文集：第8卷. 北京：人民出版社，2009：35 - 36.
③ 同②35.

理性和正当性。所以,"自我异化的扬弃同自我异化走的是同一条道路"①。以浪漫主义的观点看,李嘉图的经济学思想是何等的冷峻和无情,因为他主张为生产而生产,从不顾及消费和分配。李嘉图之所以鼓吹资本主义,是因为他把资本主义生产方式看作最有利于生产、最有利于创造财富的生产方式。"从李嘉图来说,他把无产者看成同机器、驮畜或商品一样,却没有任何卑鄙之处,因为无产者只有当作机器或驮畜,才促进'生产'(从李嘉图的观点看),或者说,因为无产者在资产阶级生产中实际上只是商品。这是斯多葛精神,这是客观的,这是科学的。"② 客观的、科学的,往往有着浪漫主义所不能容忍的冷酷无情:"因此对李嘉图来说,生产力的进一步发展究竟是毁灭土地所有权还是毁灭工人,这是无关紧要的。如果这种进步使工业资产阶级的资本贬值,李嘉图也是欢迎的。"③但是,马克思却以赞扬和肯定的口吻说,李嘉图有一种"**科学上的诚实**",这种诚实也是一种"**科学上的必要**"④:一方面,"为生产而生产无非就是发展人类的生产力,也就是**发展人类**

---

① 马克思.1844年经济学哲学手稿.北京:人民出版社,2014:75.

② 马克思恩格斯全集:第26卷(第2册).北京:人民出版社,1973:126.

③④ 同②125.

天性的财富这种目的本身"①。另一方面,"发展社会劳动生产力,是资本的历史任务和存在理由。资本正是以此不自觉地为一个更高级的生产形式创造物质条件"②。可见,马克思既是启蒙主义的继承者,也是浪漫主义的传人。但这仅仅是在有限的意义上谈及的,其相反的观点照样成立,即他既不单纯地秉承启蒙主义的观点,也不想当然地接受浪漫主义的主张。正确的观点似乎应该是:启蒙主义和浪漫主义在马克思那里本身就构成了一种对立统一关系,马克思既利用前者来反驳后者,也利用后者来反驳前者。而马克思为自己规定的历史任务就是扬弃二者的对立:"资产阶级的观点从来没有超出同这种浪漫主义观点的对立,因此这种浪漫主义观点将作为合理的对立面伴随资产阶级观点一同升入天堂。"③可见,马克思从来没有放弃西方文化传统关于"绝对"的至上追求,他和黑格尔一样,也是在矛盾的消极意义上对之进行领会的,只不过,马克思的追求不是通过概念的思辨完成的,而是通过现实社会的运动及其历史自身完成的。

马克思的这种追求还明显地体现在他对于私有制的态度

---

① 马克思恩格斯全集:第26卷(第2册).北京:人民出版社,1973:124.

② 马克思恩格斯全集:第25卷.北京:人民出版社,1974:288-289.

③ 马克思恩格斯全集:第46卷(上).北京:人民出版社,1979:109.

上。在他看来，私有制的消灭并不是机械性地消除，而是内在地扬弃和超越。从这一意义上讲，简单地去寻找私有制的反题是不得要领的。马克思在《1844年经济学哲学手稿》中曾谈到那种"原始的共产主义"①。这种共产主义一方面主张实物的统治，另一方面又以共有的形式确立了每个人与这些实物的占有关系。在马克思看来，这种共产主义徒有共产主义的外观，而没有共产主义的实质，因为它仍然是一种变相的私有关系和物化关系，不过是"私有财产关系的**普遍化**和**完成**"，而"私有财产关系仍然是共同体同物的世界的关系"，物化思维仍然没有被超越。马克思对此讽刺道："这个用普遍的私有财产来反对私有财产的运动是以一种动物的形式表现出来的：用**公妻制**……来反对婚姻……**公妻制**这种思想是这个还相当粗陋的和毫无思想的共产主义的**昭然若揭的秘密**。"由于它不能够构成对私有制的真正超越而仅仅是粗暴、强制的否定，所以它"不仅没有超越私有财产的水平，甚至从来没有达到私有财产的水平"②。在《共产党宣言》中，马克思延续了这一批判思维。他说："你们共产党人是要实行公妻制的啊。整个资产阶级异口同声地向我们这样叫喊"③。一旦把私有制的反题理解为共有制，婚姻的反题也就被理解为公妻制，"私人使用"的

---

① 马克思.1844年经济学哲学手稿.北京：人民出版社，2014：310.
② 同①75-76.
③ 马克思恩格斯文集：第2卷.北京：人民出版社，2009：49.

反面也就自然被理解为"共同使用"。但是，无论是私有还是共有，无论是私人使用还是公共使用，物化的思维在这里都没有被真正扬弃，也就是说，这种把妇女看作"物"的根深蒂固的占有和使用思维并没有被超越。所以马克思才说："资产者是把自己的妻子看做单纯的生产工具的。他们听说生产工具将要公共使用，自然就不能不想到妇女也会遭到同样的命运。"①可见，仅仅在形式上消灭私有制是徒劳的，问题的关键是消灭私有制的现实土壤以及由此衍生的物化思维。正如马克思所说："私有制使我们变得如此愚蠢而片面，以致一个对象，只有当它为我们所拥有的时候，就是说，当它对我们来说作为资本而存在，或者它被我们直接占有，被我们吃、喝、穿、住等等的时候，简言之，在它被我们**使用**的时候，才是**我们的**。"②因此，当资产阶级的卫道士将共产主义理解为公妻制时，实际上他们仍然是在以私有制的物化思维思考一个消灭了私有制的社会，显然是不得要领的。因此，马克思才釜底抽薪地说道："他们想也没有想到，问题正在于使妇女不再处于单纯生产工具的地位。"③正是把妇女作了物化的理解（视为生产工具），才有了所谓的私有和共有的对立。马克思消灭私有制的革命则是要消灭"有"本身，一旦消灭了私有制所代表的"有"的愚

---

① 马克思恩格斯文集：第2卷．北京：人民出版社，2009：49.
② 马克思．1844年经济学哲学手稿．北京：人民出版社，2014：82.
③ 同①．

蠢性和片面性，那种私有和共有的对立自然也就消解了。这也是马克思主义的彻底性之所在。

马克思这种分析问题的方法正是我们今天所熟知的矛盾分析法。这种对立的消解，也就是我们所熟知的对立统一。可以说，这种分析问题的方法是马克思主义方法论的精髓。在马克思那里，无论是对立的生成还是消解，都有赖于历史的运动本身。从这一意义上讲，辩证唯物主义和历史唯物主义是内在镶嵌的。《共产党宣言》开篇就说："至今一切社会的历史都是阶级斗争的历史。"① 这句话完全是历史唯物主义的表述，但从另一个维度看，这句话又何尝不是辩证唯物主义的表述？我们完全可以将其表述为：至今一切社会都处于矛盾的对立当中。而这种社会对立存在的世俗土壤正是私有制以及这一基础之上的实质性的剥削关系：

> 只要存在着一些人不劳动（不直接参加使用价值的生产）而生活的社会，那么，很清楚，这个社会的整个上层建筑就把工人的剩余劳动作为生存条件。……也就是说，工人在物质生产中使用的时间必须多于生产他们本身的物质生活所需要的时间。
>
> 不劳动的社会部分的**自由时间**是以**剩余劳动**或**过度劳动**为基础的，是以劳动的那部分人的**剩余劳动时间**为基础

---

① 马克思恩格斯文集：第 2 卷．北京：人民出版社，2009：31．

的；一方的自由发展是以工人必须把他们的全部时间，从而他们发展的空间完全用于［Ⅲ—105］生产一定的使用价值为基础的；一方的人的能力的发展是以另一方的发展受到限制为基础的。迄今为止的一切文明和社会发展都是以这种对抗为基础的。①

马克思说："不管阶级对立具有什么样的形式，社会上一部分人对另一部分人的剥削却是过去各个世纪所共有的事实"。所谓消灭私有制，也就是要结束这种"对抗"性质。因此，以任何对抗性、对立性思维思考共产主义这一"绝对"都是误入歧途的。如前文所述，所谓绝对，正是摆脱了一种对待性关系。而以往一切社会之所以是旧社会，是因为它们都是处于"对待"之中的。"至今的一切社会的历史都是在阶级对立中运动的，而这种对立在不同的时代具有不同的形式。"② 所以，追求道德并不是共产主义的诉求。在共产主义社会里，无所谓道德，也无所谓不道德，因为共产主义超越了二者之间的对立。作为一种意识形态修辞，道德与不道德的对立本身就是阶级对立所折射出的一种社会意识。关于平等这一价值诉求也是一样，"平等仅仅存在于同不平等的对立中，正义仅仅存在于同非正义的对立中，因此，它们还摆脱不了同以往旧历史的对

---

① 马克思恩格斯全集：第47卷．北京：人民出版社，1979：215.
② 马克思恩格斯文集：第2卷．北京：人民出版社，2009：51.

立，就是说摆脱不了旧社会本身"①。因此，在共产主义社会里，无所谓平等，也无所谓不平等。共产主义不追求平等，它的历史任务是要消灭平等和不平等的对立。"把社会主义社会看做**平等**的王国，这是以'自由、平等、博爱'这一旧口号为根据的片面的法国人的看法，这种看法作为当时当地一定的**发展阶段**的东西曾经是正确的，但是，像以前的各个社会主义学派的一切片面性一样，它现在也应当被克服"②。同样，无产阶级在和资产阶级的斗争中，其最终目标也不是维护自己对于资产阶级的统治地位，因为一旦无产阶级"以统治阶级的资格用暴力消灭旧的生产关系"，"也就消灭了阶级对立的存在条件，消灭了阶级本身的存在条件，从而消灭了它自己这个阶级的统治"③。或者说，无产阶级在消灭资产阶级的同时也消灭了自己。可见，如果说黑格尔的"精神"是思辨中实现的"绝对"，那么，马克思的共产主义则是现实历史运动中最终实现的"绝对"。正因如此，马克思不止一次告诉我们，共产主义是同至今的全部历史发展相矛盾的："共产主义革命就是同传统的所有制关系实行最彻底的决裂；毫不奇怪，它在自己的发展进程中要同传统的观念实行最彻底的决裂。"④

---

① 马克思恩格斯文集：第9卷.北京：人民出版社，2009：354.
② 马克思恩格斯文集：第3卷.北京：人民出版社，2009：415.
③ 马克思恩格斯文集：第2卷.北京：人民出版社，2009：53.
④ 同③52.

第六章

马克思主义的内在张力

一、科学性与革命性：马克思主义的双重品格

习近平总书记在纪念马克思诞辰 200 周年大会上指出：

> 马克思主义是科学的理论，创造性地揭示了人类社会发展规律。在马克思提出科学社会主义之前，空想社会主义者早已存在，他们怀着悲天悯人的情感，对理想社会有很多美好的设想，但由于没有揭示社会发展规律，没有找到实现理想的有效途径，因而也就难以真正对社会发展发生作用。马克思创建了唯物史观和剩余价值学说，揭示了人类社会发展的一般规律，揭示了资本主义运行的特殊规律，为人类指明了从必然王国向自由王国飞跃的途径，为人民指明了实现自由和解放的道路。①

---

① 习近平. 在纪念马克思诞辰 200 周年大会上的讲话. 人民日报，2018-05-05（2）.

如果说马克思主义对人类社会一般发展规律的揭示是通过唯物史观实现的，那么，揭示资本主义运行的特殊规律则是通过剩余价值学说实现的。在这种科学的揭示中，马克思主义所致力的目标就是人的解放。正如恩格斯在《共产党宣言》的英文版序言中所指出的："被剥削被压迫的阶级（无产阶级），如果不同时使整个社会一劳永逸地摆脱一切剥削、压迫以及阶级差别和阶级斗争，就不能使自己从进行剥削和统治的那个阶级（资产阶级）的奴役下解放出来"[①]。因此，人的解放实质上就是无产阶级的解放，是在共产主义社会才能实现的一种解放。由此，人们一般对马克思主义在四个维度上进行定位：一是关于自然、社会和人类思维发展一般规律的学说；二是关于社会主义必然代替资本主义、最终实现共产主义的学说；三是关于无产阶级解放全人类和每个人自由而全面发展的学说；四是无产阶级政党和社会主义国家的指导思想，是指引人民创造美好生活的行动指南。

对人类社会发展一般规律和资本主义运行特殊规律的揭示，体现了马克思主义科学性的一面。如前文所述，科学性是对必然性的揭示。马克思主义之前的空想社会主义之所以是空想的，即是因为它们仅仅在价值的"应然"维度上对资本主义进行了批判，而没有在科学的"是然"维度上揭示资本主义必

---

① 马克思恩格斯文集：第2卷．北京：人民出版社，2009：14.

然灭亡的命运。但是，马克思主义所揭示的从必然王国向自由王国的飞跃、以人的自由而全面发展为标志的人类解放，其中也内在地蕴含着一个"应然"的价值维度，失去了这一维度，我们就无法论证推翻资本主义、建设社会主义的"道义制高点"，也无法凸显马克思主义的革命性。而空想社会主义之所以成为马克思主义的三大来源之一，主要也是在价值维度而不是科学维度上启发了马克思主义。因此，马克思主义的人的解放理论也被称为"科学社会主义"，马克思主义就是科学性和革命性的统一。

但是，我们也应该看到，马克思主义的科学性和革命性之间存在着一种"紧张"。正是这种"紧张"造成了关于马克思主义的诸多误读。一种代表性的观点认为：既然资本主义的灭亡、社会主义的胜利是人类社会发展的必然规律，那么，我们为什么还要发挥主观能动性进行革命去推翻资本主义呢？实际上，我们什么事情也不需要做，静静地等待资本主义的灭亡就足够了，因为科学所揭示的"必然性"恰恰是以排除了人的干预为表征的。反之亦然，既然资本主义需要人们通过革命去推翻才能灭亡，那么，它的灭亡还是不是不以人的意志为转移的客观规律？笔者在课堂上就经常"遭遇"学生提出的下面这个问题：资本主义是必然要灭亡还是需要我们"推一把"？

这确实是一种矛盾。这种所谓的"矛盾"实际上也并非马克思主义所独有。综观中外思想史不难发现，伟大的思想在其创始人身后都可能会面临被片面化、抽象化的危险。所谓"儒分为八，墨离为三"，说的正是这个道理。如前文所述，孔子是儒学的创始人，在他那里，强调向内追求的"仁"和外在规范的"礼"是结合在一起，而没有偏执于任何一边。但是，我们也应该承认，"仁"和"礼"一个向内、一个向外，确实有着对立的一面。这也就为儒学后来的分流埋下了伏笔。孔子之后，孟子继承孔子学说中"仁"的观点发展出了"心学"一脉，而荀子发扬孔子学说中"礼"的观点演绎出了"礼学"传统，二者同归于儒，但在经过历史的洗礼之后，他们的观点在深化的同时也被片面化了。道家也是如此。在道家的创始人老子那里，追求自我超越的境界学说和谋求王霸之位的谋略思维似乎是结合在一起的，但二者之间也确实存在着"内圣"和"外王"的矛盾。于是，与儒家后来的分流一样，道家思想在老子之后也逐渐分化：庄子继承了《道德经》中的"内圣"之方，发展出了"心斋""坐忘"的境界学说，而韩非子却通过《解老》《喻老》发展出了"人君南面之术"。就此，庄子在《天下》篇中曾发出这样的慨叹：

> 天下大乱，贤圣不明，道德不一，天下多得一察焉以自好。譬如耳目鼻口，皆有所明，不能相通。犹百家众技也，皆有所长，时有所用。虽然，不该不遍，一曲之士也。判天地之美，析万物之理，察古人之全。寡能备于天

地之美，称神明之容。是故内圣外王之道，暗而不明，郁而不发，天下之人各为其所欲焉以自为方。悲夫！百家往而不反，必不合矣！后世之学者，不幸不见天地之纯，古人之大体，道术将为天下裂。

马克思主义作为一个理论体系，是否也内在地蕴含着像儒、道那样的矛盾，是否也存在"道术将为天下裂"的情势呢？对此，我们应该正视，更应该看到：在马克思、恩格斯之后，马克思主义确实也沿着几个不同的方向发展了。伊格尔顿就曾戏谑说："马克思主义最独特之处也正是马克思主义最成问题之所在"[①]。不可否认，马克思主义在理论上的"留白"为后人提供了多重解读维度。但是，这种解读大体上仍然是围绕科学性还是革命性、资本主义是"应该"灭亡还是"必然"灭亡这两个脉络展开的。资本主义的灭亡当然是一个不可避免的自然历史过程。否则，马克思主义的全部理论都将失去意义。事实上，正是马克思、恩格斯正确揭示了"资产阶级的灭亡和无产阶级的胜利是同样不可避免的"[②]，科学社会主义才与空想社会主义严格地划开了界限。引导无产阶级正确认识和理解这一"不可避免"，不但是马克思主义理论教育和宣传首

[①] 伊格尔顿. 马克思为什么是对的. 李扬，等译. 重庆：重庆出版社，2017：39.

[②] 马克思恩格斯文集：第5卷. 北京：人民出版社，2009：875.

要且最根本的任务，而且是马克思主义存在的内在理由。正如海尔布隆纳所言："马克思主义存在的理由是理解被称为资本主义的生产方式。"①但问题是，认识到一种生产关系或社会制度必然退出历史舞台，是否能够成为我们起身推翻它的内在理由？可见，片面地强调马克思主义科学性的一面，就面临沦为宿命性的危险。同样，片面地强调马克思主义革命性的一面，也面临不可克服的理论困境。实际上，不顾及历史条件的成熟而片面地鼓动革命，向来为马克思、恩格斯所反对。正如马克思批评蒲鲁东时所说的，"历史是不能靠公式来创造的"②。他还指出："有谁听说过，伟大的即兴作者同时也是伟大的诗人呢？在政治方面，道理也同诗歌方面一样。任何时候革命都不能按照命令制造出来。"③ 恩格斯也在同样的意义上说："那些自夸**制造出**革命的人，在革命的第二天就会看到，他们不知道他们做的是什么，**制造出的**革命根本不像他们原来打算的那个样子。"④ 我们在社会主义运动史上同样可以看到，违背了历史发展的客观规律而强求一种更高级生产关系的做法，也使得社会主义事业一度陷入困境。

---

① 海尔布隆纳．马克思主义：赞成与反对．马林梅，译．北京：东方出版社，2016：57．
② 马克思恩格斯文集：第1卷．北京：人民出版社，2009：624．
③ 马克思恩格斯全集：第8卷．北京：人民出版社，1961：601．
④ 马克思恩格斯文集：第10卷．北京：人民出版社，2009：533．

那么，马克思主义这一"双重品格"真的存在着彼此互斥的矛盾吗？抑或是，我们仅仅采取了一种不恰当地看待马克思主义的方式？若是前者，马克思主义在内部势必被割裂和瓦解。既然两种马克思主义处于"打架"状态，历史上也就不存在一种真正的马克思主义，而宣扬马克思主义的"正统"也就成了无稽之谈。若是后者，我们就需要直面马克思主义理论内部的这种"紧张"而不是简单地逃避了事。事实上，哪里有危险，哪里就有拯救，理论上的困境往往同时意味着新生，因为它为我们重新理解和阐释马克思主义提供了一个契机和切口，至少能够倒逼我们不得不用马克思主义的方式来理解马克思主义本身。从马克思主义理论发展史不难看出，正是由于缺乏这种"反身而诚"的姿态，我们才在很多地方把马克思主义最独特之处看作最有问题之所在。

按照伯尔基的观点，马克思主义在理论构建过程中存在着两条隐蔽但却内在于欧洲文化传统的逻辑线索，即超越性视角和理解性视角。超越性视角关涉一种理想因素，即暗含着价值设定和终极目标；理解性视角突出的则是认知因素，即强调关于世界的知识和理解。马克思主义之所以实现了革命学说和科学理论的内在统一，在于将这两个视角进行了"综合"。"马克思从他前辈们那里接受来的，并经改编形成他自己的精致观点的要素，它们其实内在于马克思主义；马克思学说真正的特性、真正的实质、真正的统一，在于它是'综合的'"①。"综合"并不是矛盾因素的简单杂糅或机械组合，而是通过对这些因素的扬弃和超越将其内化于自身的理论整体性中。这就意味着，超越性视角所蕴含的革命立场和理解性视角所要求的科学精神，都构成了马克思主义的理论源泉，而马克思主义也确实需要从这些要素那里"借力"。但无论如何，马克思主义已经不能再被还原和归结为这些要素了。而在马克思、恩格斯之后，竖起马克思主义旗帜的流派或学派层出不穷，它们都自认为把握住了马克思主义的内在整体性，但却无一例外地把马克思主义中的特定要素、特定视角看作马克思主义本身，从而陷入庄子意义上"皆有所明，不能相通"式的偏执：要么把其中一个要素抽象出来置于支配性、决定性的地位，要么将其中的一个视角独断化进而对其他视角进行统摄和吞噬。西方马克思主义片面地发挥了马克思的异化理论和辩证法思想，在强调马克思主义批判性和革命性的同时，也在一定程度上掩盖或者忽略了马克思主义所强调的革命条件的重要性。而第二国际的理论家们在试图维护马克思主义的科学性时，却又将马克思主义打扮成了实证主义和机械决定论。实际上，这些流派之间的矛盾和冲突与其说是马克思主义内部的理论冲突，还不如说是

---

① 伯尔基. 马克思主义的起源. 伍庆, 王文扬, 译. 上海：华东师范大学出版社，2007：8.

"综合"于马克思主义哲学之内的两个视角、两个要素之间的冲突更恰当一些。

从这一意义上讲，围绕着马克思主义理论特质的争论，仍然是在"认识"和"理论"上下功夫，而没有扎根实践、贴近时代与马克思并肩思考。实际上，一旦回归现实生活和社会实践，马克思主义内部的这种所谓矛盾或冲突就会立即消解。立足当今中国，我们若以理论反思的姿态回顾中国共产党的百年发展历程，回顾中国从站起来、富起来到强起来的伟大飞跃，就会发现，以马克思主义为指导的中国共产党既没有偏执于马克思主义的科学性，也没有偏执于马克思主义的革命性，而是"综合"了二者。马克思说得好："**理论的**对立本身的解决，**只有**通过**实践**方式，只有借助于人的实践力量，才是可能的；因此，这种对立的解决绝对不只是认识的任务，而是**现实**生活的任务，而**哲学**未能解决这个任务，正是因为哲学把这**仅仅**看做理论的任务"①。可见，要消解上述的种种争论，就需要马克思主义面对新时代，在洞察和解决新时代的实践性问题中"接着讲"下去。除此之外，似乎并没有另外的路可走。实际上，马克思主义的世界观和方法论是内在地镶嵌在一起的，正如一枚硬币的两面，彼此不可分离。因此，不了解马克思主义的方法论，就无法把握马克思主义的理论特质，更不能水到渠成地

---

① 马克思恩格斯文集：第1卷.北京：人民出版社，2009：192.

得出马克思主义的内在结论。同样,不了解马克思主义的理论特质,也就不能深入把握其内在蕴含的辩证思维,更别说自觉地运用马克思主义的立场、观点、方法分析时代问题了。总之,马克思主义的世界观决定着它的方法论,马克思主义的方法论又决定着它的世界观。

我们又应该如何看待这种矛盾性?我们经常说,辩证唯物主义是马克思主义者的世界观和方法论,矛盾分析法则是这种方法论的精髓。而就马克思主义研究阐释而言,我们是否也自觉地遵循了马克思主义本身所要求的矛盾分析法?从目前来看,这种方法论上的自觉是不容乐观的,以至于我们往往忽视马克思主义内部的张力结构,无法把握其理论特质。实际上,当我们切实地进入马克思主义的理论内核时就会发现,马克思主义在实体性内容上最大的特点就在于它内在蕴含着一种张力。这种"张力"表面上看起来是冲突,却是推动马克思主义不断贴近时代发展和创新的不竭动力。我们经常说矛盾是事物发展的动力,那么,这种"矛盾性"在马克思主义那里是否也存在呢?这里的关键在于:一旦我们将内在矛盾所要求的"对立统一"简单地理解为外在性的"彼此否定",必定会造成对马克思主义的误解、曲解和肢解。在这种语境中,所谓的"最不马克思主义的马克思""认识论的断裂"等错误认识也就登场了。因此,科学揭示马克思主义的理论特质,并在此基础上与误解、曲解和肢解马克思主义的错误思潮作斗争,也就成为理论工作者最为紧迫的理论任务。通过下面的分析可以看出，马克思主义正是将革命的人本主义和科学的自然主义同时视为批判的视野和评价的尺度，才得以在一个更为综合的层面同时扬弃了二者，实现了哲学的世界化和世界的哲学化。

二、道义上的制高点：马克思主义与人本主义

马克思主义在社会批判理论的构建过程中，是否为人本主义"应然"的价值维度保留了一席之地？若答案是否定的，马克思主义理想和信仰的合法性就会受到质疑。这是因为，一旦将人本性的道德价值批判过滤出马克思主义的视野，也就没有理由在"应然"的意义上对现实作任何变革，而理想和信仰恰恰是通过人的自由意志对现实的超越得以表征的。休谟早就以悖论的形式指出：道义上的判断是不能来自理性分析的，这是因为"理性的原则在于发现真或伪"，而"道德上的善恶区别并不是理性的产物。理性是完全不活动的，永不能成为像良心或者道德感那样，一个活动原则的源泉"[1]。在他看来，我们可以"知道"一个科学事实，但却不能去"相信"它。如果马克思主义仅仅描述或解释了资本主义必然灭亡的"事实"，我

---

① 休谟.人性论：下册.关文运，译.北京：商务印书馆，1980：494.

们又有什么理由去"相信"或"信仰"它呢？事实也证明，很多后来者正是出于对科学的"必然性"的强调而否定了马克思主义人本性的一面。阿尔都塞就断言，青年时期的马克思和成熟时期的马克思之间存在着一种"认识论的断裂"，前者是"人本"的，后者是"科学"的，二者之间存在着一道不可跨越的鸿沟。而且，正是意识到早期人本主义立场的意识形态性，马克思后来才对自己"从前的哲学信仰"进行了清算进而转向了历史唯物主义。马克思"在当时只是把异化理论，即费尔巴哈的'人性'论，运用于政治和人的具体活动，他只是后来才在《1844年手稿》里把这种理论（大部分）推广到政治经济学"①。在阿尔都塞看来，强调"异化"，无形中就形而上学地预设了人的一种本真状态。但是，这种抽象的预设显然正是马克思本人后来所批判的唯心主义意识形态。就此，他指出，马克思以《德意志意识形态》为转折点，在成熟时期的著作中断然放弃了"异化"这样的概念，进而放弃了伦理上的人本主义批判立场。

　　无论是对人性还是对历史，马克思确实反对本质主义的理论预设。早在1843年致卢格的信中，他就明确表示："新思潮的优点……在于我们不想教条地预期未来，而只是想通过批判

---

① 阿尔都塞. 保卫马克思. 顾良, 译. 北京：商务印书馆，1984：26.

旧世界发现新世界"①。但是，马克思反对本质主义的预设，并不意味着他放弃了理论建构中的逻辑预设。实际上，正如前文分析的，任何一种理论建构都无法逃避本体论意义上的逻辑预设，因为理论本身就是一种抽象，放弃抽象也就意味着放弃了理论本身。所以，马克思并不反对"抽象"，他反对的仅是停留于抽象而不能自觉地进入社会历史的具体。对于这种由抽象到具体的辩证研究方法，马克思在《政治经济学批判》导言"政治经济学的方法"一节中有着深刻且清晰的描述，在此不再赘述。反观马克思早期的人本主义，他并没有像形而上学家那样对"人"作一种本质主义的规定，然后再拿着这个"照妖镜"去对人类社会中的一切魑魅魍魉进行伦理或道义上的批判。实际上，他对"人"的预设仅仅是形式上和逻辑上的，是一个"合理的抽象"。正如我们前面所引述的马克思对共产主义社会的描述："这种共产主义，作为完成了的自然主义，等于人道主义，而作为完成了的人道主义，等于自然主义，它是人和自然界之间、人和人之间的矛盾的**真正解决**，是存在和本质、对象化和自我确证、自由和必然、个体和类之间的斗争的**真正解决**。"② 在这里，马克思将人的解放描述为一系列矛盾的消解和扬弃，就是形式上和逻辑上的。反观中西方思想史，

---

① 马克思恩格斯文集：第 10 卷．北京：人民出版社，2009：7.
② 马克思．1844 年经济学哲学手稿．北京：人民出版社，2014：78.

在这个意义上阐述人的解放的思想家数不胜数，在此仅仅举出庄子"坐忘""心斋"的例子就足够了。但是，只有立足于资本主义的社会历史现实，人之为人的矛盾才具体地表现为"存在和本质""对象化和自我确证""自由和必然""个体和类"等一系列对立。试想，庄子立足于他的时代，无论如何发挥想象力，也无法设想人之解放表现为上述矛盾的消解和扬弃。可见，即使是马克思的这种抽象本身，也有着具体的社会历史内涵。正如马克思所说："哪怕是最抽象的范畴，……就这个抽象的规定性本身来说，同样是历史条件的产物，而且只有对于这些条件并在这些条件之内才具有充分的适用性"[1]。由此不难看出，青年"伦理的"马克思和成熟"科学的"马克思之间并不存在所谓的"认识论的断裂"，二者恰恰是一种前后顺承的呼应关系。早期的马克思提出了自己的理论任务，之后的马克思则是深入资本主义的历史现实之中剖析这一任务得以实现的历史边际条件。伯尔基就此比喻说："《1844年经济学哲学手稿》是马克思划时代巨著《资本论：政治经济学批判》的第一份粗略的草图"[2]。

实际上，人本主义在马克思那里仅仅是作为一种批判视野和评价尺度而被接受的。这一视野或尺度的确立，可以说是由

---

[1] 马克思恩格斯文集：第8卷.北京：人民出版社，2009：29.
[2] 伯尔基.马克思主义的起源.伍庆，王文扬，译.上海：华东师范大学出版社，2007：165.

人的存在方式决定的。在马克思看来，自由的有意识的活动是人的类本质，人因此也就"使自己的生命活动本身变成自己意志的和自己意识的对象"①。这就意味着，人的生命展现过程，就是不断追问生命意义、表达价值诉求的过程。这一存在方式逼迫着人无法不去当一名理想主义者。与之相反，动物就没有价值层面的自我意识，也不会提出"应该"或"不应该"的问题。这是因为"动物和自己的生命活动是直接同一的。动物不把自己同自己的生命活动区别开来。它就是**自己的生命活动**"②。既然价值追求是内在于人的，那么，哲学作为关于人的学问，其价值视野就是不可剔除的，至少在"自然主义"和"人道主义"仍然处于对立状态的前共产主义阶段是如此。马克思在其博士论文中也写道："唯有这种理想主义才知道那能唤起世界上一切心灵的真理"③。当然，在马克思那里，人的价值诉求是受到社会历史条件限制的，但是这种限制并不能消解人的价值追求本身。相反，越是处于"实存"的限制当中，人的这种价值追求越能得以凸显，从而使历史表现为人有意识地追求自身目的的产物。正是在这个意义上，马克思才说："人们之所以有历史，是因为他们必须**生产**自己的生命，而且

---

① 马克思恩格斯文集：第1卷. 北京：人民出版社，2009：162.
② 马克思. 1844年经济学哲学手稿. 北京：人民出版社，2014：53.
③ 马克思恩格斯全集：第40卷. 北京：人民出版社，1982：187.

必须用一定的方式来进行"①。

在那个著名的"塔克-伍德问题"(The Tucker-Wood Thesis)中，罗伯特·塔克（Robert Charles Tucker）和艾伦·伍德（Allen Wood）都认为马克思并没有站在"应然"的道义立场把资本主义社会批判为不正义的，因为"正义"本身就是一个法权概念，而任何法权作为意识形态又都是根植于特定的生产方式之中的。用这种意识形态的"法权"去批判其所从出的生产关系无异于左右互搏、缘木求鱼。因此，在他们看来，立足于资本主义的生产关系，资本家对工人的剥削行为就无所谓正义，也无所谓不正义。正如伍德所说："所有想把革命实践建立在法权观念上的企图都是意识形态的胡思乱想，他（马克思——引者注）反对在工人运动中使用诸如'平等的权利'和'公平的分配'等'陈词滥调'。"② 塔克也认为，对马克思来说关心分配问题是危险的，因为它最终指向放弃革命的道路。在这里，塔克和伍德仍然是把作为评价尺度的道德视野和有着实体性内容的道德标准混为一谈了。"平等的权利"和"公平的正义"作为资产阶级的法权，固然不能用以批判资本主义的生产关系，但是，这并不妨碍我们以超越资产阶级法权的道德评价尺度对其进行批判。比如，我们完全可以用"按劳分配"的价值

---

① 马克思恩格斯文集：第1卷. 北京：人民出版社，2009：533.
② 伍德. 马克思对正义的批判//李惠斌，李义天. 马克思与正义理论. 北京：中国人民大学出版社，2010：28-29.

诉求批判资本主义的雇佣劳动制度。在这里，人本主义批判的视野是始终保持的，但价值诉求在具体内容上却是被赋予了新的历史内涵。而且，"按劳分配"作为一种价值诉求，它不是从天上掉到人间的，而正是从资本主义生产关系中孕育而出的。意识形态的变迁，不正是表现为这样一个不断"自否定"的过程吗？就此，胡萨米针对塔克、伍德的观点一针见血地指出：决定道德标准存在的因素不能给它们在评价语境中的运用设置逻辑限制，"马克思的道德社会学并没有明言或暗示，产生或盛行于某种生产方式中的规范不能被合理地用来评价其他生产方式"[①]。

伍德声称："一旦深入马克思和恩格斯的著作中有关资本主义之不正义的详细描述时，我们便会立刻发现，在他们的著作里，不仅根本没有打算论证资本主义的不正义，甚至没有明确声称资本主义是不正义或不平等的，或资本主义侵犯了任何人的权利。"[②] 其实，这个说法是不真实的。翻开《资本论》，随处可见马克思对资本主义丑恶行径的揭露和谴责。不过，有一点他是对的，马克思、恩格斯确实没有对这种人本主义的价值批判给予过多的强调。这可能是因为，人本的道德批判意识

[①] 胡萨米. 马克思论分配正义//李惠斌，李义天. 马克思与正义理论. 北京：中国人民大学出版社，2010：47.

[②] 伍德. 马克思对正义的批判//李惠斌，李义天. 马克思与正义理论. 北京：中国人民大学出版社，2010：3.

本来就是自然发生的,而且能够被我们直观感受到,所以无须过度关注。正如恩格斯所说:"如果群众的道德意识宣布某一经济事实,如当年的奴隶制或徭役制,是不公正的,这就证明这一经济事实本身已经过时,其他经济事实已经出现,因而原来的事实已经变得不能忍受和不能维持了。"[1] 可见,一旦现有的生产关系不再促进而是阻碍新的生产力要素的发展,被压迫阶级首先生发的就是一种对现有生活"不能忍受"的道德义愤。正是这种道德义愤使得旧有的生产关系在人们的意识中成为应该批判的对象。诚如伊格尔顿所比喻的:"如果你的脚奇痒无比,你明明可以挠一挠,干吗非要忍耐不可呢?"[2]

马克思指出:一旦现有的生产关系不再促进而是阻碍新的生产力要素的发展,社会革命的时代就到来了。"随着经济基础的变更,全部庞大的上层建筑也或慢或快地发生变革。在考察这些变革时,必须时刻把下面两者区别开来:一种是生产的经济条件方面所发生的物质的、可以用自然科学的精确性指明的变革,一种是人们借以意识到这个冲突并力求把它克服的那些法律的、政治的、宗教的、艺术的或哲学的,简言之,意识

---

[1] 马克思恩格斯全集:第21卷.北京:人民出版社,1965:209.
[2] 伊格尔顿.马克思为什么是对的.李扬,等译.重庆:重庆出版社,2017:48.

形态的形式。"① 这里,"意识到这个冲突并力求把它克服"的考察,只能来自人本立场而不是别的什么地方。马克思在这里之所以区别考察变革的两种方式,正是强调人本的批判和科学的批判是不可偏废的。如果说前者论证了旧制度的"必然灭亡",那么,后者揭示的就是旧制度的"应该灭亡"。没有前者,革命就缺少了可行性;没有后者,革命则缺少了必要性。正如罗默所说的,"剥削"在马克思主义语境中的功能不是单一的,而是双重的:"在其实证性的用法中,对工人的剥削被说成是为了利润;在其规范性的用法中,剥削被说成是为了指出工人受到资本家的不公正对待。"② 洛维特也恰当地指出:"即使马克思借助他的剩余价值说'科学地'解释了剥削的事实,'剥削'也依然是一个道德判断;如果用某种正义理念来衡量,那么,它是一种绝对的不义。"③

三、大历史的趋势:马克思主义作为科学理论

道德批判意识的自然发生,并不代表道德批判的天然有

---

① 马克思恩格斯文集:第2卷.北京:人民出版社,2009:592.
② 罗默.在自由中丧失:马克思主义经济哲学导论.段忠桥,刘磊,译.北京:经济科学出版社,2003:59.
③ 洛维特.世界历史与救赎历史.李秋零,田薇,译.北京:商务印书馆,2016:54.

效。如前文所述，马克思、恩格斯并没有否定人本立场和道德评价尺度的合理运用。但是，他们却反对脱离开社会历史发展进程抽象地进行道德批判的做法。实际上，一旦脱离历史发展的实际进程，这种道德批判势必会因为流于空泛重新跌入意识形态的彀中。诚然，道德批判反映甚至解释了部分历史事实，但是，它却不能代替历史的实际发展进程本身。这是因为，人的现实解放绝不是一项思想活动，而是现实生活的任务。正如马克思所说："'解放'是一种历史活动，不是思想活动，'解放'是由历史的关系，是由工业状况、商业状况、农业状况、交往状况促成的"①。从一定意义上讲，历史唯物主义所确立的科学尺度正是作为人本尺度的"反题"出现的，它要为道德批判的有效性厘清社会历史的边际条件，既要防止其凌虚踏空，更要防止其误入歧途。

那么，科学的尺度对马克思主义而言到底意味着什么？对此，我们仍然需要回到马克思那个论断："我们仅仅知道一门唯一的科学，即历史科学。"② 在这里，"历史"就是"科学"的代名词，它意味着对自古希腊以来西方形而上学传统的"反叛"。正如柯林武德所说：当马克思说他已经把黑格尔的辩证法颠倒过来时，他所想的东西是什么呢？"在作出这一声明时，

---

① 马克思恩格斯文集：第 1 卷．北京：人民出版社，2009：527.
② 同①516.

他心目之中的那种东西就是'历史',也许历史是马克思所极感兴趣的唯一事物"[1]。在客观上,历史固然展现为"各个世代的依次交替"[2],但在主观反思的理论形态上,它必然要求确立一种现实地、历史地思考问题的方式。这种思考问题的方式正是历史唯物主义的灵魂。恩格斯就此说:"马克思的整个世界观不是教义,而是方法。它提供的不是现成的教条,而是进一步研究的出发点和**供**这种研究**使用**的方法"[3]。科西克也说:"(马克思主义——引者注)通过方法论的探究,实在本身被改变了;方法论被本体论化了"[4]。我们平时经常说:有什么样的世界观,就有什么样的方法论。实际上,这句话倒置过来也许更为真实,因为特定的世界"观"总是取决于如何去"观"世界。离开了独特的思考方式,一种世界观就是不可思议的。恩格斯说,新的世界观诞生以来,"不仅必然遭到资产阶级代表人物的反对,而且也必然遭到一群想靠**自由**、**平等**、**博爱**的符咒来翻转世界的法国社会主义者的反对"[5]。这种腹背受敌的局面,只能说明作为方法论的唯物主义始终处于意识

---

[1] 柯林武德. 历史的观念. 何兆武,张文杰,译. 北京:中国社会科学出版社,1986:141.
[2] 马克思恩格斯文集:第1卷. 北京:人民出版社,2009:540.
[3] 马克思恩格斯文集:第10卷. 北京:人民出版社,2009:691.
[4] 科西克. 具体的辩证法:关于人与世界问题的研究. 傅小平,译. 北京:社会科学文献出版社,1989:编者序.
[5] 马克思恩格斯文集:第2卷. 北京:人民出版社,2009:598.

形态的层层包围之中。这些意识形态观念，不仅来自资产阶级的卫道士，也来自某些庸俗的社会主义者。与这些错误思潮作斗争，成为马克思、恩格斯毕生的事业。我们阅读马克思、恩格斯的著作就会发现，他们其实很少正面"展示"自己的观点，他们的观点大多是在与错误思潮的理论斗争中"显示"出来的。

马克思在《〈政治经济学批判〉序言》中说："物质生活的生产方式制约着整个社会生活、政治生活和精神生活的过程。不是人们的意识决定人们的存在，相反，是人们的社会存在决定人们的意识。"① 这就说明，一种道德价值上的诉求能否实现，只能到客观的社会历史环境中去寻找根据。判断一个变革时代是否到来，也绝不能听凭主观意识的摆布，而是要深入社会生产力和生产关系的现存冲突中去判断。从这一意义上讲，不成熟的理论往往根植于不成熟的社会历史条件。空想的社会主义的产生，足见当时的经济社会已经显露出了疲态。但是，它对资本主义仅仅停留于伦理上的控诉和谴责，只能说明当时"社会所表现出来的只是弊病"，而现实地否定资本主义的因素"还隐藏在不发达的经济关系中"②。同样，空想社会主义者之所以对资本主义采取了一种简单否定的态度，醉心于发明一套

---

① 马克思恩格斯文集：第 2 卷. 北京：人民出版社，2009：591.
② 马克思恩格斯文集：第 3 卷. 北京：人民出版社，2009：528.

新的更完善的社会制度，是因为他们不懂得历史发展的实际进程，不知道摧毁资本主义的现实要素只能经过资本主义的充分发展才能孕育而出。早在马克思之前，李嘉图就已经发现了资本主义生产关系下"工资应当等于劳动的产品。但是实际情形恰好相反"① 的事实。但是，若根据这一理论要求资本主义贯彻"工资等于劳动"的原则，就无异于痴人说梦了，因为"这种应用在经济学的形式上是错误的，因为这只不过是把道德运用于经济学而已。按照资产阶级经济学的规律，产品的绝大部分**不是**属于生产这些产品的工人。如果我们说：这是不公平的，不应该这样，那末这句话同经济学没有什么直接的关系"②。同样，当海因岑将共产主义简单地理解为"废除私有制"的时候，恩格斯严厉地批评说："他最好不要信口开河地空谈废除私有财产，而应当研究一下国民经济学；假如他对废除私有财产的条件也不了解，那他对废除私有财产所造成的**后果**就不可能有丝毫的认识"③。事实上正是如此，不顾及社会变革的历史条件而只是按照某项抽象的道德原则强求社会现状发生改变，只能造成历史的倒退而不是进步。马克思列举过"取消货币"的两种情形：在历史条件成熟的情况下，取消货币会推动人类社会进入一个更高级的阶段。此时，货币已经显

---

① 马克思恩格斯文集：第4卷. 北京：人民出版社，2009：202.
② 马克思恩格斯全集：第21卷. 北京：人民出版社，1965：209.
③ 马克思恩格斯文集：第1卷. 北京：人民出版社，2009：672.

得多余，因为"在这个阶段上，交换价值已经不再是商品的首要规定，因为以交换价值为代表的一般劳动，不再表现为只是间接地取得共同性的私人劳动"①。相反，在历史条件不具备的情况下，强行取消货币只能让人类社会倒退到物物交换的较低生产阶段。可见，脱离开现实的社会历史条件，任何超历史的道德想象和价值诉求都毫无例外地陷入乌托邦。

如果说脱离特定历史条件的道德诉求是不真实的，那么，在特定的生产关系内部奉行道德调和主义和政治改良主义同样是不得要领的。讽刺的是，这种道德上的批判最终往往会蜕变为一种新型的意识形态而成为旧有生产关系的辩护者。正因如此，马克思不支持工人采用"公平的报酬"②、"做一天公平的工作，得一天公平的工资"③ 这样的斗争口号，因为这种诉求本身就表明他们已经把自己当作商品出卖了，只是在出卖的价格方面有所争议罢了，这无异于变相地承认了雇佣劳动制度的合理性。《哥达纲领批判》中，在回答拉萨尔提出的"公平分配劳动所得"的要求时，马克思诘问道："难道资产者不是断言今天的分配是'公平的'吗？难道它事实上不是在现今的生

---

① 马克思恩格斯全集：第 46 卷（上）. 北京：人民出版社，1979：165.
② 马克思恩格斯文集：第 3 卷. 北京：人民出版社，2009：56.
③ 马克思恩格斯文集：第 1 卷. 北京：人民出版社，2009：467.

产方式基础上唯一'公平的'分配吗?"① 实际上,消费资料如何分配,本身就是由生产条件所决定的。如果把分配问题解释成一个不依赖于生产方式的东西,认为在资本主义生产关系内部靠一个政治纲领就能实现所谓的"公平分配",那就是在维护资产阶级法权,消解了革命的必要性。因此,把社会主义的功能说成主要是围绕着分配兜圈子,无异于开历史的倒车。从这个角度来看,前述塔克和伍德坚决反对用资产阶级的正义原则来批判资本主义生产关系本身,无疑是正确的,也是深刻的。同样,蒲鲁东也看到了资本主义的诸多弊端。但是,他奉行的主张是:"保存好的方面,消除坏的方面"②。岂不知,无论是"好的方面"还是"坏的方面",都是内生于资本主义生产关系之中的。他既想要保留资本主义生产关系,又想消除"坏的方面",小资产阶级的保守性和疲软性已经跃然纸上,最终沦为恩格斯笔下的"否认或美化这些弊病的和谐派"③。

马克思说:"谁要给自己提出消除坏的方面的问题,就是立即切断了辩证运动。"④ 实际上,关于资本主义,马克思也是辩证来看的。从否定的方面讲,这种生产关系在生产财富的

---

① 马克思恩格斯文集:第3卷.北京:人民出版社,2009:432.
② 马克思恩格斯文集:第1卷.北京:人民出版社,2009:604.
③ 马克思恩格斯文集:第9卷.北京:人民出版社,2009:156.
④ 同②605.

过程中也产生了贫困，在发展生产力的过程中也发展出了一种压迫的力量。从肯定的方面讲，资本主义细胞里发展起来的全部生产力，又为消灭资本主义提供了物质条件。"生产工具和私有制之间的矛盾才是大工业的产物，这种矛盾只有在大工业高度发达的情况下才会产生。因此，只有随着大工业的发展才有可能消灭私有制"①。缺乏这种辩证的历史思维，我们是无法实现对资本主义"必然灭亡"②的理解的。可以说，能否对历史中的"恶"保持有限度的容忍，将马克思主义与道德理想主义严格地区别开来。在后者看来，"否定就是背弃"③。而马克思主义并不简单地否定私有制，而是主张在肯定私有制历史作用的前提下实现对它的积极扬弃。"私有财产是生产力发展一定阶段上必然的交往形式，这种交往形式在私有财产成为新出现的生产力的桎梏以前是不会消灭的，并且是直接的物质生活的生产所必不可少的条件。"④从这种历史唯物主义态度出发，人的自我异化和异化的扬弃才被称为"同一条道路"。也正是基于这种态度，历史并不像某些人所想象的那样一路凯歌，最终走向光明的未来。事实上，人类每前进一步，都

---

① 马克思恩格斯文集：第1卷．北京：人民出版社，2009：556.
② 马克思恩格斯文集：第5卷．北京：人民出版社，2009：5.
③ 马克思恩格斯全集：第4卷．北京：人民出版社，1958：329.
④ 马克思恩格斯全集：第3卷．北京：人民出版社，1960：410－411.

要付出沉重的代价。正如伊格尔顿所说："马克思绝非盲目兜售进步的幼稚之徒，他非常清楚实现共产主义是要付出可怕代价的"①。

四、人的澄明：人道主义与自然主义的双向扬弃

由以上分析不难看出，马克思主义对社会历史的发展内在地蕴含着人本（人道主义）和科学（自然主义）两个评价尺度。这两个尺度之所以是历史唯物主义构建的内在逻辑原则，既与欧洲的整个思想文化传统有关，也与马克思主义诞生的社会历史现实有关。

过去我们在讨论马克思主义的思想史背景时，一般都认为德国古典哲学、英国古典政治经济学和英法空想社会主义是马克思主义的三大理论来源。对这一思想进路，马克思本人曾间接提及，恩格斯和列宁则是说得直截了当、下了定论。这三大来源为马克思主义提供的仅是思想内容方面的支持，至于深层的理论范式，则需要到欧洲整个思想文化传统中去理解。实际上，每一个文化类型都有其遵从的主导模式，任何思想分析都应该回归到这个主导模式中确立研究的起点。那么，欧洲思想

---

① 伊格尔顿. 马克思为什么是对的. 李扬，等译. 重庆：重庆出版社，2017：46.

文化的主导模式是什么？按照前述伯尔基的观点，这种思想文化传统内在地蕴含着两个传统：一个是超越的传统，这是古典唯心主义哲学和宗教的遗产；另一个则是理解的传统，主要来自唯物主义及现实主义之古代哲学的冷静的、"科学的"观点。而且更根本的是，我们不应仅仅把这两个传统看作"自由和理性两种角色的谱系"，它们实际上是深伏于欧洲传统中的超越、价值的视角和知识、理解的视角的对立分歧。① 在他看来，马克思主义的思想范式实际上是这两个视角的"综合"，展现为一个从"受精""孕育""成形"到"结实"的连续过程。从这个视角出发，他认为马克思的《1844 年经济学哲学手稿》是第一份马克思主义的"成熟"文本，因为在这个文本中我们第一次看到了"一种独特的马克思的视点"②。伯尔基的这个观点与很多传统的马克思主义者非常不同，为我们重新理解马克思主义的逻辑建构，无疑开辟了一种更为宽广的视野。

至于马克思为自己提出的理论任务，我们也应该"历史"地去理解。正如马克思本人所说："人类始终只提出自己能够解决的任务……任务本身，只有在解决它的物质条件已经存在或者至少是在生成过程中的时候，才会产生"③。马克思所面

---

① 伯尔基. 马克思主义的起源. 伍庆，王文扬，译. 上海：华东师范大学出版社，2007：13.
② 同①145.
③ 马克思恩格斯文集：第 2 卷. 北京：人民出版社，2009：592.

临的时代无疑是一个分裂的时代,宣扬"功利""进步"的启蒙主义和强调"自由""德行"的浪漫主义同为西方现代性的来源但又处于尖锐的对立之中,二者视野互盲,但又彼此批评。如前文所述,在思想发展历程上,马克思不仅是启蒙主义的继承者,更是浪漫主义的传人。这也正是历史唯物主义中贯穿两条逻辑线索的思想史前提。但我们也应该看到,马克思同时又是启蒙主义和浪漫主义的批判者,而且这种批判恰恰又是借助对方来进行的。在西方历史上,第一个试图在更高层面整合启蒙主义和浪漫主义的是黑格尔,但马克思却不满意于他那种诉诸"绝对理念"的唯心主义整合,而是提出了历史地、现实地整合二者的理论任务。这一任务,正是《1844年经济学哲学手稿》中所提出的"作为完成了的自然主义,等于人道主义,而作为完成了的人道主义,等于自然主义"[1]。结合思想史背景,我们就不难看出,"人道主义"和"自然主义"在马克思那里既是历史评价的两个尺度,也是二者互为批判的尺度。过滤掉人本(人道主义)的视野,单纯的自然主义就有着蜕变为历史决定论的危险,而这正是启蒙主义鼓吹"进步"的硬伤。相反,过滤掉科学(自然主义)的尺度,片面的人道主义则又会重新跌入唯心主义的深渊,空想性和疲软性就尽显无

---

[1] 马克思.1844年经济学哲学手稿.北京:人民出版社,2014:78.

遗，而这恰恰是浪漫主义的软肋。马克思主义区别于其他理论的特质性在于，它是作为历史实际进程的理论反思形态出现的，如果说它的"双重面相"是一个矛盾，那也仅仅是因为历史的现实发展本身就充满着矛盾，而人在历史中又处于"剧作者"和"剧中人物"的自我缠绕中。

　　马克思主义本身正是在这种矛盾所构建的张力中前行的，进而为我们开启了一个丰富的意义空间。也正因如此，马克思的人的解放理论才有着一种宏大的历史感。但我们应该注意的是，这种矛盾在马克思主义内部并不是绝对的，而是仅仅具有暂时的性质。实际上，在马克思那里，自然主义和人本主义既是历史唯物主义理论构建的两条逻辑线索，同时又成为被反思的对象。对它们，马克思主义仅仅是"临时搭一脚"，最终则诉诸共产主义的绝对性质以消解二者之间的对立，让二者同时失去独立的意义。这看似矛盾，实际上恰恰是辩证法所要求的"自否定"的展现方式。可想而知，一旦自然主义就是人道主义、人道主义就是自然主义，也就没有了所谓的人道主义和自然主义。正因如此，马克思说，共产主义革命在同传统的所有制关系实行最彻底的决裂的同时，也在自己的发展过程中同传统的观念实行最彻底的决裂。"各个世纪的社会意识，尽管形形色色、千差万别，总是在某些共同的形式中运动的，这些形式，这些意识形式，只有当阶级对立完全消失的时候才会完消失"①。一旦处于阶级对立仍未消灭的时代，人们就会不加反思地认为"宗教的、道德的、哲学的、政治的、法的观念等等在历史发展的进程中固然是不断改变的，而宗教、道德、哲学、政治和法在这种变化中却始终保存着"②。这仍然是意识形态的遮蔽，所以马克思才说："共产主义要废除永恒真理，它要废除宗教、道德，而不是加以革新"③。在这里，伴随着物质基础中对立的消失，一切观念中的对立都失去了应有的意义，一切意识形态的迷雾终将烟消云散。以"平等"这一价值观念为例，它本身就根植于商品平等交换的生产关系中，意味着商品生产中一般人类劳动的等同性，见证着劳动用以"谋生"的旧有性质。而蒲鲁东却说："好的东西，最高的幸福，真正的实际目的就是**平等**"④。但是，共产主义运动的宗旨就是要扬弃劳动的旧有性质，使之成为人自我肯定的方式，成为解放人的手段。因此，共产主义并不是摒弃不平等而追求平等，而是要通过历史运动消解掉使"平等"和"不平等"之间的对立得以成立的历史条件，使二者同时失效。这正是马克思主义的彻底性所在。在《德意志意识形态》中，共产主义甚至也不能说是一个道德的社会。在前共产主义阶段，道德总是以

---

① 马克思恩格斯文集：第2卷．北京：人民出版社，2009：51-52．

②③ 同①51．

④ 马克思恩格斯文集：第1卷．北京：人民出版社，2009：610．

自我牺牲的方式表现出来，因而处于同自私自利的对立之中。此处，"人道主义"和"自然主义"之间的界限并没有取消。但是，"共产主义者既不拿利己主义来反对自我牺牲，也不拿自我牺牲来反对利己主义，理论上既不是从那情感的形式，也不是从那夸张的思想形式去领会这个对立，而是在于揭示这个对立的物质根源，随着物质根源的消失，这种对立自然而然也就消灭"①。同样，无产阶级的解放，并不是简单地上升为统治阶级，而是消灭阶级对立的存在条件，进而消灭阶级本身的存在条件。无产阶级在革命中消灭资产阶级的同时，也消灭了自己；无产阶级不解放全人类，也就无法解放自己。伴随着阶级对立的基础被历史地超越，"统治""政治"等意识形态话语也终将会退出历史的舞台。总之，"旧唯物主义的立脚点是市民社会，新唯物主义的立脚点则是人类社会或社会的人类"②。立足于"市民社会"，无论是自然主义还是人道主义都没有超出同对方的对立，但立足于"人类社会或社会的人类"，二者的对立以及二者本身也就失去了意义。而共产主义在理论上表征的就是历史自身的完成，它意味着人之为人的一切矛盾最终消解。

但是，批判的武器并不能代替武器的批判，理论的逻辑完

---

① 马克思恩格斯全集：第3卷．北京：人民出版社，1960：275．
② 马克思恩格斯文集：第1卷．北京：人民出版社，2009：502．

成也并不代表历史的实际完成。若是仅仅满足于理论的自身完成，马克思和黑格尔就别无二致了。黑格尔当然也把自然主义和人道主义的扬弃视为历史的过程，但是，马克思的"历史"不是思想中的历史，而是现实生活中感性实践的历史。这个历史在现实中是有物质条件限制的。所以，共产主义作为历史的完成，绝不是思想活动，而是现实生活的任务。共产主义就是历史运动本身，所谓的"世界的哲学化同时也就是哲学的世界化，哲学的实现同时也就是它的丧失"①。只有马克思主义在实际历史发展中"实现"，才能标志它的最终完成。从这个角度讲，马克思主义至今仍未"实现"。在马克思、恩格斯等经典作家没有遇到甚至无法想象的世界历史面前，今天的我们唯一正确的做法也许就是沿着他们确立的路线继续前行。而任何偏执于理论的抽象本身而不能自觉地推动马克思主义在当下"实现"的"马克思主义者"，无异于又把马克思主义标榜成了一种新型的意识形态，这是典型的教条主义和形式主义。

---

① 马克思恩格斯全集：第40卷. 北京：人民出版社，1982：258.

第七章

马克思主义的理论品格

一、形而上学的幽灵：马克思主义与古典本质主义

关于马克思主义内在的逻辑结构，学术界向来有着本质主义和反本质主义之争。这个问题可以说是一个元问题，因为它不仅直接关涉对于马克思主义"内在整体性"的理解和领会，还会衍生出其他一些争论性问题。困境是：我们无论选择其中哪一个立场，势必都会站在另一个立场的反面；我们固守其中任何一个立场，都无法解释马克思主义的自洽性。在这里，我们其实已经被先行带入了一个非此即彼的知性对立的语境中，以至于根本无法选择"第三条道路"。即使存在所谓的"第三条道路"，也可能会沦为一种庸俗的调和主义。对此，很多学者甚至被迫通过列举"马克思主义不是什么"的方式来揭示马克思主义的理论特质。这看似荒诞，其实是无奈之举。在笔者看来，要走出这种困境，我们首先应该进行的是必要的语义澄

清，并设定研究和考察的"问题域"，以避免一种上述"错置具体性"的语言混乱。比如，如果指认马克思主义是一种本质主义，那么，它是一种什么意义上的本质主义？同样，如果指认马克思主义是一种反本质主义，那么，它反对的又是什么样的本质主义？

在西方哲学史上，本质主义是以本体论思想中衍生出来的一种世界观和思维方式。在古希腊时期，"本体论"（ontology）被定义为追问世界万物之"存在"的学问。在这种追问过程中，古希腊哲学家又把语言的语法功能和逻辑功能进行了结合，进而把"存在"的追问转变为对"本质"的探寻。从词源学上考察，"本质"这个词来自拉丁文"esse"，后演化为"essence"，"esse"则相当于英语中的"to be"。古希腊哲学家在将"存在"视为"所是的东西"时，也就把"to be"的动词形式理解为"being"这一动名词形式。"being"作为"本质"，也就是变中之不变；而哲学的任务，用柏拉图的话来说，就是"给不确定者以确定"。由此，"本质"也就成为经由思维抽象出来的特殊事物所具有的"一般性"或者"共性"。古希腊哲学的独特之处在于，它把这种"本质"视为唯有思想才能把握的真实存在，而"实存"（existence）的特殊事物则需要到"本质"（essence）中寻找存在的依据。对此，亚里士多德断言："第一哲学"就是"形而上学"。按照这一思路，"本质"就具有了相对于"实存"的优先地位，它以先验"在场"的方式对后者实行宰制和规定。而本质主义，也就表征为"本质"决定"实存"的预成式解释理论。这一理论由于强调"静"对于"动"、"一"对于"多"的统摄作用，所以表现出鲜明的重逻辑、祛时间倾向。正如柯林武德所说："古希腊的思想整个说来有着一种十分明确的流行倾向，不仅与历史思想的成长格格不入，而且实际上我们可以说它是基于一种强烈的反历史的形而上学的。"① 巴雷特也指出："希腊哲学（却）通过柏拉图制造了这样一个王国，以便在思想上从时间的恶中解脱出来。"② 在西方思想史上，这种本质主义的表现形式虽然不断翻新，但隐匿在其背后的思维模式却是根深蒂固的。如果说中世纪的"实在论"是这种本质主义的直接继承，那么，启蒙时代所塑造的"理性""主体""人性"等概念则是这种本质主义的间接翻版。它们或者认为存在先验、超时空的绝对真理，或者认为存在人的本真状态，而后凭借这一信念对现实进行批判或改造，带有鲜明的批判色彩和革命品格。恩格斯就称18世纪的法国启蒙思想家为"革命家"："在法国为行将到来的革命启发过人们头脑的那些伟大人物，本身都是非常革命的。"③

---

① 柯林武德. 历史的观念：增补版. 何兆武，张文杰，陈新，译. 北京：北京大学出版社，2010：21.
② 巴雷特. 非理性的人. 段德智，译. 上海：上海译文出版社，2012：99.
③ 马克思恩格斯文集：第3卷. 北京：人民出版社，2009：523.

这是因为，"他们不承认任何外界的权威，不管这种权威是什么样的。宗教、自然观、社会、国家制度，一切都受到了最无情的批判；一切都必须在理性的法庭面前为自己的存在作辩护或者放弃存在的权利。思维着的知性成了衡量一切的唯一尺度"①。

但无论如何，马克思主义哲学都不是上述意义上的古典本质主义。相反，这些形形色色的本质主义在马克思那里都是需要批判和清算的意识形态幻象。马克思之所以能够自觉地与古典本质主义划开界限，关键在于他在理论建构过程中所确立的"实践态度"以及对"理论态度"的拒绝。在《1844 年经济学哲学手稿》中，马克思明确区分了"理论态度"和"实践态度"："工人在生产中的**现实的**、实践的**态度**，以及他对产品的态度（作为一种内心状态），在同他相对立的非工人那里表现为**理论的态度**"②。工人身处生产实践之中，他作为"当事人"对产品的态度也就具有前理论（非本质）的直接性和明证性。而"非工人"是作为远离这种生产实践的"旁观者"出现的，他们置身事外地看待产品，也就自然地产生了抽象解释性的理论态度。可见，"理论态度"的发生，只有在物质劳动和精神劳动分离的时候才成为可能，因为只有到了这个时候，"意识

---

① 马克思恩格斯文集：第 3 卷. 北京：人民出版社，2009：523.
② 马克思恩格斯文集：第 1 卷. 北京：人民出版社，2009：169.

才能现实地想象：它是和现存实践的意识不同的某种东西；它不用想象某种现实的东西就能**现实地**想象某种东西"①。这种"现实地想象"正是古典本质主义的思想根源，二者可以说存在着"原罪"般的关联。当本质主义妄图凭借"理论态度"一劳永逸地把握世界的本质时，它实际上不过是"被意识到了的存在"②罢了。可见，"形而上学""本质主义"和"唯心主义"三者是内在沟通的，都是一种"离开实践的思维"。而"关于离开实践的思维的现实性或非现实性的争论"，在马克思看来则是"一个纯粹**经院哲学的**问题"③。

从一定意义上讲，马克思对唯心主义的批判也就是对上述本质主义的清算。这种清算在马克思那里是通过"实践态度"和"历史原则"的结合实现的。在马克思看来，社会生活在本质上是实践的。"物质生活的生产方式制约着整个社会生活、政治生活和精神生活的过程。不是人们的意识决定人们的存在，相反，是人们的社会存在决定人们的意识。"④"人们在发展其生产力时，即在生活时，也发展着一定的相互关系；这些关系的形式必然随着这些生产力的改变和发展而改变。"⑤所

---

① 马克思恩格斯文集：第1卷. 北京：人民出版社，2009：534.
② 同①525.
③ 同①504.
④ 马克思恩格斯文集：第2卷. 北京：人民出版社，2009：591.
⑤ 马克思恩格斯文集：第10卷. 北京：人民出版社，2009：47.

以,"当做感性的人的活动,当做**实践**去理解"①,本身就内在地要求对意识观念采取一种"历史"的"观察方法"。既然社会历史随着物质生产的发展不断变迁,那么,竖立其上的意识观念就不可能具有永恒的性质。它们不可能是完成时、将来时的,而只能是过去时、现在时的。以经济范畴为例,它们只是在特定的生产关系中被抽象出来的,因此也只有在这种生产关系中才是真实的。一旦脱离开这种生产关系,这种经济范畴作为思想观念也就成为"陈词滥调"了。本质主义的思维缺陷正在于其将根植于特定历史阶段的思想观念在头脑中思辨地抽象出来,并赋予其超历史的绝对性质。如此一来,"历史性的规律"裹挟着"理论的态度"摇身一变就成为"永恒的规律"②。在这里,好像不是社会存在决定社会意识,更像是社会意识决定社会存在。蒲鲁东就是这样运作的:当他把现实的关系仅仅看作抽象的"范畴""规律"的体现时,这些抽象也就变成了"从世界开始存在时起就已安睡在天父心怀中的公式"③。这正是意识形态的全部秘密所在。就此,马克思在《德意志意识形态》中一针见血地指出:"他们(德国的哲学家们——引者注)总是把后来阶段的一般化的个人强加于先前阶段的个人,并且把后来的意识强加于先前的个人。借助于这种从一开始就撇开

---

① 马克思恩格斯文集:第1卷.北京:人民出版社,2009:499.
②③ 马克思恩格斯文集:第10卷.北京:人民出版社,2009:47-48.

现实条件的本末倒置的做法,他们就可以把整个历史变成意识的发展过程了"①。实际上,历史绝不是按照人头脑中"后来的意识"进行裁剪的结果,相反,"后来的意识"只有根植于历史之中才有意义。

有一种观点认为,马克思成熟时期的思想固然体现了一种反本质主义的倾向,但是,他的早期思想仍然是一种本质主义。这不仅仅是因为当时的马克思在理论表达上仍然使用了"类存在物""人的本质""异化"等旧哲学的术语,更在于他的思维方式仍然是本质主义的,即预设了人的一种本真状态,而后又把"异化"视为对这种本真状态的"疏离",人的解放则意味着克服"异化"向这种本真状态的复归。阿尔都塞就认为,马克思的早期思想中暗含着一个"人本主义的价值悬设",而这正是他本人后来强烈批判的意识形态。因此,此时的马克思是"离马克思最远的马克思"。他的这一观点虽然是在批判西方马克思主义人本主义倾向的语境中提出的,但却关涉到马克思早期思想的实质问题。对此,我们无法回避。笔者认为,作为对这一"挑战"的有效"应战",我们仍然需要回到马克思的"实践态度"和"历史原则"上来。按照马克思的说法,"人类始终只提出自己能够解决的任务,因为只要仔细考察就可以发现,任务本身,只有在解决它的物质条件已经存在或者

---

① 马克思恩格斯文集:第1卷.北京:人民出版社,2009:582.

至少是在生成过程中的时候，才会产生"①。按照这一论述，马克思早期关于"异化"的论述，本身就扎根于资本主义生产关系之中，而"自我异化的扬弃"的任务，也只有在资本主义自我否定的运动中才能得到理解。正如前文所述，对于资本主义社会而言，无产和有产的对立，只有发展成为劳动和资本的对立，才是一种内在的矛盾意义上的对立。正是"劳动和资本的对立"，让人产生了一种貌似"自由劳动"的假象。这一假象的积极意义在于：只有在这种假象中，真实的"自由劳动"才可能作为规范性目标被设想出来。所以，马克思的异化理论本身就是时代的产物，是历史自身提出的问题及其解答。试想，当人身处政治上尚未解放的奴隶社会和封建社会时，他们会萌生"异化"的问题吗？他们会提出"自我异化的扬弃"的历史任务吗？对此，日本著名马克思研究专家岩佐茂恰当地指出："对于《第一手稿》中的'异化劳动'，西方马克思主义是以没有异化的、不变的、普遍的本质作为前提来解释的。这可以被认为是对异化的本质主义的理解，但绝不是马克思在《第一手稿》中展开的异化理论。马克思是为了批判资本主义的现实而使用异化概念的，并非立足于对异化的本质主义的理解"②。马克思本人后来也这样评价自己的早期学说："当时由

---

① 马克思恩格斯文集：第2卷. 北京：人民出版社，2009：592.
② 岩佐茂. 异化理论和"否定性"的辩证法. 马克思主义与现实，2012（2）.

于这一切还是用哲学词句来表达的,所以那里所见到的一些习惯用的哲学术语,如'人的本质'、'类'等等,给了德国理论家们以可乘之机去不正确地理解真实的思想过程并以为这里的一切都不过是他们的穿旧了的理论外衣的翻新"①。马克思此处的表达非常清楚:他仅是为了避免被误解才转变话语方式,放弃了过去使用的旧术语,而根本不是什么"认识论的断裂"。由此可见,马克思的异化理论本身就是紧贴时代前行的,它根本就不是抽象思辨的产物,更不是古典本质主义"理论外衣的翻新"。

二、形而上学的历史化:"本质性的本质"与"非本质性的本质"

马克思主义哲学不是古典本质主义,甚至是作为这种本质主义的反对者出现的。但这是否意味着:任何涉及"本质"的思维方式在马克思那里都是非法的?反对古典本质主义就是简单地抛弃了它吗?对此,笔者的回答是否定的。

如前文所述,古典本质主义作为一种预成式的解释理论,只有在超越经验的意义上凭借"理论态度"才能成立。这也是

---

① 马克思恩格斯全集:第3卷.北京:人民出版社,1960:261-262.

形而上学在古希腊时期被奉为"第一哲学"的原因。从一定意义上讲,这种思维方式不过是人的超越性存在方式在认识论上的折射,也反映出哲学固有的超验性视野。实际上,超验性是一切哲学的特质,抛弃了超验性无异于抛弃了哲学本身。正如黑格尔所说:"认为有限事物具有理想性的看法,是哲学上的主要原则。因此每一真正哲学都是理想主义。"[1] 实际上,古典本质主义的缺陷并不在于其对于超验性的追问,而在于它脱离开现实存在抽象、思辨地追问这种超验性,从而造成了"本质"和"实存"的疏离。因此,伴随着对古典哲学的批判,西方哲学在19世纪普遍出现了一种"哲学的历史转向"。如果说古典哲学强调的是"本质先于存在"的预成论模式,那么,历史哲学注重的则是"存在先于本质"的生成论模式。马克思主义哲学正是在这种历史主义盛行的浓厚氛围下成长起来的,而且它本身就是一种注重时间性的历史哲学。但是,单凭"历史"二字,我们仍然无法将马克思主义哲学与其他门类的历史哲学区别开来。马克思就对德国当时法的历史学派进行过批判。这一学派把现存的一切都归于传统和历史,以此来为当时的法律制度辩护,否定任何变革的可能性和合法性。对此,马克思讽刺道:"它把自己对起源的爱好发展到了极端,以致要

---

[1] 黑格尔. 小逻辑. 贺麟,译. 北京:商务印书馆,1980:211.

求船夫不在江河的干流上航行，而在江河的源头上航行"①。实际上，"历史"在马克思那里并不是"僵死的事实的汇集"②，而是自觉地将辩证法镶嵌于其中的"历史原则"或者"历史方法"。在这个问题上，我们无法回避黑格尔对马克思的巨大影响。马克思曾公开声称他是这位大思想家的学生。那么，辩证法在黑格尔那里何以能够生发出"历史感"？这是因为他那"主体即实体"的逻辑原则自觉地把"否定性"看作事物的推动原则和创造原则，进而把"现实"维持在由"实存"和"本质"所构成的内在张力中，实现了"实存"与"本质"的历史性统一。在这种张力结构中，"现实"只能是暂时性的：一方面，"实存"通过对自身的否定跃向"本质"，不跃向"本质"的"实存"不配享有"现实"的美名。另一方面，"本质性的理念就决不滞留或封闭在主观性之中"，而必须"在当前的世界中、在可经验的内容中实现并展开自身"③。总之，"实存"与"本质"在"现实"中的统一，已经不再是认识论意义上静态、思辨的"符-合"，而是存在论意义上动态、经验的"现-象"。这就从根本上重塑了"本质"的存在论意义。

---

① 马克思恩格斯全集：第1卷.北京：人民出版社，1995：229.
② 马克思恩格斯文集：第1卷.北京：人民出版社，2009：526.
③ 吴晓明.论马克思政治哲学的唯物史观基础.马克思主义与现实，2020（1）.

按照恩格斯的说法，黑格尔这种由辩证法引发的历史观是"划时代的历史观"，"是新的唯物主义世界观的直接的理论前提"①。当然，历史的运动在黑格尔那里是"绝对精神"的"现象学"，所以只能"为历史的运动找到**抽象的、逻辑的、思辨的表达**"②。但是，这种"非批判运动"毕竟已经有了"批判的形式"。马克思在将黑格尔的辩证法颠倒过来的时候，并没有抛弃黑格尔的这种"逻辑方法"，而只是祛除了覆盖着这种方法的神秘外衣。黑格尔的辩证法之所以是神秘的，正是因为他意识不到自己辩证法的真正来源，误以为是"绝对精神"的"现-象"，实际上那不过是生产实践基础上的人类历史的"现-象"在头脑中的折射罢了。正如马克思所说："在黑格尔看来，思维过程，即甚至被他在观念这一名称下转化为独立主体的思维过程，是现实事物的创造主，而现实事物只是思维过程的外部表现。我的看法则相反，观念的东西不外是移入人的头脑并在人的头脑中改造过的物质的东西而已。"③ 实际上，若没有"既定的主体的人的**现实**历史"④，黑格尔那种绝对精神自我"现-象"的辩证法根本就不可能。对此，黑格尔本人

---

① 马克思恩格斯文集：第2卷．北京：人民出版社，2009：602．
② 马克思恩格斯文集：第1卷．北京：人民出版社，2009：201．
③ 马克思恩格斯文集：第5卷．北京：人民出版社，2009：22．
④ 同②．

只不过"日用而不知"①罢了。所以,绝对精神的现象学,其根基不过是人类历史的现象学;精神劳动的辩证法,其基础不过是生产实践的辩证法。由此,人类发展的历史性和生产实践的辩证法在马克思这里就有了一种本源性的关联和交通。动物何以没有历史？是因为动物没有生产实践的存在方式。人类何以有历史？是因为"他们必须**生产**自己的生命"②。所以马克思说,一旦人开始生产自己的生活资料而不是依靠自然本能获取大自然中的现成之物,人就和动物区别开来了。而生产实践作为人的存在方式,正是辩证法的生发之源。一方面,生产实践的前提是既定的、无可选择的,也是可以用纯粹经验的方法加以确认的。"这些个人是从事活动的,进行物质生产的,因而是在一定的物质的、不受他们任意支配的界限、前提和条件下活动着的"③。另一方面,人在生产实践的过程中又必然会对这一既定的前提进行超越性的"否定",从而获得一种全新的生产方式。这种全新的生产方式一旦获得,人类存在的现实基础也就随之被重构。人在存在方式上的这种宿命和超越、限制和发展、经验和超验、现成和生成的历史性统一,全部聚焦在了人类实践活动的这种"生产性"上。这种"生产性"使得

---

① 邓晓芒. 黑格尔《精神现象学》句读:第 2 卷. 北京:人民出版社,2017:353.
② 马克思恩格斯文集:第 1 卷. 北京:人民出版社,2009:533.
③ 同②524.

实践活动的前提和结果总是处于不对等、不等价、不可逆的状态，进而显现为一种辩证否定的螺旋式上升结构。通观马克思的著作不难发现，他关于生产力的阐述存在着一个明显的"解释学循环"：生产力作为"一种既得的力量"，是"以往的活动的产物"①。而以往的活动，本身又是生产力的应用。也就是说，生产力的应用（生产活动）产生了新的生产力。马克思用生产力来解释生产活动，又用生产活动来解释生产力，无异于一种"本体论承诺"意义上的同语反复。生产力为什么一定会发展，它能否不发展？人为什么不能放弃已经取得的生产力成果而回到过去？这类问题在马克思那里是无法被追问的，因为它们就像我们追问"一个人为什么会长大，他能否不长大""人为什么不能回到过去"一样荒谬。正因如此，马克思才将生产力发展视为无可辩驳的历史基础，看作历史唯物主义不言自明的逻辑前提。在《资本论》中，马克思进一步通过劳动力的商品化揭示了人类实践所特有的这种"生产性"："它（劳动力——引者注）的使用价值本身具有成为价值源泉的独特属性，因此，它的实际消费本身就是劳动的对象化，从而是价值的创造"②。这里的"价值的创造"正是人类实践活动所特有的"生产性"在资本主义生产方式下的"出场"方式。因此，

---

① 马克思恩格斯文集：第10卷．北京：人民出版社，2009：43．
② 马克思恩格斯文集：第5卷．北京：人民出版社，2009：195．

"只有创造**剩余价值**的劳动,即只有劳动产品中包含的价值超过生产该产品时消费的价值总和的那种劳动,才是**生产的**"①。

马克思对于超验性的理解和把握,同样离不开这种"生产""创造"的辩证法所塑造的历史语境。或者说,马克思通过内在的时间性重塑了超验性,使之成为存在论意义上表征"未来"的历史性规定。由此,马克思眼中的"历史"就只能在辩证法的意义上加以领会。"历史不外是各个世代的依次交替。每一代都利用以前各代遗留下来的材料、资金和生产力;由于这个缘故,每一代一方面在完全改变了的环境下继续从事所继承的活动,另一方面又通过完全改变了的活动来变更旧的环境。"② 在这里,"一切发展,不管其内容如何,都可以看做一系列不同的发展阶段,它们以一个**否定**另一个的方式彼此联系着"③。而一旦现有的生产关系由生产力发展的形式变成生产力发展的桎梏,人们就会提出变革这种生产关系的要求,进而提出对于"本质"("未来")的设想和要求。从这个角度讲,只要人还在生产实践地存在着,就无法避免在未来维度上对"本质"进行追问。只不过,这种"本质"已不是脱离现实的思辨抽象,而是深深扎根于生动活泼的历史实践之中,成为一

---

① 马克思恩格斯全集:第26卷(第1册).北京:人民出版社,1972:19.
② 马克思恩格斯文集:第1卷.北京:人民出版社,2009:540.
③ 马克思恩格斯全集:第4卷.北京:人民出版社,1958:329.

项始终处于"当下"和"未来"辩证转化中的历史性规定：一方面，"本质"问题必须立足于"当下"才能被追问，而"当下"又是可以通过纯粹经验的方式加以考察的。"在思辨终止的地方，在现实生活面前，正是描述人们实践活动和实际发展过程的真正的实证科学开始的地方。"① 从这个角度讲，马克思主义可以看作强调实证的经验科学。另一方面，"本质"并不等于"实存"，相反，它是面向未来敞开的，是对"实存"的超越。对这一辩证运动的把握，必须借助超验性的视野。试想，离开了"本质"所昭示的未来理想，"改变现存事物"的依据又在哪里？从这个角度讲，马克思主义又是注重行动的革命理论。可见，在历史唯物主义的构建过程中，"本质"问题非但没有取消，反而是塑造马克思主义科学性和革命性双重品格的枢纽。

关于本质主义，马克思之后的海德格尔曾有一个著名的"非本质性的本质"和"本质性的本质"的区分。他说："我们说'本质'，我们思考的是什么呢？本质通常被看作是真实的万物所共同拥有的特征。本质出现在类概念和普遍概念中，类概念和普遍概念表象出一个对杂多同样有效的'一'（das Eine）。但是，这种同样有效的本质（在 essentia 意义上的本质性）却不过是非本质性的本质。那么，某物的本质性的本质

---

① 马克思恩格斯文集：第 1 卷 . 北京：人民出版社，2009：526.

何在？大概它只是在于真理中的存在者的所是之中。一件东西的真正本质由它的真实存在所决定，由每个存在者的真理所决定。"① 此处"非本质性的本质"所代表的思维模式正是古典意义上的本质主义，而"本质性的本质"则是在时间性的"现象学"意义上成立的。这种区分对于理解马克思哲学同样有效。这里的关键并不在于马克思是否使用了"本质"这个术语，而在于他的运思方式到底是怎样的。事实上，马克思一直是在现实和理想构建的张力结构中看待和处理问题的，既反对脱离现实的空想，又反对在历史条件具备的情况下的无所作为。限于本文篇幅，此处不再赘述。总之，按照上述海德格尔的划分，马克思虽然对那种"非本质性的本质"表示了拒绝，但他并没有简单地予以否定，而是在继承这种本质主义超验性视野的基础上对其进行了内在扬弃。没有这种超验视野，科学社会主义就无法得以建构。恩格斯就曾意味深长地指出："如果不是先有德国哲学，特别是黑格尔哲学，那么德国科学社会主义，即过去从来没有过的唯一科学的社会主义，就决不可能创立。"② 可见，马克思哲学仍然可以被视为一种本质主义，但已经是闪耀着辩证法光芒的"本质性"的本质主义。

---

① 海德格尔. 海德格尔选集：上册. 孙周兴, 译. 上海：上海三联书店，1996：271.
② 马克思恩格斯文集：第2卷. 北京：人民出版社，2009：217.

三、批判而非论证：马克思主义与实证科学的距离

在西方思想史上，实证科学和马克思主义都是作为古典本质主义的反对者出现的。由于它们有着共同的反对对象，一种错觉就出现了——马克思主义也是一种实证科学。正像自然科学寻求自然发展规律一样，马克思主义作为社会科学也在寻求人类社会的发展规律。伴随着自然科学研究方法的盛行，这种错觉最终导致了马克思主义发展的机械化、教条化和实证化倾向，消极影响不可谓不深远。就此，笔者在这一节将要论证的观点是：马克思主义虽然强调了实证经验的重要性，但绝不是自然科学意义上的实证科学。

从思想史发展脉络看，实证科学对古典本质主义的批判主要是基于经验立场，而自然科学的迅猛发展又进一步固化了这一立场。实证主义的创始人孔德就认为，人类的知识在历史上经历了三个不同的理论阶段：神学阶段，又名虚构阶段；形而上学阶段，又名抽象阶段；科学阶段，又名实证阶段。其中，神学是人类愚昧时期的知识，哲学则是人类幼稚时期的知识。随着自然科学的不断发展，哲学的地盘将会越来越小，以至于逐渐变得多余，因为一切人类现象（包括自然现象和社会现象）都可以通过"实证"的方式加以解释和说明。与马克思同时代的实证主义者穆勒则是通过对语言的逻辑分析揭示了形而

上学的虚妄性："几乎所有先于洛克的形而上学家，以及在他之后还有很多这样的人，把本质的主谓关系，以及把被说成是属于主词的本质的谓词，极大地神秘化了。他们说，一个事物的本质就是那种没有它该事物既不能存在也不能被设想的东西。"① 由此，"本质"不过是词的意义，而不是刻画事物的属性。而词语的意义取决于它的用法，而不是它所指称的对象。正是这种语言上的混乱把"本质"神秘化了，实际上，它本身就是一个毫无意义的形而上学的概念。于是，借助语言分析和经验实证，实证主义者提出了"拒绝形而上学"的口号。在他们看来，真正科学的任务并不是研究现象和本质的关系，而是探讨现象和现象之间的因果联系。科学的价值不在于形而上的"本质"，而在于现象之间可重复性的"规律"。发现了规律就能够对未来进行预言，进而了解未来、把握未来。因此，"所有按照恒常的规律彼此相续的事实本身都适宜成为科学的课题；尽管这些规律可能还没被发现，或依据我们现有的手段它们还不能被发现"②。可见，孔德、穆勒等实证主义者主要是基于经验性立场反对形而上学的。在他们看来，一切超验性的诉求要么是愚昧的，要么是语言的错误用法。

马克思主义也反对古典形而上学。但是，马克思反对形而

---

① 张庆熊，等. 现象学方法与马克思主义. 上海：上海三联书店，2014：71.

② 同①72.

上学的理由与实证主义却有着性质上的差别。如前文所述，在马克思看来，形而上学的错误并不在于超验性追求本身，而在于其脱离"实践态度"和"历史原则"抽象思辨地把握超验性，表现为一种典型的"解释世界"的知识论形态。马克思主义并没有终结或者取消哲学的超验性，而是对超验性进行了脱胎换骨式的重建，使之成为立足于"感性活动"、在"改变世界"的过程中所能把握的历史性规定。这种经验性和超验性之间的张力，是通过生产实践的辩证法得以证成的，是在历史运动的现象学中得以彰显的。因此，离开了人的现实实践的能动过程，脱离了辩证法的思维方式，越是偏执于当下的经验，越是会陷入唯心主义而不能自拔。这简直是旧唯物主义的宿命！以费尔巴哈为例，他从"**客体**的或者**直观**的形式"① 去理解现实，表面上看起来非常"唯物"，是一位典型的"经验主义者"。但是，由于他不理解"感性活动"，所以他也就不会理解"现实"本来就在历史中形成，也必将伴随着历史的发展而改变。"正是在共产主义的唯物主义者看到改造工业和社会结构的必要性和条件的地方，他却重新陷入唯心主义"②。所以，马克思说费尔巴哈"既承认现存的东西同时又不了解现存的东西"③。同样，马克思之所以投入巨大精力从事政治经济学批

---

① 马克思恩格斯文集：第1卷．北京：人民出版社，2009：499．
② 同①530．
③ 同①549．

判，正是因为古典的和庸俗的经济学总是从直观的经验性出发去论证和解释现有的经济关系。但是，正如马克思批评青年黑格尔派时所说的，解释、论证一个东西无异于变相地承认了它。在《哲学的贫困》中，马克思以同样的思路批判了那些将经济学视为实证科学的经济学家："经济学家们向我们解释了生产怎样在上述关系（资产阶级生产关系——引者注）下进行，但是没有说明这些关系是怎样产生的，也就是说，没有说明产生这些关系的历史运动。"[1] 而揭示这种历史运动，成为马克思毕生的重要任务。正如列宁所说，马克思的《政治经济学批判》和《资本论》两部著作使政治经济学"革命化"了。这里所谓的"革命化"也就是辩证法所要求的"从暂时性方面"来理解。这充分说明，"实证的"本身就是"非批判的"，囿于纯粹的经验本身，必然会陷入维护现存事物的保守立场。因此，马克思对孔德的实证主义表示出不屑甚至是极其反感的态度，就完全可以理解了。在1866年致恩格斯的一封信中，马克思就曾把孔德和黑格尔进行了对比，认为孔德和黑格尔比起来非常可怜："虽然孔德作为专业的数学家和物理学家要比黑格尔强，就是说在细节上比他强，但是整个说来，黑格尔甚至在这方面也比他不知道伟大多少倍"[2]。这个对比颇值得玩

---

[1] 马克思恩格斯文集：第1卷. 北京：人民出版社，2009：598.
[2] 马克思恩格斯文集：第10卷. 北京：人民出版社，2009：239.

味。为什么分析经济形式,既不能用显微镜,也不能用化学试剂?这是因为,无论是显微镜还是化学试剂,都能让人实现"自然科学的直观"①。但这种"直观"无论怎么深入细节,在分析社会形式时都无济于事。黑格尔超越孔德的地方,也许正在于后者没有前者那种在历史的联系中把握直观经验的"抽象力"。

可见,马克思的"历史科学"绝不是自然科学意义上的实证科学,而是在辩证法中把握历史发展联系的科学。毋庸置疑,实证主义在自然科学领域有着广泛的适用性。自然科学研究的是相对独立于人类社会的自然领域,所以人在一定程度上可以"置身事外"地进行探究,并抱以理论态度。而对于人身处其中的人类社会,这种经验的观察方法则是失效的,必须代之以一种新型的科学。马克思所谓的"唯一的科学",正是就此而言。对于这种科学,人是需要参与其中"**当做感性的人的活动,当做实践**"② 去理解的,因为人在这里既是"剧作者"又是"剧中人物",根本无法抽身而抱之以自然科学的理论态度。就像人不能抓着自己的头发把自己提起来一样,那些貌似能够从自己的历史性存在中抽身而出并像自然科学那样对人类社会进行实证考察的做法,仍然是一种意识形态幻象。而马克

---

① 马克思恩格斯文集:第 1 卷. 北京:人民出版社,2009:529.
② 同①499.

思的"科学",正是以消除幻象为己任的。正如海尔布隆纳所说,在如何定义科学上,它(马克思主义)与其他方法是不一样的:

> 实证主义科学家也能透过表象,考察以"规律"和模式的形式表现的基本原理,但是他们的任务是透过随机干扰去发现可能隐藏在自然界的规律性(非本质)。相反,辩证的观察者试图通过深入考察社会带给我们的系统性扭曲,找到真正的本质(不只是规律性),如矛盾关系。①

当实证主义者将所有的哲学都打入冷宫,试图外在地把握社会现象之间的因果性联系时,他们就已经丧失了"剧中人物"的身份。他们看似找到了所谓的"规律",实际上已经在"曲解"或者"抛开"人类史了。一旦我们迷恋这些"规律"而遗忘了辩证法,"当下"立足于实践、面向"未来"的能动生成关系也就蜕变为"当下"僵死地决定"未来"的因果必然关系。第二国际时期,当伯恩施坦、考茨基等人将历史唯物主义描绘成一种纯粹经验或实证的历史科学和经济科学,试图以此来维护马克思主义的"科学性"时,他们实际上已经和高举"拒绝形而上学"旗帜的实证主义合谋了。于是,在经济决定论开列的"铁的列车时刻表"面前,历史唯物主义似乎只能

---

① 海尔布隆纳. 马克思主义:赞成与反对. 马林梅,译. 北京:东方出版社,2016:26.

"解释世界"而不再能"改变世界",其内在蕴含的"革命性"已经被碾压殆尽了。这种机械的决定论对国际共产主义运动的危害是非常巨大的。正如伊格尔顿所说:"20世纪的共产主义运动之所以没能挫败法西斯主义,历史宿命论起到了至关重要的作用,因为人们一度曾经相信法西斯主义不过是资本主义制度行将灭亡的垂死挣扎。"①

事实上,马克思对这种貌似科学的"规律"一直保持着高度的警惕,认为"这些抽象本身离开了现实的历史就没有任何价值","它们绝不提供可以适用于各个历史时代的药方或公式"②。1877年,马克思在致《祖国纪事》杂志编辑部那封著名的信中谈到了一位俄国的批评家米海洛夫斯基:"他一定要把我关于西欧资本主义起源的历史概述彻底变成一般发展道路的历史哲学理论,……但是我要请他原谅。(他这样做,会给我过多的荣誉,同时也会给我过多的侮辱。)"继而,马克思以古代罗马贫民的遭遇为例,说明了"极为相似的事变发生在不同的历史环境中就引起了完全不同的结果"③。"如果把这些演变中的每一个都分别加以研究,然后再把它们加以比较,我们就会很容易地找到理解这种现象的钥匙;但是,使用一般历史

---

① 伊格尔顿.马克思为什么是对的.李扬,等译.重庆:重庆出版社,2017:48.
② 马克思恩格斯文集:第1卷.北京:人民出版社,2009:526.
③ 马克思恩格斯文集:第3卷.北京:人民出版社,2009:466.

哲学理论这一把万能钥匙，那是永远达不到这种目的的，这种历史哲学理论的最大长处就在于它是超历史的。"① 马克思和恩格斯在《共产党宣言》发表25年之后的德文版序言中指出："第二章末尾提出的那些革命措施根本没有特别的意义。如果是在今天，这一段在许多方面都会有不同的写法了"②。这只能说明：在马克思那里，所谓的历史规律本身也是历史性的，它必须"随时随地都要以当时的历史条件为转移"③，而这也只有实际地参与到历史的实际进程中才能得到理解。可见，实证主义妄图通过实证的方法总结社会运动规律的做法，事实上已经和旧唯物主义一样跌入唯心主义的泥潭而不自知。

因此，上述围绕着马克思主义本质主义和反本质主义的争论，仍然是在"认识"和"理论"上下功夫，而没有扎根实践、贴近时代与马克思并肩思考。实际上，这种争论本身就已经证明，争论参与者并没有以马克思的方式看待马克思主义本身。我们从马克思的《政治经济学批判》序言中可知，他在考察完"一般意义上的资本"之后，是计划继续研究国家问题、国际贸易问题以及国际市场问题的，只不过历史并没有恩赐马克思充足的时间，《政治经济学批判》这本大书只能以当前我

---

① 马克思恩格斯文集：第3卷．北京：人民出版社，2009：466-467.
② 马克思恩格斯文集：第2卷．北京：人民出版社，2009：5.
③ 同②2.

们所看到的《资本论》的样式面世。但是，马克思主义的开放性决定了它只能"接着讲"而不能"照着讲"下去。而要消解上述关于马克思主义的各种争论，马克思主义就必须面对新时代，在洞察和解决新时代的实践性问题中不断推动理论创新。除此之外，似乎并没有另外的路可走。

第八章

中国化视域下的马克思主义

一、像马克思那样去思考：化用而非套用

习近平总书记指出，坚持以马克思主义为指导，最终要落实到怎么用上来。这里的"怎么用"的问题，实际上就是一个"化用"的问题。"化用"原本是一种文学修辞手法，包含了两层意思：一是"化"，一是"用"。简而言之，"化用"就是既借用前人的成果又经过自己艺术改造的过程。但在中华文化的语境中，这个词的解释学含义已经被大大拓展了。可以说，这个词浓缩地体现了中华传统文化的智慧，表征着一个近乎"只可意会不可言传"的实践境域。用现代的语言说，它表达的是一种摆脱了所有理论预设和经验束缚的、运用到实践中的方法和能力。不身处中国文化的语境，就很难领会"化用"所能代表的至高境界。

比如，在《三国演义》第五十七回中，孙权和庞统曾有一

段对话。孙权问庞统："公平生所学，以何为主？"庞统回答："不必拘执，随机应变。"孙权又问："公之才学，比公瑾如何？"庞统笑答："某之所学，与公瑾大不相同。"一个随机应变，一个拘泥兵法，高下之分已不言而喻。正如《孙子兵法》中所说："微乎微乎，至于无形；神乎神乎，至于无声。故能为敌之司命。"这种"无形""无声"，正是"化"的境界，意指不为任何兵法的理论所束缚，不为任何前在的经验所限制，而后也就有了"阵而后战，兵法之常；运用之妙，存乎一心"（《宋史·岳飞传》）的说法。杜牧在《注孙子序》中也说：行军作战正如"丸之走盘"，"横斜圆直，计于临时，不可尽知，其必可知者，是知丸不能出于盘也"。《伤寒杂病论》的序言中，张仲景也说："为《伤寒杂病论》合十六卷，虽未能尽愈诸病，庶可以见病知源，若能寻余所集，思过半矣。"《伤寒杂病论》不是一个药方集，更不是一个医案集，它不可能将世界上所有的病症全部穷尽。在此，张仲景要求的是"见病知源""寻余所集"，即运用好该书所提供的治病的思路和方法。这在方法论上所体现的就是"化"。

就此反观"马克思主义中国化"之"化"，言及的正是一种实践层面的"化用"。它要求的不是"马克思主义在中国"，而是"中国的马克思主义"。因此，坚持马克思主义基本原理同中国具体实际相结合、同中华优秀传统文化相结合，就不是让二者机械地嫁接，而是以"化"的方式结合，即马克思主义基本原理要深入我们所面临的历史任务中并在其中显示。否则，二者之间的关系仍然是外在的，甚至有可能沦为一种新的形式主义。通俗地说，二者之间发生的是化学反应，而不是物理反应。有的学者据此区分开了"征用""套用"和"化用"。前者是"场外解释"，即盲目移植、生搬硬套的"强制解释"，后者则是以具体实际为本位的"本体解释"。"本体解释"和"场外解释"的区别不在于是否运用了"场外理论"，而在于是"化用"还是"征用""套用"。以文学研究为例，如果仅仅是简单地"征用""套用"马克思主义的哲学概念而不是对文本、文学活动作具体分析，貌似遵循了马克思主义的理论指导，其实恰恰有违马克思主义认识论的基本精神和原则。[①] 恩格斯当年就特别强调马克思主义原理之运用的内在性，他在1886年12月致弗洛伦斯·凯利-威士涅威茨基夫人的一封信中就这样告诫当时的德国人：

> ……我也认为"劳动骑士"是运动中的一个极重要的因素，不应当从外面冷眼看待它，而要从内部使之革命化，而且我认为，那里的许多德国人犯了一个严重的错误，他们在面临一个强大而出色的、但不是由他们自己创造出来的运动时，竟企图把他们那一套从外国输入的、常

[①] 刘方喜. 具体性误置：强制阐释论的哲学方法论探讨. 云南师范大学学报（哲学社会科学版），2016（1）.

常是没有弄懂的理论变成一种"唯一能救世的教条",并且同任何不接受这种教条的运动保持遥远的距离。我们的理论不是教条,而是对包含着一连串互相衔接的阶段的发展过程的阐明。希望美国人一开始行动就完全了解在比较老的工业国家里制定出来的理论,那是可望而不可即的。德国人所应当做的事情是,根据自己的理论去行动……①

对于美国人,恩格斯也给出了同样的告诫:

……我们的理论是发展着的理论,而不是必须背得烂熟并机械地加以重复的教条。越少从外面把这种理论硬灌输给美国人,而越多由他们通过自己亲身的经验(在德国人的帮助下)去检验它,它就越会深入他们的心坎。……②

习近平总书记在哲学社会科学工作座谈会上的重要讲话中指出:"也有一些同志对马克思主义理解不深、理解不透,在运用马克思主义立场、观点、方法上功力不足、高水平成果不多,在建设以马克思主义为指导的学科体系、学术体系、话语体系上功力不足、高水平成果不多"。他又强调:"实际工作中,在有的领域中马克思主义被边缘化、空泛化、标签化,在

---

① 马克思恩格斯文集:第10卷.北京:人民出版社,2009:560.
② 同①562.

一些学科中'失语'、教材中'失踪'、论坛上'失声'。这种状况必须引起我们高度重视。"①从一定意义上讲，这种运用上的"功力"不足，正是导致马克思主义"边缘化""空泛化""标签化"的内在根源。这是因为，所谓"运用"，其主要方面就在于"化用"，即让马克思主义基本原理成为社会历史现实自身内在运动的客观需要，而不是外在的"征用""套用"。我们应该承认，马克思主义的基本原理也是作为一种抽象理论而存在的。按照教科书的说法，马克思主义基本原理是"对马克思主义立场、观点、方法的集中概括，是马克思主义在其形成、发展和运用过程中经过实践反复检验而确立起来的具有普遍真理性的理论"②。既然原理具有"普遍真理性"，那么，它本身无疑就具有抽象的性质。问题的关键是，我们如何面对和处理这种"抽象"？当我们不是在具体实际中去体现原理，让原理成为社会历史现实的内在规定，而是用原理直接套用具体实际时，原理也就难以摆脱一切抽象性理论所面临的命运，即外在的形式化和公式化。正如人民民主革命时期，由于"左"倾错误的影响，我们在革命实践中没有能够从具体实际出发，在运用马克思主义的时候没有能够让中国在"现场"，而仅仅

---

① 习近平．在哲学社会科学工作座谈会上的讲话．北京：人民出版社，2016：10.

② 本书编写组．马克思主义基本原理概论．北京：高等教育出版社，2021：3.

教条主义地机械套用，使得中国革命一度遭受不可估量的挫折。由此，坚持马克思主义基本原理同中国具体实际相结合，不断推动马克思主义的中国化时代化，才成为中国共产党百年奋斗历程中一条极其宝贵的基本经验。

可见，我们一旦抽象地理解马克思主义基本原理，就已经不自觉地倒退回了马克思当年所批判的唯心主义立场。而以唯心主义观念论的方式来理解作为唯物主义的马克思主义，是不可能得出正确结论的。在《哲学的贫困》中，马克思也以辛辣的笔锋对蒲鲁东仅仅追求且沉迷于"抽象"而远离"物体"的形而上学思维进行了尖锐的批判：

> 在最后的抽象（因为是抽象，而不是分析）中，一切事物都成为逻辑范畴，这用得着奇怪吗？如果我们逐步抽掉构成某座房屋个性的一切，抽掉构成这座房屋的材料和这座房屋特有的形式，结果只剩下一个物体；如果把这一物体的界限也抽去，结果就只有空间了；如果再把这个空间的向度抽去，最后我们就只有纯粹的量这个逻辑范畴了，这用得着奇怪吗？如果我们继续用这种方法抽去每一个主体的一切有生命的或无生命的所谓偶性，人或物，我们就有理由说，在最后的抽象中，作为实体的将只是一些逻辑范畴。所以形而上学者也就有理由说，世界上的事物是逻辑范畴这块底布上绣成的花卉；他们在进行这些抽象时，自以为在进行分析，他们越来越远离物体，而自以为

越来越接近,以至于深入物体。……①

如此一来,抽象性由于没有"进入"特殊的具体性中,或者说,抽象性没有能够在具体性中体现出来而仅仅作为外在的形式规定存在,也就沦为了空洞无物的范畴。在这种思维方法的支配下,唯心主义哲学家们看起来无所不知,实际上却一无所知。正如有人戏言:哲学家的工作,不过是在黑屋子里寻找一只根本不存在的黑猫。一些玩世不恭的人更是将哲学家分成两类:一类是对愈来愈多的东西知道得愈来愈少,直到对任何事物都一无所知;另一类是对愈来愈少的东西知道得愈来愈多,直到无中生有。但我们也应该注意到,在当前马克思主义的理论宣传以及"马克思主义基本原理"这门思政课程的教学实践中,"征用""套用"的现象仍然在一定程度上存在。其中,最为明显的就是前面提及的"原理+例子"的教学模式,即让"原理"和"例子"直接外在地机械同一而不是辩证统一:要么用原理的"抽象"改造、肢解"具体"的例子,要么用"具体"的例子任意地证明"抽象"的原理。这种做法似乎在表面上论证了原理的普遍真理性,但其负面效果却是深层次的,即马克思主义基本原理好像是通过无限抽象性证成自身的科学性和真理性的。黑格尔就说:"一个所谓哲学原理或原则,

---

① 马克思恩格斯文集:第1卷.北京:人民出版社,2009:599-600.

即使是真的，只要它仅仅是个原理或原则，它就已经也是假的了；要反驳它因此也就很容易。反驳一个原则就是揭露它的缺陷，但它是有缺陷的，因为它只是共相或本原或开端"①。海尔布隆纳也引用罗纳德·布莱克韦尔的观点说：

> "马克思主义者"的一大失误是，它们从来都不打算按照马克思确立的路线完善这一体系（这里指马克思主义理论体系——引者注），而是寻求将这一论述中最抽象的命题——通常会给理解问题造成相当大的危害——直接应用于经济生活中……这种抽象决定因素和想象的直接对照——它无视中间的决定因素——产生了截然对立却同样无效的两种反应：(a) 经验主义/折中主义——理解现象，理论"让步"；(b) 教条主义——掌握理论、否认现象。②

可见，机械教条式的理解方式由于不理解矛盾上的对立统一，一旦"原理"和"例子"之间不能像公式那样直接套用，就会陷入思维上的困境，从而出现两种偏执的观点：要么为了论证现实而牺牲理论，要么为了维护理论而否定现实。前者是削履适足式的经验主义，后者是削足适履式的教条主义。以党

---

① 黑格尔. 精神现象学：上卷. 贺麟，王玖兴，译. 北京：商务印书馆，1979：14.
② 海尔布隆纳. 马克思主义：赞成与反对. 马林梅，译. 北京：东方出版社，2016：57.

和国家提出的"两个毫不动摇"为例，舆论界就有着两种颇为偏激的观点。有人认为，马克思、恩格斯在《共产党宣言》中早就明确指出，共产党人全部观点概括为一句话就是"消灭私有制"，社会主义之为社会主义的标志就是全面的公有制，今日之中国允许、鼓励、支持非公有制经济的发展，那就不是在搞社会主义。另外一部分人的观点恰恰相反，他们认为过去那种高度集中的计划经济已经被证明是失当的，马克思主义所表明的观点也是不科学的，私有制才是历史的趋势和潮流。实际上，这两种观点都是错误的，其根源正在于对马克思主义基本原理采取了一种简单的"套用"的态度，结果不是证实就是证伪，不是单纯地肯定就是单纯地否定。这实际上是与辩证唯物主义的要求相违背的，唯一正确的做法是用发展着的理论来指导发展着的实践。实际上，以动态的、历史的观点视之，共产主义所要求的"消灭私有制"和我国当前允许、鼓励、支持非公有制经济的发展正是一种对立统一的关系。正如《共产党宣言》中所阐明的："共产党人为工人阶级的最近的目的和利益而斗争，但是他们在当前的运动中同时代表运动的未来。"[1]

马克思曾言："理论只要彻底，就能说服人"[2]。习近平总

---

[1] 马克思恩格斯文集：第 2 卷. 北京：人民出版社，2009：65.
[2] 马克思恩格斯文集：第 1 卷. 北京：人民出版社，2009：11.

书记在学校思想政治理论课教师座谈会上也深刻指出，思想政治理论课要以透彻的学理分析回应学生，以彻底的思想理论说服学生，用真理的强大力量引导学生。但若在"药方"和"公式"的意义上来理解马克思主义基本原理，是无法达到这种"以理服人"的效果的。实际上，对这种教条主义的清算本身就是马克思主义对唯心主义批判的重要内容。马克思一生都对这种抽象教条式的理解方式保持着高度的警惕。他多次宣称自己不想"树起任何教条主义的旗帜"[①]。在对共产主义的把握上，他也强调共产主义"不是现实应当与之相适应的**理想**"[②]。由此可见，在理解、阐释马克思主义基本原理的过程中，学会像马克思那样去思考是何等重要！恩格斯甚至告诫后来者不要生搬硬套他和马克思的话，而要根据自己的情况像马克思那样去思考问题，才算把握住了马克思主义的内在灵魂。正如恩格斯当年对俄国人所告诫的："俄国人，不仅是俄国人，不要生搬马克思和我的话，而是要根据自己的情况像马克思那样去思考问题。只有在这个意义上，'马克思主义者'这个词才有 raison dêtre［存在的理由］"[③]。

---

① 马克思恩格斯文集：第 10 卷. 北京：人民出版社，2009：7.
② 马克思恩格斯全集：第 3 卷. 北京：人民出版社，1960：40.
③ 中共中央马克思恩格斯列宁斯大林著作编译局. 智慧的明灯：回忆马克思恩格斯. 北京：人民出版社，1983：91.

二、对立中的统一：马克思主义中国化的方法论原则

将理论创新视为普遍与特殊、一般与个别的结合，是马克思主义中国化的一项重要的方法论原则。但是，仅仅对此泛泛而谈，似乎仍然没有切中问题的要害，而且这种"结合"似乎是非常容易的事情。可想而知，一旦"结合""统一"这些字眼铺天盖地迎面而来，一项艰辛的工作是否又会重新成为一种形式的话语？1964年3月，毛泽东在谈到全国正在掀起一个学习毛主席著作的热潮时，回应别具一格："《毛选》，什么是我的？这是血的著作。《毛选》里的这些东西，是群众教给我们的，是付出了流血牺牲的代价的。"①党的十九届六中全会也提出，以毛泽东同志为主要代表的中国共产党人，把马克思列宁主义基本原理同中国具体实际相结合，对经过艰苦探索、付出巨大牺牲积累的一系列独创性经验作了理论概括。因此，对马克思主义中国化之"化"的认识，在强调普遍与特殊、一般与个别的结合的同时，迫切需要回归辩证唯物主义的认识论，将其视为唯有通过矛盾分析法才能深刻把握的理论问题。

我们知道，把马克思主义基本原理同中国具体实际相结

---

① 毛泽东年谱（一九四九——一九七六）：第5卷.北京：中央文献出版社，2013：329.

合、同中华优秀传统文化相结合，是马克思主义中国化时代化的根本遵循和逻辑原则。但进一步追问，这里的"结合"意味着什么？或者说，我们言及"结合"时想要表达的是什么？对此，可能会有不同的答案。笔者认为，这里的"结合"应该作矛盾解，也就是把这种"结合"视为一个对立统一的动态过程。实际上，这种对立统一的思维模式是一切学科的知识增长所共有的思维模式。仅以数学为例，我们都知道，学习数学的学生即使熟记并掌握了数学中的公理、定理和公式，也不能说学好了数学。对数学的精通最终体现在对原理的运用上，体现在对具体数学题目的求解上。实际上，数学考试经常不直接考查数学知识，也少有通过直接套用公式来作答的题目，因为这个时候，学生遭遇到的不是"对立统一"，而是"直接同一"。而在大多数情况下，当我们考查学生对数学知识的掌握时，出具的题目和数学上的原理都不是直接对应的关系，相反，二者之间还存在一种"对立"的紧张关系，学生所掌握的数学知识无法拿来现成地套用，他们的任务无非是通过艰辛的努力化解数学知识和具体题目之间的紧张关系，使得"对立"在动态中实现"统一"。马克思主义也是如此，当它遭遇中国的问题、时代的问题时，我们也不可能通过套用马克思主义的基本原理来解题，而是应该正视原理和中国问题之间的这种紧张；在破解这些问题的过程中，理论才可能完成创新、升华和飞跃。正如前文所说，理论的发展只能产生于普遍与特殊、一般与个别的互动当中。诚如恩格斯在1885年4月给俄国女革命家查苏利奇的一封回信中所指出的："马克思的历史理论是任何**坚定不移**和**始终一贯**的革命策略的基本条件；为了找到这种策略，需要的只是把这一理论应用于本国的经济条件和政治条件。但是，要做到这一点，就必须了解这些条件"①。因此，"我们的历史观首先是进行研究工作的指南，并不是按照黑格尔学派的方式构造体系的杠杆"②。在1884年2月致卡尔·考茨基的一封信中，恩格斯针对加·德维尔的《卡尔·马克思的〈资本论〉。简述，兼论科学社会主义》（1883年巴黎版）一书中的错误也说："他的主要错误在于：他把马克思认为只在一定条件下起作用的一些原理解释成绝对的原理。德维尔删去了这些条件，因此那些原理看来就不正确了。"③ 就此可见：一方面，理论都是用来解决实践问题的，实践是检验理论的唯一标准。对此，习近平总书记强调，坚持以马克思主义为指导，关键要落实到怎么用上来。另一方面，唯有在破解实际问题的实践基础上，真正的理论创新才会成为可能。正如习近平总书记深刻指出的："生活之树常青。一种理论的产生，源泉只能是丰富

---

① 马克思恩格斯文集：第10卷．北京：人民出版社，2009：532．
② 同①587．
③ 同①511．

生动的现实生活,动力只能是解决社会矛盾和问题的现实要求。"① 对此,党的二十大报告作了更加明确的论述:

> 坚持和发展马克思主义,必须同中国具体实际相结合。我们坚持以马克思主义为指导,是要运用其科学的世界观和方法论解决中国的问题,而不是要背诵和重复其具体结论和词句,更不能把马克思主义当成一成不变的教条。我们必须坚持解放思想、实事求是、与时俱进、求真务实,一切从实际出发,着眼解决新时代改革开放和社会主义现代化建设的实际问题,不断回答中国之问、世界之问、人民之问、时代之问,作出符合中国实际和时代要求的正确回答,得出符合客观规律的科学认识,形成与时俱进的理论成果,更好指导中国实践。②

将马克思主义基本原理与具体实际相结合,遵循的是一条由"抽象"到"具体"的认识论路线。如前文所述,这仅仅是一项认识论原则,而如果仅仅停留于此,这项原则本身又会沦为一种新的形式主义。毛泽东同志曾将这种现象称为"口头上

---

① 习近平. 习近平谈治国理政:第3卷:北京:外文出版社,2020:63.
② 习近平. 高举中国特色社会主义伟大旗帜 为全面建设社会主义现代化国家而团结奋斗:在中国共产党第二十次全国代表大会上的报告. 北京:人民出版社,2022:17-18.

的马克思主义"①。问题的关键在于：一般意义上抽象的原理知识如何才能内在地"切中"内容，而不再是外在的形式性规定？正如在今天，我们似乎都"知道"要坚持运用马克思主义的立场观点方法分析问题，但在切实地进入"分析问题"的实践状态时，我们究竟能不能真实地坚持马克思主义的立场观点方法呢？

　　实际上，这个问题是马克思主义自诞生之日起就面对的重大理论问题和实践问题。确切地说，这个问题自黑格尔开始就被认真思考了。黑格尔的《精神现象学》在一定意义上就可视为深入思考并试图克服形式主义的一个努力。何谓形式主义？黑格尔的回答是："如果认知主体只把唯一的静止的形式引用到现成存在物上来，而材料只是从外面投入于这个静止的要素里，那么这就像对内容所作的那些任意的想象一样不能算是对于上述要求的满足，即是说，这样做出来的不是从自身发生出来的丰富内容，也不是各个形态给自身规定出来的差别，而毋宁是一种单调的形式主义。"②这种形式主义表现在思维方式和方法论上就是一种"外在反思"。"这种方法，既然它给所有天上的和地上的东西，所有自然的和精神的形态都粘贴上普遍图式的一些规定并这样地对它们加以安排整理，那么这种方法所

---

① 毛泽东选集：第3卷.北京：人民出版社，1991：858.
② 黑格尔.精神现象学：上卷.贺麟，王玖兴，译.北京：商务印书馆，1979：9.

产生出来的就至多不过是一篇关于宇宙的有机组织的明白报道，即是说，不过是一张图表而已"①。在他看来，依靠这种外在形式形成的知识根本不是真正的知识，仅仅停留于此，只能说明人们还没有明了什么是真正的知识："形式主义既然在备受近代哲学的指斥和谴责之后，还又在哲学里面再生了出来，可见它的缺点虽然已为众所周知，但在绝对现实的知识没完全明了它自己的本性以前，形式主义将不会从科学里消失掉的。"② 那么，克服这种形式主义的关键就在于：通达事物本身，正视事物自身的实体性内容，在抽象知识与现实事物的对立中扬弃掉抽象知识的外在性以实现一种"有差别的规定的统一"。这种由抽象通达具体的路径和方法，就是辩证法。这种辩证法要求外在抽象知识必须正视自身与现实事物的对立。这是因为，唯有正视这种对立，现实事物的重要性才能凸显而不是被外在的形式规定湮没，抽象知识才会实质性地遇到"阻碍"。这种"阻碍"是积极的，因为它能够倒逼抽象知识改变自己的"傲慢"，约束自己的"自由"。"不要成为任意调动内容的原则，而把这种自由沉入于内容，让内容按照它自己的本性，即按照它自己的自身而自行运动，并从而考察这种运动"③。

---

① 黑格尔. 精神现象学：上卷. 贺麟，王玖兴，译. 北京：商务印书馆，1979：34-35.
② 同①10.
③ 同①40.

在青年时期，马克思之所以从一开始不喜欢黑格尔那"离奇古怪的调子"① 到回归黑格尔，正是敏感地意识到了克服形式主义的重要性和迫切性。马克思在青年时期实际上就已经表达了这种思想困惑："这里首先出现的严重障碍正是现实的东西和应有的东西之间的对立，这种对立是唯心主义所固有的；它又成了拙劣的、错误的划分的根源。"② 将"应有"和"现有"简单对立起来而没有看到二者的统一，其逻辑结果只能是"应有"以空洞的形式向"现有"的内容发号施令。"在这种形式下，主体围绕着事物转，这样那样议论，可是事物本身并没有形成一种多方面展开的生动的东西"③。在这里，马克思实际上已经表达了对那种脱离了具体生动内容的形式主义的不满。对此，他反思道："我认为实体和形式可以而且应当各不相干地发展，结果我所得到的不是实在的形式，而是象带抽屉的书桌一类的东西，而抽屉后来又被我装上了沙子"④。也正是在这种反思中，一个关键性的问题开始浮现，那就是如何让"应有"成为"现有"、让"现有"朝向"应用"？就此，马克思表示，他要"向现实本身寻求思想"，即要在现实中实现理想，而不是教条主义地用理想去裁剪现实。这就要求"精神本性也和肉体本性一样是必要的、具体的，并且具有同样的严格

---

① 马克思恩格斯全集：第 40 卷. 北京：人民出版社，1982：15.
②③ 同①10.
④ 同①11.

形式"①。

　　当然，马克思向黑格尔的回归并不是一种简单的重复，而是表现为一种"批判性脱离"，即将黑格尔的思想以"既克服又保留"的形式纳入自己的运思之中。黑格尔的辩证法思想无疑带有浓厚的唯心主义色彩。与黑格尔不同，马克思并不认为一般意义上的抽象知识先天存在于人的"自我意识"，而是认为这种抽象知识以社会存在为根基。但是，黑格尔克服形式主义的努力仍然给了马克思莫大的启发。马克思在《资本论》第二版的跋中甚至公开宣称自己是"这位大思想家的学生"②。黑格尔关于原理性抽象知识的批判态度，马克思肯定也是会赞同的，因为和黑格尔一样，他追求的也是将"抽象"与"现实的历史"内在结合起来，在辩证运动中考察二者之间的对立统一关系，既要在二者的不一致处看到"对立"，又要在理论的发展和创新中看到"统一"，这才是辩证法所要求的矛盾分析法。

　　实际上，抽象原理与具体现实无法直接套用之时，才是辩证法"接生"③ 真知识之际。也就是说，只有在对具体现实的

---

① 马克思恩格斯全集：第 40 卷．北京：人民出版社，1982：15.
② 马克思恩格斯文集：第 5 卷．北京：人民出版社，2009：22.
③ 辩证法在古希腊时期就被视为真理生成的方法，它的雏形是"苏格拉底的对话"。在苏格拉底看来，辩证法就好比是"助产术"。正如"助产术"是用来接生新生儿一样，辩证法是用来"接生"真理的。

具体分析中将抽象原理以扬弃的方式包含于自身之内，真知识才会产生。因此，我们要正确地对待这种无法直接套用而带来的"不安"。诚如海德格尔所言："绝对知识，知道自己纯然作为知识本身，并以这种自身性知道自己作为**真实**的知识，这种绝对知识就是**精神**，因为精神就是以自行转化为他物的方式，在自我实现的过程中在自己旁边存在（Beisichselbstsein）。精神就是这种'**绝对的不安**'，而正确理解了的**绝对的**不安，其实不再会有什么'发生'，绝对的不安后来被称作'绝对的否定性'，'无限的肯定'。在意识的经验中以这种方式超越自己本身而露面、**显现**的东西，就是精神。"① 马克思之所以批判蒲鲁东，正是因为后者不愿意面对这种"不安"，试图用资本主义的范畴、术语、观念粗暴地解释历史的一切时代，最终沦为一种蹩脚的形式主义，辩证法也由此蜕变为一种"脚手架"式的政治经济学的形而上学。以"分工"这个范畴为例，"在蒲鲁东先生看来，分工是一种永恒的规律，是一种单纯而抽象的范畴。所以，抽象、观念、文字等就足以使他说明各个不同历史时代的分工。……如果你们首先将'分'字的含义好好加以研究，将来你们就不必再研究每个时代中赋予分工以某种特定性质的诸多影响了"②。依靠几个范畴和观念"包打天下"，

---

① 海德格尔. 黑格尔的精神现象学. 赵卫国，译. 南京：南京大学出版社，2018：30.

② 马克思恩格斯文集：第1卷. 北京：人民出版社，2009：618.

事物的特殊性隐而不现，整个现实世界都湮没在抽象世界里，热衷于抽象的举动由此也成为思想懒惰和逃避矛盾的遁词！

马克思主义之所以是"新唯物主义"，是因为它赋予"抽象力"在历史研究中的重要地位，从而在根本处超越了旧唯物主义。这是德国古典哲学留给马克思主义的宝贵遗产。正因如此，尽管亚当·斯密和李嘉图等古典经济学家也对经济现象进行了详尽的经验分析，但是他们永远也写不出《资本论》！正如马克思所说："分析经济形式，既不能用显微镜，也不能用化学试剂。二者都必须用抽象力来代替"[①]。但是，"新唯物主义"是唯物主义而不是其他什么主义，这种"抽象力"决不能替代具体实际的现实研究。正是始终奠基于这种现实研究，马克思才在理论上真正超越了**"醉醺醺的思辨"**[②] 和"意识的空话"[③]。在这一意义上，马克思高度肯定了自然科学中的经验研究："如果一个化学家不去研究物质变换的现实规律，并根据这些规律解决一定的问题，却要按照'自然性'和'亲和性'这些'永恒观念'来改造物质变换，那么对于这样的化学家人们该怎样想呢？"[④] 马克思之所以区分开"研究方法"和"叙述方法"而且明确了前者对于后者的优先地位，意义正在

---

① 马克思恩格斯文集：第5卷. 北京：人民出版社，2009：8.
② 马克思恩格斯文集：第1卷. 北京：人民出版社，2009：327.
③ 同②526.
④ 同①103-104.

于此。从事研究必须充分占有材料，深入具体实际中进行经验分析，在矛盾的特殊性中把握内在的联系。"只有这项工作完成以后，现实的运动才能适当地叙述出来。"① 而叙述本身就是现实关系在观念上的表达。这种表达"呈现在我们面前的就好像是一个先验的结构了"②。马克思在这里使用了"好像"二字，正在于强调这一"先验的结构"是在具体研究中抽象出来的，它决不能外在性地独断化为抽象的原则和公式。

正因如此，马克思、恩格斯在世时一再强调历史唯物主义的一般原理"随时随地都要以历史条件为转移"。实际上，马克思、恩格斯在世时，教条主义地理解马克思主义的现象就已经出现了。在致《祖国纪事》杂志编辑部的信中，马克思就强烈反对俄国批评家米海洛夫斯基将他关于西欧资本主义起源的历史概述彻底变成一般发展道路的历史哲学理论的做法，因为"这种历史哲学理论的最大长处就在于它是超历史的"③。对此，马克思指出了分析具体历史环境的重要性，因为"极为相似的事变发生在不同的历史环境中就引起了完全不同的结果"④。从马克思、恩格斯与他人的多封通信来看，他们从来

---

① 马克思恩格斯文集：第5卷．北京：人民出版社，2009：21-22．
② 同①22．
③ 马克思恩格斯文集：第3卷．北京：人民出版社，2009：467．
④ 同③466．

不回答虚拟语气式的抽象问题。当荷兰工人领袖斐迪南·多梅拉·纽文胡斯写信请教马克思如何建设社会主义时，马克思认为首先应该对他提出的这个问题进行批判，因为如何建设社会主义完全取决于其当时所面临的历史环境，而不是教条式的回答。对此，马克思比喻说："如果一个方程式的已知各项中不包含解这个方程式的因素，那我们就无法解这个方程式。"①可见，马克思主义是始终贴着地面行走的。不同的时代背景和实践主题使得马克思主义总是以创新和发展的形式"实现"自身。这就需要我们用发展着的理论来指导发展着的实践，而不是重新以教条主义的方式对待马克思主义。

三、马克思主义没有辜负中国：跳出"证实"抑或"证伪"的困境

在马克思主义基本原理的理解和把握上，除了上述形式主义之外，还存在一个明显的思想认知误区，那就是对马克思主义作一种知识性的理解。而这种认知一旦固化，就必然会面对一个对其"证实"或"证伪"的诘问，我们也就无法正确回应针对单纯知识体系的一系列问题。比如，我们应该如何看待社会主义运动曾经出现的挫折和失误？又该如何看待资本主义发

---

① 马克思恩格斯文集：第10卷．北京：人民出版社，2009：458.

展出现的一些新变化？对此，伊格尔顿指出了质疑马克思主义的一番代表性言论：

> 马克思主义已经终结。过去工厂林立而充满饥饿，骚乱四起，煤矿工人和烟囱清洁工等广大劳动阶级在苦难生活中挣扎。在那样一个世界里，马克思主义也许多少还有些道理。但是，在当今这个阶级差异日渐消融、社会流动性日益增强的后工业化西方社会里，马克思主义绝对没有一点用武之地。只有那些冥顽不化、内心恐惧或蒙蔽至深之人，才不肯接受世界已经彻底改变的事实，且不论这种改变是好是坏。①

今天，针对马克思主义的一个疑问就是：一个诞生于19世纪中期的理论如何来指导21世纪的实践？如果马克思主义是一个单纯对特定时代进行回应和解释的知识体系，它必然面临是否过时的问题，因为知识都是不断推陈出新的，过往的知识无法解释当今的实践，今天的知识可能也无法解释未来的实践。但实际上，从理论上来看，马克思主义并不仅仅是单纯的知识体系。正如前文一再强调的，它不是一种对现实世界进行说明的解释性理论，而是追求自身在世界中"实现"的实践性理论。正如马克思在《关于费尔巴哈的提纲》中所说："哲学

---

① 伊格尔顿.马克思为什么是对的.李杨，等译.重庆：重庆出版社，2017：2.

家们只是用不同的方式**解释**世界，问题在于**改变**世界。"①"解释世界"和"改变世界"并不是两种相互补充并能够彼此调和的世界观，而是两种完全不同的理论态度，暗示着新唯物主义与旧唯物主义的根本分野，因为马克思主义在本根处就不是"理论-解释"性的，而是"实践-实现"性的。如前文所述，马克思早在博士论文中就提出了"哲学的世界化"和"世界的哲学化"的观点，这在一定程度上决定了马克思一生的致思取向，即理论的意义就在于通过"改造"世界（革命实践）在世界中"实现"，而不是对现存的世界进行"解释"。不诉诸改变世界而实现自己的理论，在一定程度上都是解释性的。这种解释之所以成立，那就是以不改变世界为前提。唯心主义的保守性在这里显露无遗。正如伊格尔顿所说：

> 马克思主义者的最大愿望恰恰是不再继续做马克思主义者。从这个意义上讲，做一个马克思主义者同做一个佛教徒或者百万富翁截然不同，做马克思主义者更像做一名医生。医生都是一些跟自己过不去的人，他们通过治病救人让人们不再需要他们，从而亲手葬送了自己的工作。同样，政治激进分子的任务就是努力让自己早点退出历史舞台，因为那样就意味着他们为之奋斗的目标已经实现了，他们就可以安心地谢幕，烧掉格瓦拉海报，拿起久违的大

---

① 马克思恩格斯文集：第1卷．北京：人民出版社，2009：502．

提琴，聊聊比亚细亚生产方式更有意思的话题。如果大约二十年之后马克思主义者或者女权主义者仍然存在的话，那样的前景将让人感到遗憾。马克思主义本来就是一个彻头彻尾的临时产物，所以那些完全将自我献身于马克思主义的人恰恰没有抓住马克思主义的要领。在马克思主义之后生活仍将继续，这才是马克思主义的要义所在。①

将马克思主义者比喻为"医生"是非常贴切的，因为医生的最高诉求就是自身的"实现"。而医生如何自我实现？那就需要辩证法意义上的"自否定"，即自己否定自己。而只有"天下无病"时，医生才能否定自己，使得其作为一个职业变得"过时"。相反，病人越来越多，医院的大楼盖得越来越高，不能说是医生的追求。这是马克思主义的思维方式，也和中国优秀传统文化的思维有异曲同工之妙。传统的中医药店一般都有一副对联："但愿世间人无病，何妨架上药生尘。"按照现代社会的理解，一家以将自己的药品"推销"出去为最终目的的药店怎么能容忍"药生尘"这样的事情发生呢？实际上，这正是中医药真正的人文关怀之所在，即药店通过"自否定"的方式实现自身，同时也对自身进行否定，让自身变得"过时"或"失效"。马克思主义何尝不是如此？你若追求马克思主义的

---

① 伊格尔顿. 马克思为什么是对的. 李杨，等译. 重庆：重庆出版社，2017：2.

"过时"或"失效",就追求马克思主义的"实现"好了。问题是,马克思所批判的那个时代有没有被超越?马克思主义是作为资本主义的"批判者"出现的,资本主义没有在实践层面被内在地超越,马克思主义也就没有"过时"。正如海尔布隆纳所说:"只要资本主义存在,我认为我们就不能宣称他对这一制度内在性质的认定是错误的"①。马克思主义对资本主义的批判不仅仅是作为一种"批判理论"而存在的(对资本主义在理论上进行批判的学说何止一家、一派、一言),而是主张现实地、实践地、物质地批判资本主义。唯有共产主义来临,马克思主义才能说是"过时"了,因为马克思主义"实现"了。从一定意义上讲,马克思主义追求的就是这种"过时"!当然,历史的发展是在波折中前进的,甚至还有反复和挫折,但正如前面论及的,马克思主义揭示的是人类社会发展的整体趋势,而不是某个时间"瞬间"的实证结果。虽然时代在变化,社会在发展,但马克思主义基本原理依然是科学真理。尽管我们所处的时代同马克思所处的时代相比发生了巨大而深刻的变化,但从世界社会主义 500 年的大视野来看,我们依然处在马克思主义所指明的历史时代。这是我们对马克思主义保持坚定信心、对社会主义保持必胜信念的科学根据。

---

① 海尔布隆纳.马克思主义:赞成与反对.马林梅,译.北京:东方出版社,2016:58.

至于世界社会主义运动出现的暂时挫折和失误，也不能说就是马克思主义过时了，实际上其中有着复杂的内外部原因。对此，我们可以援引柳宗元在《封建论》中的一个观点展开讨论。他说：周朝灭亡的原因是"失在于制，不在于政"，秦朝灭亡的原因则是"失在于政，不在于制"。那么，社会主义运动曾出现的挫折和失误是因为马克思主义和社会主义制度的"制"不灵了，还是因为在具体实践中丢掉了科学社会主义的基本原则，"政"出了问题呢？苏联解体、东欧剧变以后，唱衰中国的舆论在国际上不绝于耳，各式各样的"中国崩溃论"从来没有中断过。但是，中国非但没有崩溃，反而综合国力与日俱增，人民生活水平不断提高，"风景这边独好"。正如党的十九大报告所指出的，中国特色社会主义进入新时代，"意味着科学社会主义在二十一世纪的中国焕发出强大生机活力，在世界上高高举起了中国特色社会主义伟大旗帜"[1]。从治国理政的具体实践来看，社会主义之所以在中国焕发出强大生机活力，既在于"制"，也在于"政"。就前者而言，我们国家坚守了科学社会主义的基本原则，坚信马克思主义的科学性和真理性。对此，习近平总书记多次强调："中国特色社会主义是社会主义而不是其他什么主义，科学社会主义基本原则不能丢，

---

[1] 习近平．决胜全面建成小康社会　夺取新时代中国特色社会主义伟大胜利：在中国共产党第十九次全国代表大会上的报告．北京：人民出版社，2017：10.

丢了就不是社会主义。"① 就后者而言，我们又根据中国国情和时代条件赋予科学社会主义鲜明的中国特色，使其根植于中国大地、反映中国人民意愿、适应中国和时代发展进步要求。实践证明，中国没有辜负马克思主义。通过进行伟大斗争、建设伟大工程、推进伟大事业、实现伟大梦想，中国共产党人接续了马克思主义的"道统"，彰显了马克思主义的科学性和真理性。马克思主义也没有辜负中国，它为中国革命、建设、改革和新时代提供了强大思想武器，使中国这个古老的东方大国创造了人类历史上前所未有的发展奇迹。科学社会主义在中国的成功，对马克思主义、科学社会主义的意义，对世界社会主义的意义，是十分重大的。"如果社会主义在中国没有取得今天的成功，如果中国共产党领导和我国社会主义制度也在苏联解体、苏共垮台、东欧剧变那场多米诺骨牌式的变化中倒塌了，或者因为其他原因失败了，那社会主义实践就可能又要长期在黑暗中徘徊了，又要像马克思所说的那样作为一个幽灵在世界上徘徊了。"② "由于中国特色社会主义不断成功，冷战结束后世界社会主义万马齐喑的局面得到很大程度的扭转，社会主义在同资本主义竞争中的被动局面得到很大程度的扭转，社

---

① 习近平．习近平谈治国理政．北京：外文出版社，2014：22.
② 习近平．论党的宣传思想工作．北京：中央文献出版社，2020：312－313.

会主义优越性得到很大程度的彰显。"①

与之相反,苏联解体是因为坚持了马克思主义基本原理,根据本国实际进行社会主义实践造成的吗?实际上,苏东剧变之所以发生,恰恰是因为其在坚持马克思主义为指导方面"制"和"政"都出现了问题。2010年,在苏联亡党亡国20周年前夕,李慎明老师带领的摄制组踏上俄罗斯土地,倾听并记录了20年前那场剧变的亲历者、当事人和普通民众对那场剧变及其后果的诉说,特别是对戈尔巴乔夫时期6年多的"改革"所做出的反思。在这些第一手资料的基础上,摄制组拍摄了《苏联亡党亡国20年祭:俄罗斯人在诉说》的六集纪录片。该片将苏联亡党亡国的原因概括为六个方面:放弃马克思主义的指导和苏联共产党的领导,搞所谓的政治"改革",实行多党制;掏空社会主义的经济基础,搞所谓的经济"改革",全面推行私有制;放弃意识形态的主导权,实施所谓的"公开性"工作,大搞历史虚无主义;输掉了没有硝烟的战争,大搞外交"新思维",跌入西方社会"和平演变"的陷阱;苏联共产党蜕化变质,推行维护既得利益集团的"改革",丧失了群众基础;苏共的高层领导者甘于被围猎,沦为"隐蔽的反马克思主义者和反共产主义者",放弃了远大理想。从这六个方面

---

① 习近平. 学习马克思主义基本理论是共产党人的必修课. 求是, 2019 (22).

来看，在"制"上，苏联的最后六年的一些思想路线和改革举措无一不是对马克思主义的背离、对科学社会主义原则的背离；在"政"上，党和国家最高领导权没有掌握在忠诚的马克思主义者的手中，在具体实践上又偏离了社会主义的建设方向。由此可见，苏东剧变的历史后果不但不能印证马克思主义的"过时"或"失效"，反而凸显了马克思主义的科学性和真理性。这同时也说明，今天，时代变化和我国发展的广度与深度远远超出了马克思主义经典作家的想象，社会主义的建设模式和发展路径也大大超出了马克思主义经典作家的想象。在对社会主义的建设规律的把握上，无产阶级政党的领导作用越来越突出。从一定意义上讲，苏联解体，根本原因正在于苏联共产党蜕化变质，丧失了领导地位和领导作用。对此，习近平总书记曾感慨地说："苏共拥有二十万党员时夺取了政权，拥有二百万党员时打败了希特勒，而拥有近二千万党员时却失去了政权。我说过，在那场动荡中，竟无一人是男儿，没什么人出来抗争。什么原因？就是理想信念已经荡然无存了。"[①] 而中国的社会主义建设之所以焕发出勃勃生机，正在于中国共产党的领导是中国特色社会主义最本质的特征："马克思主义政党夺取政权不容易，巩固政权更不容易；只要马克思主义执政党不出问题，社

---

① 习近平. 习近平著作选读：第 2 卷. 北京：人民出版社，2023：106.

会主义国家就出不了大问题,我们就能够跳出'其兴也勃焉,其亡也忽焉'的历史周期率"①。正因如此,以党的自我革命引领伟大的社会革命,是我们将社会主义事业继续推向前进的根本保证,也是对马克思主义的继承和发展。正如习近平总书记在总结中国共产党百年发展历程时所讲:"历史和人民选择马克思主义是完全正确的,中国共产党把马克思主义写在自己的旗帜上是完全正确的,坚持马克思主义基本原理同中国具体实际相结合、不断推进马克思主义中国化时代化是完全正确的!"②

四、接着讲而非照着讲:继承与发展马克思主义

黑格尔在其《法哲学原理》中曾批评拿破仑说:"这位天才想把法国的自由制度先验地强加给西班牙,结果他把事情弄得一塌糊涂并且最终失败了。"③ 无独有偶,当德国的思辨哲学家们将法国在实际革命斗争中产生的社会主义和共产主义文献形式主义地搬到德国时,马克思也告诫说:"在这种著作从

---

① 习近平.习近平著作选读:第2卷.北京:人民出版社,2023:102.
② 习近平.在纪念马克思诞辰200周年大会上的讲话.北京:人民出版社,2018:14-15.
③ 黑格尔.法哲学原理.范扬,张企泰,译.北京:商务印书馆,1961:291.

法国搬到德国的时候，法国的生活条件却没有同时搬过去"①。这些文献作为一般的指导原则，如果不能考虑到德国的现实条件和主要问题，就"完全失去了直接实践的意义，而只具有纯粹文献的形式"②。

历史何其相似！马克思主义传入中国之后，年轻的中国共产党也一度简单套用马克思列宁主义关于无产阶级革命的一般原理和照搬俄国十月革命城市武装起义的经验，中国革命因此遭受严重挫折。比如，党领导举行秋收起义、广州起义和其他许多地区起义，但由于敌我力量悬殊，这些起义大多数失败了。事实证明，在当时的客观条件下，中国共产党人不可能像俄国十月革命那样通过首先占领中心城市来取得革命在全国的胜利，迫切需要找到适合中国国情的革命道路。而要找到适合中国国情的革命道路，就必须深入中国的具体实际中，而停止一种"照抄照搬"的态度和行为。于是，中国共产党人从革命斗争的这种失误教训中，开始研究中国国情、分析中国国情，在马克思主义的指导下走上了正确的革命道路，取得了人民民主主义革命的伟大胜利。这一社会革命过程也是中国共产党人以自我革命的姿态不断推动马克思主义中国化的历程，也是确立实事求是、一切从实际出发的思想路线和工作路线的历程。

---

① 马克思恩格斯文集：第 2 卷．北京：人民出版社，2009：57.
② 同①57 - 58.

1930年5月，毛泽东写作了著名的《反对本本主义》一文，科学地阐述了共产党人对马克思主义应该采取的正确态度："马克思主义的'本本'是要学习的，但是必须同我国的实际情况相结合。"① 在这篇文章中，毛泽东提出了两个著名的论断："没有调查，没有发言权"②"中国革命斗争的胜利要靠中国同志了解中国情况"③。因此，他对当时党内出现的"贩卖马克思"的言行表现出极度的反感："我常常觉得，马克思主义这种东西，是少了不行，多了也不行的。中国自从有那么一批专门贩卖马克思的先生们出现以来，把整个共产党闹得乌烟瘴气，白区的共产党为之闹光，苏区与红军为之闹掉百分之九十以上……全都是吃了马克思主义太多的亏"④。可见，仅仅读了几部马列经典著作，还算不上真正的马克思主义理论家，只有进一步根据它的学说去研究中国实际，从理论上思考中国的革命实践，才配称这样的理论家，因为"我们说的马克思主义，是要在群众生活群众斗争里实际发生作用的活的马克思主义，不是口头上的马克思主义"⑤。习近平总书记也说："世界上只有形而上学最省力，因为它可以瞎说一气，不需要依据客

---

① 毛泽东选集：第1卷.北京：人民出版社，1991：111-112.
② 同①109.
③ 同①115.
④ 何中华.马克思主义哲学中国化四问.东岳论丛，2010（10）.
⑤ 毛泽东选集：第3卷.北京：人民出版社，1991：858.

观实际，也不受客观实际检查。"① 由此，他多次强调中国共产党员要"读马克思主义经典，悟马克思主义原理"②。这里的"悟"最为吃紧，因为这是一种运用马克思主义基本原理深入中国具体实际中的能力。只有具备了这种能力，才能走出一条具有中国特色、符合中国实际的社会主义道路："当代中国的伟大社会变革，不是简单延续我国历史文化的母版，不是简单套用马克思主义经典作家设想的模板，不是其他国家社会主义实践的再版，也不是国外现代化发展的翻版。社会主义并没有定于一尊、一成不变的套路，只有把科学社会主义基本原则同本国具体实际、历史文化传统、时代要求紧密结合起来，在实践中不断探索总结，才能把蓝图变为美好现实"③。而也正是在伟大的社会革命的过程中，我们才能得出坚持和发展马克思主义的规律性认识：中国共产党为什么能，中国特色社会主义为什么好，归根到底是因为马克思主义行、中国化时代化的马克思主义行。

如前文所述，只有当中国具体实际使得马克思主义基本原理根本无法现成地拿来套用时，只有当二者存在着紧张关系

---

① 习近平. 辩证唯物主义是中国共产党人的世界观和方法论. 求是，2019（1）.
② 习近平. 在纪念马克思诞辰 200 周年大会上的讲话. 北京：人民出版社，2018：26.
③ 同②26-27.

时，二者之间的积极"对话"才能发生，深层次的"统一"才能在这种建设性的"对话"中生成和实现。这一过程也就是"化用"的过程。它意味着，马克思主义要说中国的话、办中国的事，中国就必须在"现场"，中国的具体实际就必须"带入"马克思主义。总之一句话，中国必须"在这里"。我们所需要的不是马克思主义"在中国"，而是"中国的"马克思主义。而一旦在实践和理论上系统而不是零碎地、实际而不是空洞地对待马克思主义，马克思主义也就必然会展现出中国特色、中国风格和中国气派。这既是马克思主义在中国的实现形式，也是马克思主义的创新和发展。今天，我们在马克思主义宣传教育的理论实践中，若不深入当代中国发展的社会历史现实的具体矛盾中，而是抽象地将马克思主义基本原理加以套用，岂不是又陷入经典作家当年所批判的形式主义？这难道不是在用非马克思主义的方式理解马克思主义吗？这种方式还能通过"理论的彻底"来回应中国共产党的百年历史成就吗？同样，在马克思主义基本原理的教学中，前面所谈到的"原理＋例子"的教学方法虽然具有从抽象到具体的表象，但其实质仍然是形式主义的，因为这里的"例子"并没有通过自身的特殊矛盾性将原理彰显出来，也就无法引领学生正确把握马克思主义继承和发展方面"变"与"不变"的辩证统一关系。

何谓马克思主义？按照正统的解释，马克思主义是由马克思和恩格斯创立并为后继者所不断发展的科学理论体系。即使从这个定义出发，我们也能辨识出其中蕴含着一种"变"与"不变"的辩证关系。马克思和恩格斯当年在批判地分析他们所面临的时代问题的时候逐步形成了自己独特的立场、观点和方法。对这种立场、观点和方法的集中表达与浓缩概括，就是马克思主义基本原理。这些原理是科学的真理，是需要长期坚持的。坚持马克思主义，最为重要的就是坚持马克思主义基本原理和贯穿其中的立场、观点、方法。这是马克思主义的精髓和活的灵魂。因此，马克思主义作为真理，具有绝对性的一面。习近平总书记对此比喻说："马克思主义就是我们共产党人的'真经'，'真经'没念好，总想着'西天取经'，就要贻误大事！不了解、不熟悉马克思主义基本原理，就不可能真正了解和掌握中国特色社会主义理论体系。"①

但是，马克思主义基本原理并不是在知识论的意义上被用来背诵和记忆的，而是要运用于实际的。它需要不断地面对新的时代主题和实践课题，因而必然会随着时代的发展和在不同地域的运用而呈现不同的思想内容。正因如此，马克思主义是随着时代、实践、科学发展而不断发展的开放的理论体系，它

---

① 中共中央文献研究室.习近平关于社会主义文化建设论述摘编.北京：中央文献出版社，2017：67.

并没有结束真理，而是开辟了通向真理的道路。正如毛泽东同志所说："我们说马克思主义是对的，决不是因为马克思这个人是什么'先哲'，而是因为他的理论，在我们的实践中，在我们的斗争中，证明了是对的。我们的斗争需要马克思主义。"① 在纪念马克思诞辰200周年大会上，习近平总书记也引用恩格斯的话说，我们的理论"是一种历史的产物，它在不同的时代具有完全不同的形式，同时具有完全不同的内容"②。时代是思想之母，实践是理论之源。实践发展永无止境，我们认识真理、进行理论创新就永无止境。今天，时代变化与我国发展的广度和深度远远超出了马克思主义经典作家当时的想象。同时，我国社会主义只有几十年实践，还处在初级阶段，事业越发展，新情况、新问题就越多，也就越需要我们在实践上大胆探索、在理论上不断突破。因此，马克思主义又是变化的。对待马克思主义，最重要的是把坚持马克思主义和发展马克思主义统一起来，结合新的实践不断进行新的理论创造，这是马克思主义永葆生机活力的奥妙所在。

这个道理实际上并不难理解。比如，我们每个人都有一个从小到大再到老的生命过程。在这一过程中，无论是从物理状态还是从社会状态加以考察，我们的身高、体重、知识结构、

---

① 毛泽东选集：第1卷．北京：人民出版社，1991：111．
② 习近平：在纪念马克思诞辰200周年大会上的讲话．北京：人民出版社，2018：26．

思想状态每天都会发生变化，可谓"日新月异"。但是，我们还是我们自己，而没有变成另外的人。中华传统文化绵延五千多年，它也不是一成不变的，而是在历史的长河中不断地被赋予新的内容。但是，它仍然是我们中华民族的精神标识，而没有变成其他的文化类型。近现代著名哲学家冯友兰晚年曾经提出一种著名的"抽象继承法"，谈的就是如何科学地对待思想传统的问题。他指出："在中国哲学史中有些哲学命题，如果作全面的了解，应该注意到这些命题底两方面的意义：一是抽象的意义，一是具体的意义……"他举例说："《论语》中所说的'学而时习之，不亦说乎'，从这句话的具体意义看，孔子叫人学的是诗、书、礼、乐等传统的东西。从这方面去了解，这句话对于现在就没有多大用处，不需要继承它，因为我们现在所学的不是这些东西。但是，如果从这句话的抽象意义看，这句话就是说：无论学什么东西，学了之后，都要及时地、经常地温习和实习，这就是很快乐的事。这样的了解，这句话到现在还是正确的，对我们现在还是有用的。"[1] 就此，他指出：中国哲学史要"接着讲"，而不是"照着讲"。同样，马克思主义作为一个理论体系，我们对待它的态度实际上也需要一种"抽象继承法"，接着讲，而不是照着讲。我们要继承马克思主

---

[1] 冯友兰. 三松堂自序//冯友兰文集：第1卷. 长春：长春出版社，2008：176-177.

义基本原理以及蕴含其中的立场、观点和方法，但也需要不断地赋予其时代内涵，推动马克思主义继续中国化时代化。根本原因只有一个，就在于实践永无止境。

五、为马克思辩护：旗帜鲜明地批判错误思潮

习近平总书记多次强调："马克思主义是科学的理论"[①]，"对待科学的理论必须有科学的态度"[②]。那么，什么才是对待马克思主义的科学态度呢？通过以上几节的论述，我们得出的结论是：坚持实事求是，一切从实际出发，以马克思主义的立场观点方法对待马克思主义自身，才算是以科学的态度对待科学的理论。这就要求我们坚决地与两种不正确的观点划开界限：

一是否定马克思主义的科学性和真理性。这主要体现在否定马克思主义基本原理的正确性。所谓的马克思主义"过时论"、马克思主义"失效论"，都是这种观点的体现。习近平总书记指出：社会上也存在一些模糊甚至错误的认识。有的认为马克思主义已经过时，中国现在搞的不是马克思主义；有的说

[①] 习近平. 在纪念马克思诞辰 200 周年大会上的讲话. 北京：人民出版社，2018：7.

[②] 同[①]26.

马克思主义只是一种意识形态说教，没有学术上的学理性和系统性。① 这种"模糊甚至错误的认识"，要么是没有真正理解马克思主义，要么就是从特殊的阶级立场和意识形态偏见出发对马克思主义的诽谤和污蔑。从意识形态偏见出发的一些错误观点自不必赘言，但在我们的日常生活中，我们更多见到的是没有深入研读马克思主义的经典著作就对马克思主义妄加评论的现象。法国马克思主义学者阿尔都塞就曾深刻痛斥这种在马克思主义学习和研究上的"不负责任的态度"，甚至将之视为"丑闻"："这是整个当代思想史中最大的丑闻：每个人都谈论马克思，人文社会科学中的所有人几乎都在说自己多少是个马克思主义者。但是谁曾经不怕麻烦地去仔细阅读过马克思、理解他的创新性并接受他的理论结果了呢？"② 意大利马克思主义研究专家穆斯托也引用一位学者的观点说："也许一千个社会主义者中有一位读过马克思的经济学著作，而一千个反马克思主义者中甚至没有一个人读过马克思。"③ 习近平总书记在哲学社会科学工作座谈会上的重要讲话中也指出："马克思主义经典作家眼界广阔、知识丰富，马克思主义理论体系和知识体系

---

① 习近平. 在哲学社会科学工作座谈会上的讲话. 北京：人民出版社，2016：10.

② 阿尔都塞. 黑格尔的幽灵. 唐正东，吴静，译. 南京：南京大学出版社，2005：348.

③ 穆斯托. 马克思的晚年岁月. 刘同舫，谢静，译. 北京：人民出版社，2022：1.

博大精深，涉及自然界、人类社会、人类思维各个领域，涉及历史、经济、政治、文化、社会、生态、科技、军事、党建等各个方面，不下大气力、不下苦功夫是难以掌握真谛、融会贯通的。"① 因此，我们唯有在认真研读马克思主义经典著作的基础上，才能悟到鲜活且充满智慧的马克思主义基本原理。经典，载道之文也。马克思主义经典著作所载的就是马克思主义的"大道"。脱离经典作家以经典著作为载体的运思方式，我们只会把马克思主义基本原理僵化为干瘪的教条，简单地理解为四处套用的公式和药方。这种对待马克思主义的简单化理解的倾向，在很大程度上妨碍了我们对于马克思主义的深度解读和正确理解。对此，习近平总书记强调，研读马克思主义，不下大气力、不下苦功夫是难以掌握真谛、融会贯通的。因此，"对马克思主义的学习和研究，不能采取浅尝辄止、蜻蜓点水的态度。有的人马克思主义经典著作没读几本，一知半解就哇啦哇啦发表意见，这是一种不负责任的态度，也有悖于科学精神"②。

二是对马克思主义持一种教条主义或实用主义的态度。这种态度实际上正是被马克思、恩格斯等经典作家所反对的。我们应该将马克思主义从片面的知识化、书斋化、经院化的标签

---

① 习近平. 在哲学社会科学工作座谈会上的讲话. 北京：人民出版社，2016：11.
② 同①12.

中解放出来，向世人展示一种开放的、立足社会实践不断发展的马克思主义。即使按照最世俗的理解，如果马克思主义提供给我们的仅仅是一些干瘪的教条，它何以会在全世界产生如此广泛而深刻的思想影响和社会影响？实际上，马克思主义与教条主义是格格不入的。教条之为教条，正在于其不顾现实条件的特殊性，割裂了一般和个别、普遍和特殊的辩证关系。而一旦教条主义地理解马克思主义，我们对它的辩护就会陷入被动。比如，一些人发现"马克思主义基本原理"不能当成现成的公式、不能直接奉行"拿来主义"时，立即就对马克思主义持怀疑和否定的态度，以实用主义的方式对其进行修正。这实际上是歪曲和篡改马克思主义。为了暂时地迎合现实而牺牲理论带来的危害则是颠覆性的。早在1891年，恩格斯就针对德国社会民主党纲领草案偏离理论原则的右倾机会主义倾向提出了严厉的批评："为了眼前暂时的利益而忘记根本大计，只图一时的成就而不顾后果，为了运动的现在而牺牲运动的未来，这种做法可能也是出于'真诚的'动机。但这是机会主义，始终是机会主义，而且'真诚的'机会主义也许比其他一切机会主义更危险。"[①] 针对伯恩施坦的修正主义，列宁也深刻指出："为了实际的或假想的一时的利益而牺牲无产阶级的根本利

---

① 马克思恩格斯文集：第4卷．北京：人民出版社，2009：414-415．

益,——这就是修正主义的政策"①。

关于如何正确地对待马克思主义,习近平总书记在哲学社会科学工作座谈会上有一段经典的论述。这段论述不仅告诉了我们对待马克思主义的正确态度,还向我们传达了一种弥足珍贵的辩证思维方式:

> 对待马克思主义,不能采取教条主义的态度,也不能采取实用主义的态度。如果不顾历史条件和现实情况变化,拘泥于马克思主义经典作家在特定历史条件下、针对具体情况作出的某些个别论断和具体行动纲领,我们就会因为思想脱离实际而不能顺利前进,甚至发生失误。什么都用马克思主义经典作家的语录来说话,马克思主义经典作家没有说过的就不能说,这不是马克思主义的态度。同时,根据需要找一大堆语录,什么事都说成是马克思、恩格斯当年说过了,生硬"裁剪"活生生的实践发展和创新,这也不是马克思主义的态度。②

马克思主义是我们立党立国、兴党强国的根本指导思想。习近平总书记在"七一"重要讲话中指出:中国共产党为什么能,中国特色社会主义为什么好,归根到底是因为马克思主义

---

① 列宁全集:第17卷.北京:人民出版社,1988:17.
② 习近平.在哲学社会科学工作座谈会上的讲话.北京:人民出版社,2016:13-14.

行！2022年1月11日，在省部级主要领导干部学习贯彻党的十九届六中全会精神专题研讨班开班式上，习近平总书记发表重要讲话。他对"马克思主义行"进一步作出阐释：马克思主义之所以行，就在于党不断推进马克思主义中国化时代化并用以指导实践。① 后来，他又将二者有机结合起来并概括为：马克思主义行，并不是因为马克思主义的基本原理是我们能够"以不变应万变"的药方和公式，而在于中国共产党人在革命、建设、改革和新时代这几个不同的历史时期，面对不同的历史任务和实践主题，将马克思主义的基本原理与中国具体实际内在结合了起来，使之内在地变成了"中国的"。正反两方面历史经验充分证明，马克思主义理论不是教条，而是行动的指南。可以说，中国化马克思主义既是马克思主义在中国的应用，也是马克思主义在中国的"实现"，更是马克思主义的创新和发展。这种创新和发展在空间维度上就是马克思主义的中国化，在历史维度上就是马克思主义的时代化。二者内在结合，辩证统一。

党的十九届六中全会通过的《中共中央关于党的百年奋斗重大成就和历史经验的决议》指出："党之所以能够领导人民在一次次求索、一次次挫折、一次次开拓中完成中国其他各种

---

① 习近平. 习近平谈治国理政：第4卷. 北京：外文出版社，2022：29.

政治力量不可能完成的艰巨任务，根本在于坚持解放思想、实事求是、与时俱进、求真务实，坚持把马克思主义基本原理同中国具体实际相结合、同中华优秀传统文化相结合，坚持实践是检验真理的唯一标准，坚持一切从实际出发，及时回答时代之问、人民之问，不断推进马克思主义中国化时代化。"① 可见，不断推进马克思主义中国化时代化，既是我们党历经百年奋斗积累下来的宝贵经验，也是我们党开启全面建设社会主义现代化强国新征程的根本要求。习近平新时代中国特色社会主义思想之所以是马克思主义中国化时代化的最新理论成果，是党和人民实践经验和集体智慧的结晶，是全党全国人民为实现中华民族伟大复兴而奋斗的行动指南，是当代中国马克思主义、二十一世纪马克思主义，为马克思主义的发展作出了时代性、原创性贡献，正在于这一伟大思想做到了"紧密联系党和国家事业发生的历史性变革，紧密联系中国特色社会主义进入新时代的新实际，紧密联系我国社会主要矛盾的重大变化，紧密联系'两个一百年'奋斗目标和各项任务，自觉运用理论指导实践"②。党的十九届六中全会确立了习近平同志党中央的核心、全党的核心地位，确立了习近平新时代中国特色社会主

---

① 中国共产党第十九届中央委员会第六次全体会议文件汇编．北京：人民出版社，2021：96．
② 习近平．习近平谈治国理政：第 3 卷．北京：外文出版社，2020：63．

义思想的指导地位，反映了全党全军全国各族人民的共同心愿，对新时代党和国家事业发展、对推进中华民族伟大复兴历史进程具有决定性意义。可见，在新的时代条件下，只有坚持习近平新时代中国特色社会主义思想，才算真正坚持了马克思主义。这正是历史的辩证法。